杭州职业技术学院文库
杭州职业技术学院"双高计划"建设成果丛书

本书系
- 2024年度浙江省哲学社会科学规划课题"职业教育服务国际产能合作的内生逻辑和实践路径研究"
- 浙江省高等职业教育"十四五"第一批教学改革项目"基于跨境产教融合的高职国际化人才培养研究与实践"
- 2023国家语合中心国际中文教育研究课题"职业教育助力'走出去'中资企业属地用工培养视域下'中文+职业技能'留学生培养模式的探索与研究"的研究成果

高职院校国际化办学的
理论与实践研究

陆 颖 ◎ 著

中国纺织出版社有限公司

内 容 提 要

随着我国不断扩大教育对外开放、深入推进"一带一路"倡议，高等职业教育国际化在服务国际产能合作、助力实现中华民族伟大复兴，和构建人类命运共同体中发挥着重要的作用。本书在借鉴国内外高等职业教育国际化经验的基础上，以杭州职业技术学院的国际化办学为基础，结合"一带一路"倡议下高职院校国际化办学面临的机遇和挑战，提出高职院校要积极克服发展中的困难，进一步扩大教育对外开放，担负起为"一带一路"共建国家培养和输送技术技能人才的历史使命。

本书适合开展高等职业教育国际化研究的同行、学者阅读，以及对高职院校办学国际化发展感兴趣的读者参考。

图书在版编目（CIP）数据

高职院校国际化办学的理论与实践研究 / 陆颖著. 北京：中国纺织出版社有限公司，2024.10. --（杭州职业技术学院"双高计划"建设成果丛书）. -- ISBN 978-7-5229-2176-1

Ⅰ. G718.5

中国国家版本馆 CIP 数据核字第 20247L3F09 号

责任编辑：张艺伟　　责任校对：高　涵　　责任印制：王艳丽

中国纺织出版社有限公司出版发行
地址：北京市朝阳区百子湾东里 A407 号楼　邮政编码：100124
销售电话：010—67004422　传真：010—87155801
http://www.c-textilep.com
中国纺织出版社天猫旗舰店
官方微博 http://weibo.com/2119887771
三河市宏盛印务有限公司印刷　各地新华书店经销
2024 年 10 月第 1 版第 1 次印刷
开本：787×1092　1/16　印张：14.25
字数：210 千字　定价：89.00 元

凡购本书，如有缺页、倒页、脱页，由本社图书营销中心调换

前 言

在经济全球化和知识经济一体化背景下,教育国际化是世界各国充分利用国际、国内两个教育市场,有效配置本国教育资源和要素,培养具有国际视野和国际竞争力的高素质技术技能人才的有效途径。当前,知识经济的地位日益凸显,综合实力的竞争归根结底是人才的竞争。教育国际化的最终目标是培养大批拥有爱国情怀、国际视野,熟悉国际规则和具备参与国际事务能力的国际化人才。

"十三五"期间,我国确立了职业教育的类型定位,职业教育并非教育的一个层次,而是一种与普通教育具有同等重要地位的教育类型。类型定位的确立明晰了职业教育和普通教育的联系与区别,为职业教育的发展指明了方向,有利于职业教育体系明确职能和作用,进一步探索和完善职业教育的办学特色和人才培养模式,更好地服务于国家现代化建设。

随着我国不断扩大教育对外开放、深入推进"一带一路"倡议,教育国际化在服务国际产能合作、助力实现中华民族伟大复兴,和构建人类命运共同体中发挥着重要的作用。职业教育国际化的使命是培养具有国际意识、国际沟通能力和竞争力的生产、服务、建设、管理等方面的技术技能人才,服务我国产业和企业"走出去",助推国家经济发展战略和国际合作倡议的有效实施。同时,高等职业院校通过国际化办学,向世界分享我国高等职业教育的理念、经验和成果,提升我国高等职业教育在世界职业教育界的影响力。

本书从职业教育的类型定位出发,比较了国内外高等职业教育国际化的经验,在分析高职院校国际化办学现状和形势的基础上,结合"一带一路"倡议下高职院校教育国际化面临的机遇和挑战,提出要积极解决发展中的问题,进一步扩大教育对外开放的局面,担负起为"一带一路"共建国家培养

和输送技术技能人才的历史使命。

本书系 2024 年度浙江省哲学社会科学规划课题"职业教育服务国际产能合作的内生逻辑和实践路径研究"（24NDJC022YB）、浙江省高等职业教育"十四五"第一批教学改革项目"基于跨境产教融合的高职国际化人才培养研究与实践"（jg20230094）、2023 国家语合中心国际中文教育研究课题"职业教育助力'走出去'中资企业属地用工培养视域下'中文+职业技能'留学生培养模式的探索与研究"（23YH27C）的研究成果。

本书的撰写得到了笔者所在单位杭州职业技术学院的大力支持，在此表示衷心的感谢。由于笔者学术视野有限，疏漏在所难免，期盼读者不吝赐教。

陆颖

2024 年 5 月

目 录

第一章 高等职业教育国际化的相关概念与理论 1

第一节 高等职业教育国际化的概念 2
　一、高等职业教育的内涵 2
　二、高等职业教育国际化的内涵 5

第二节 高等职业教育国际化的内容 10
　一、教育理念国际化 10
　二、培养目标国际化 11
　三、课程建设国际化 12
　四、教育资源国际化 13
　五、学术交流国际化 14
　六、人员交流国际化 14
　七、实验实训国际化 15

第三节 高等职业教育国际化的相关理论 16
　一、教育主权理论 16
　二、新自由制度主义理论 18
　三、利益相关者理论 20
　四、高等教育国际化动因理论 22

第二章 国外高等职业教育国际化的概况与启示 25

第一节 部分国家高等职业教育国际化的概况 26
　一、德国 26
　二、澳大利亚 29
　三、瑞士 33
　四、新加坡 35

五、英国 ··· 38
第二节　国外高等职业教育国际化的经验和启示 ································ 41
　　一、超前的理念和规划 ··· 41
　　二、配合的政策和立法 ··· 42
　　三、紧密的校企合作 ··· 42
　　四、优质的教学资源 ··· 43
　　五、完备的留学服务 ··· 43
　　六、健全的职业资格认证体系和国家资格框架 ··················· 44

第三章　我国高等职业教育国际化的缘起与发展　45
第一节　我国高等职业教育国际化的逻辑起点 ································ 46
　　一、高等教育国际化的缘起 ··· 46
　　二、我国高等职业教育国际化的缘起 ································· 49
第二节　我国高等职业教育国际化的发展历程 ································ 57
　　一、我国职业教育国际化的政策演变 ································· 57
　　二、我国高等职业教育国际化的发展历程 ························· 63
　　三、我国高等职业教育国际化的发展经验 ························· 68
第三节　我国高等职业教育国际化的基本原则 ································ 74
　　一、我国高等职业教育国际化的影响因素 ························· 74
　　二、我国高等职业教育国际化的基本原则 ························· 77

第四章　我国高职院校国际化办学的现状与路径　81
第一节　我国高职院校国际化办学的现状概述 ································ 82
　　一、"引进来"为主的单向引入阶段 ································· 82
　　二、"引进来"到"走出去"双向发展阶段 ······················· 82
第二节　我国高职院校国际化办学之"引进来" ····························· 83
　　一、高职院校国际化办学"引进来"的价值蕴意 ··············· 83
　　二、高职院校国际化办学"引进来"的发展现状 ··············· 86
　　三、高职院校国际化办学"引进来"的路径选择 ··············· 90
第三节　我国高职院校国际化办学之"走出去" ····························· 104
　　一、高职院校国际化办学"走出去"的价值蕴意 ··············· 105
　　二、高职院校国际化办学"走出去"的动力需求 ··············· 106

三、高职院校国际化办学"走出去"的实践形式 …………………… 107

第五章　"一带一路"倡议下高职院校国际化办学的机遇与发展 …… 131
第一节　"一带一路"倡议下高职院校国际化办学的机遇与挑战 …… 132
　　一、"一带一路"倡议下高职院校国际化办学的机遇 …………… 132
　　二、"一带一路"倡议下高职院校国际化办学的挑战 …………… 136
　　三、"一带一路"倡议下高职院校国际化办学的问题 …………… 137
第二节　"一带一路"职业教育合作国际机制 …………………… 140
　　一、中国—东盟（"10+1"）领导人会议 ………………………… 140
　　二、中非合作论坛 ……………………………………………… 144
第三节　"一带一路"共建国家职业教育援助 …………………… 147
　　一、中国的对外援助政策 ……………………………………… 147
　　二、职业教育援助的内涵 ……………………………………… 148
　　三、职业教育援助的特点 ……………………………………… 150

第六章　杭州职业技术学院国际化办学的探索与实践 …………… 157
第一节　杭州职业技术学院国际化办学概况 …………………… 158
　　一、总体情况 …………………………………………………… 158
　　二、建设成效 …………………………………………………… 158
第二节　杭州职业技术学院国际化办学之"引进来"实践 ……… 162
　　一、与新西兰维特利亚国立理工学院合作项目 ……………… 162
　　二、与意大利佛罗伦萨自由美术学院合作项目 ……………… 170
　　三、与博世汽车服务技术（苏州）有限公司合作项目 ………… 176
第三节　杭州职业技术学院国际化办学之"走出去"实践 ……… 179
　　一、"技能+文化"走出去，助力浙企深耕非洲 ………………… 179
　　二、"校校企"联动，中菲合作培养高端酒店服务人才 ……… 183
　　三、汉语为桥，打造"中文+职业技能"融合新模式 …………… 188
　　四、教随产出，建设中非（尼日利亚）丝路工匠学院 ………… 191

第七章　高职院校国际化办学的反思与展望 ……………………… 197
第一节　高职院校国际化办学的反思 …………………………… 198
　　一、高职院校国际化办学的误区 ……………………………… 198

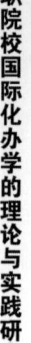

二、高职院校国际化办学的困境 ………………………………… 200
第二节　高职院校国际化办学的展望 ………………………………… 203
一、坚定方向是前提 …………………………………………… 203
二、机制健全是基础 …………………………………………… 204
三、平台搭建是重点 …………………………………………… 206
四、专业建设是核心 …………………………………………… 209
五、师资建设是关键 …………………………………………… 211
六、质量评价是保障 …………………………………………… 214
七、人文交流是纽带 …………………………………………… 215

参考文献 ……………………………………………………………… 217

第一章

高等职业教育国际化的相关概念与理论

随着全球经济竞争越发激烈，职业教育领先的地区和国家越来越意识到职业教育国际化的重要性。这促使我国职业教育必须紧跟步伐，积极步入全球舞台，实现国际化发展。这不仅是时代的要求，更是我国职业教育发展的必然趋势。一般认为，高等职业教育国际化是指一个国家的高等职业教育以国内化甚至区域化为基础和前提，面向国际发展的、动态的、渐进的过程，是将国际性、跨文化性、全球性的维度融入高等职业教育的过程。

第一节
高等职业教育国际化的概念

一、高等职业教育的内涵

（一）职业教育的概念

关于职业教育的名称，不同国家（地区）、国际组织或不同社会发展阶段使用的称谓不同，这与人们对职业教育的规律性认识密切相关。例如，联合国教科文组织自 20 世纪 70 年代起使用"技术与职业教育"，国际劳工组织使用"职业教育与培训"，世界银行和亚洲开发银行使用"技术和职业教育与培训"，等等。1999 年，"技术和职业教育与培训"首次在联合国教科文组织的正式文件中被使用，之后教育、培训与就业三者逐渐成了一个相互关联的过程，这一称谓逐渐获得国际认可。自 1904 年《奏定学堂章程》（又称"癸卯学制"）颁布后，我国先后采用了"实业教育""实用主义教育""职业教育""技术教育（专业教育、技工教育）""职业技术教育"等称谓，其中又以"职业技术教育"较为常见。1996 年，《中华人民共和国职业教育法》实施，"职业教育"成为法定称谓，涵盖了职业学校教育和职业培训两个方面，可理解为"职业和技术教育与培训"的缩写。

2011 年 9 月，联合国教科文组织第 36 届大会在法国巴黎召开，《国际教育标准分类（2011 年）》在大会上发布。在《国际教育标准分类法（2011 年）》中，职业教育被定义为旨在让学习者掌握某一特定的职业或行业或者某类职业或行业所需的知识、技艺和能力而设计的教育课程（包括实习）。学习者在学完这类课程后，可以获得由相关部门或劳务市场认可的职业资格证书。

在我国，职业教育是指使受教育者获得某种职业或生产劳动所需要的职业知识、技能和职业道德的教育。《教育大辞典》将之表述为"培养各层次的技术人员、管理人员、技术工人和其他城乡劳动者"的教育，国内学者大多是从培养目标、教育内容或两者结合的视角对其进行界定的，将职业教育定义为培养技术技能人才的教育和培训，内涵上逐渐从狭义的学校职业教育扩展成广义的职业教育，包括职业教育和职业培训两个方面。

（二）职业教育的类型与特征

《国家职业教育改革实施方案》开篇就明确指出，"职业教育与普通教育是两种不同教育类型，具有同等重要地位"。2022年，新修订的《中华人民共和国职业教育法》颁布实施，以法律形式对职业教育的类型定位加以明确。作为类型教育，职业教育具有以下显著特点。

1. 跨界性

职业教育作为一种教育类型，自然具备教育的特征。同时，作为教育的一种类型，它不仅具有教育的普遍特征和属性，而且具有人力资源属性，与产业界和经济界有千丝万缕的联系。这种跨界性意味着职业教育不同于普通教育，要把对待普通教育和对待职业教育的方式区别开来，从经济发展、产业发展和民生就业的角度来看职业教育，并通过有效的政策工具、制度措施引导和规范职业教育的发展。

2. 职业性

职业性是指职业教育系统地针对某个（种）特定职业开展教育。普通教育侧重于学科知识的教学，职业教育侧重于职业技能的教学，这种职业性是职业教育作为类型教育的一种根本属性的体现，也是职业教育与普通教育的根本区别。随着劳动市场对技术技能人才需求的不断变化，职业教育须适时调整教育教学的培养目标和方式，表现出一定的灵活性、开放性。

3. 多样性

多样性主要表现在三个方面：一是层次。职业教育包括三个层次，即初等、中等、高等。当前，在社会经济发展不平衡、不充分时期，必须坚持职业教育的多样性，以促进经济社会的可持续发展。二是形式。职业教育的形式是多种多样的，不能将其直接等同于在校的职业教育，其形式除了全日制教育外，还包括企业培训、技能培训、继续教育、半工半读、周末班、自我学习提升等。三是功能。不能把职业教育简单地等同于学历职业教育，除了培养学历教育要求的基本职能外，职业教育还具备多种非学历教育的职能，如技术研发、职业培训、创新创业、文化传播、国际交流等。

4. 终身性

随着科学技术的不断进步，自动化和智能化已经成为社会生产生活发展的必然趋势，人们通过变换工作岗位来提升生活质量和工作能力，一个人一生仅从事一种职业或一个岗位的情况将变得越来越少。联合国教科文组织公布的《国际教育标准分类法（2011年）》中，对"学习""教育"等概念重新进行了解释和定义。学习逐渐向个体倾斜，即人们通过各种现代化的教育手段开展自主学习，是一种个人行为。教育则是一种社会行为，通过提供舒适的环境、便捷的条件来弥补自主学习中的不足。传统的教育形式、教育环境、教育方法和教育工具都将发生巨大的变化。职业教育作为类型教育，具有终身化的特点，它将在人生的各个阶段提供相应的教育服务，支持个人和社会的发展。从职业启蒙到专门教育，再到继续教育、成人教育，职业教育将服务人的一生。

5. 普惠性

职业教育作为一种社会需求量巨大的大众教育，也可以说是一种"全民"教育，具有公益性和普惠性的特点。但是需要明确的是，面向大众并非排斥高端。大力发展普惠性职业教育并不等同于牺牲质量甚至定位低端。如何在保证质量的同时办好职业教育，对于正处于高速发展阶段的中国职业教育来说，确实是一项重大的挑战。

(三) 高等职业教育的概念

国内外对高等职业教育都是从其类别和层次两个角度来定义的，人们认为，高等职业教育是由"高等教育"和"职业教育"结合而成的，兼有"高等教育"和"职业教育"的属性。高等职业教育比中等职业教育的发展层次更高，是一种以较高学历为基础的职业教育，接受高等职业教育的学习者至少要具备高中学历或者高中同等学力。职业教育类型定位是高等职业教育改革和发展的重要基础，体现了职业教育与普通教育的类型差异，并渗透于职业教育体系的各个要素，贯穿于现代职业教育体系建设的全过程。培养目标方面，高等职业教育主要面向社会各行各业，培养高素质技术技能人才。教育模式方面，产教融合与校企合作既是高等职业教育的基础，也是高等职业教育的最大优势。此外，强调高等职业教育的类型定位，旨在明晰职业教育与普通教育遵循不同的人才培养规律，凸显高等职业教育独特的社会功能和定位。不同类型的教育要优势互补、融会贯通，实现职业教育和普通教育的"分类发展"与"协同创新"。

二、高等职业教育国际化的内涵

（一）教育国际化的概念

要探讨教育国际化，首先要明确教育国际化的概念。《教育大辞典》中将教育国际化解释为"不同国家之间相互交流、研讨、协作，解决教育发展面临的共同问题的重要趋势"。如今，教育国际化的作用日益凸显，受到了各国的重视。经过几十年的发展，教育国际化发生了以下几个方面的变化。

其一，教育视野从国内扩展到全球。随着经济全球化进程的加快，各国间的教育联络日益频繁。一方面，一个国家或地区的教育行为是与世界的发展紧密联系的，无论是自觉还是不自觉，各个国家的教育都已融入世界教育体系。思考本国的教育时，必须研究其他国家或世界的教育发展对自己的影响。另一方面，其他国家或世界教育的发展，无论是教育理念还是教育行为和实践，都对一个国家的教育发展产生或大或小的影响。要想审视本国的教育发展，必须审视自己对其他国家或世界教育发展的影响。

其二，教育国际化的参与者从个别国家转向大多数国家。过去，教育国际化活动主要发生在西方工业化国家之间。尽管有少数发展中国家参与，但其教育国际化活动主要是单方面输出，如今大多数国家都参与了教育国际化的进程。以留学生为例，作为反映教育国际化程度的重要指标之一，一方面，欧美发达国家政府和大学在不断扩大留学生招生规模的同时，还采取一系列措施鼓励和支持国内学生出国留学，比如设立高额奖学金，制定更加灵活的

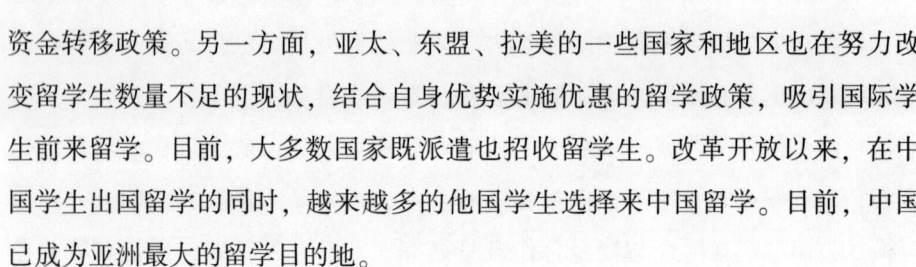

资金转移政策。另一方面，亚太、东盟、拉美的一些国家和地区也在努力改变留学生数量不足的现状，结合自身优势实施优惠的留学政策，吸引国际学生前来留学。目前，大多数国家既派遣也招收留学生。改革开放以来，在中国学生出国留学的同时，越来越多的他国学生选择来中国留学。目前，中国已成为亚洲最大的留学目的地。

其三，教育国际化行为由自发走向有组织。过去，教育国际化领域的活动多数是各个国家根据本国教育交流的实际自愿组织的。随着教育国际化作用日益凸显，政府间国际组织开始大量介入，典型代表是联合国教科文组织。各种国际组织每年都会召开以教育为主题的会议来研究教育国际化发展的相关问题，同时还会发表针对教育领域的倡议或宣言，有力地推动了教育国际化的发展。

其四，教育国际化的内涵从"单一化"走向"多元化"。目前，教育国际化的内涵涵盖多个领域、多个层面、多个维度：从参与层次来看，由以往的高等教育领域为主转向初等教育乃至小学教育；从教育类型来看，由过去的学历教育为主转向培训教育、非学历教育等多种类型教育；从合作领域来看，由以往单一的留学生培养转向科研合作、产业合作等多个领域；从组织机构来看，由原来单一的教育机构为主转向政府、企业、行业、科研机构等多种组织机构；从教育形式来看，由原来单一的传统课堂教学转向在线远程、企业实训等多种形式。

其五，教育国际化的内生动力不断增强，基础条件日益完善。当前，教育领域出现了两种新趋势，即教育产业化和现代信息技术的广泛应用。一方面，国际教育催生了教育产业，教育国际化将为"国内"和"国际"两个教育市场创造更多的投资机会；另一方面，教育产业化强化了教育国际化。教育国际化的内生动力和对利润的追求使教育机构对教育国际化产生了浓厚的兴趣。与此同时，教育产业被许多国家视为新的经济增长点，得到大力推广。如果说从实现效益来看，教育产业化为教育国际化提供了强大的内生动力，那么现代信息技术的广泛应用则为教育国际化提供了更为便捷、高效的学习途径。现代信息技术从多个方面改变了传统的教学模式，特别是实现了跨时空的资源共享，使全球教育日益互联、互通。

(二) 高等职业教育国际化的概念

高等职业教育国际化的研究始于20世纪90年代，加拿大学者简·奈特（Jane Knight）将高等教育国际化界定为"将国际性、跨文化性、全球性的维度融入高等教育的目的、功能和传递的过程"，这意味着教育要面向未来，提高国际化水平，为全球经济和产业发展提供技术技能人才支撑。《中国教育改革和发展纲要》提出，"进一步扩大教育对外开放，加强国际教育交流与合作。大胆吸收和借鉴世界各国发展和管理教育的成功经验"；《推进共建"一带一路"教育行动》要求开展层次多样和类型丰富的职业教育国际合作；《国家职业教育改革实施方案》指出，"建成覆盖大部分行业领域、具有国际先进水平的中国职业教育标准体系"；《关于实施中国特色高水平高职学校和专业建设计划的意见》（以下简称"双高计划"）提出"引领改革、支撑发展、中国特色、世界水平"的建设目标，其宗旨是打造高质量的"高等职业教育国际品牌"，参与职业教育全球治理。

这些对高等职业教育国际化的理解从知识社会学的角度出发，以知识生产和人才培养为目的。高等职业教育本质上是一种以知识和技术转移为核心的教育活动，而知识和技术从来就不会被领土限制和情感束缚，因此，教育国际化是建立在知识发展和技术进步的自发流动基础上的，长期存在。在第二次世界大战后建立的国际关系中，教育主要表现为知识从西方向东方、从发达国家向发展中国家流动，人员从东方向西方、从发展中国家向发达国家流动。单向流动导致多国高等教育模仿西方模式，忽视了不同民族国家教育价值的多元化。同时，从这个角度来看，高等职业教育的国际化往往停留在签署备忘录、短期交流交换、外事交流接待的层面，过于注重留学生招生数量、合作协议签订等形式，忽视了教育理念、教育目标、教育内容等内涵提升。

因此，高等职业教育国际化应以教育国际合作为基础，突出职业教育的类型化特征，以国际化产教融合、校企合作为特色，以教育理念、教育资源、教育人员的国际流动为要素，通过人员、资源和高等职业教育模式三个层面，逐步实现我国高等职业教育与世界教育体系的融合互鉴。综上，高等职业院校（以下简称"高职院校"）应发挥国际文化知识技术共同体的功能，把全

球性、跨国界、跨文化理念融入高等职业教育的目标、功能和服务，积极推动建立与产业（产品）"走出去"相配套的发展模式，形成"引进来"和"走出去"双向发展的高等职业教育国际合作共赢模式，服务全球经济产业的转型升级，打造一条推动国际化发展、国际影响力提升与服务人类命运共同体建设的道路。

（三）经济全球化与高等职业教育国际化的关系

研究与教育学相关的问题时，一定要将问题置于时代背景中，职业教育作为一种类型教育，更是与社会经济发展和产业结构密不可分。高等职业教育国际化这一概念提出的时期，也是经济全球化不断变革与发展的时期，因此，研究高等职业教育国际化必须基于经济全球化这一时代大背景，即站在经济全球化的角度开展理论研究。

在经济全球化进程中，社会各领域要进一步得到发展，就必须加强国际交流与合作，高等职业教育正是跟随经济全球化的脚步加快了自身发展，同时也加强了自身的国际交流与合作。换言之，高等职业教育国际化发展就是经济全球化进程的产物。

在经济全球化的催化下，各国和各地区的高等职业教育的国际交流与合作实现了快速发展与强化。为适应经济全球化的需要，各国在社会产业结构和人才需求等领域都作出相应调整，向国际市场开放，这就促使与社会经济和产业结构紧密联系的高等职业教育也要向国际市场开放。根据自身发展水平，各国的高等职业教育通过选择引进国际高等职业教育资源提升自身水平或者输出本国优质的高等职业教育资源，并形成了跨国合作办学、跨国职业技术技能培训等多种国际合作模式。

因此，要想研究透彻高等职业教育国际化这一概念，就必须厘清它与经济全球化的关系，可以从以下方面进行分析。

1. 经济全球化是高等职业教育国际化的重要背景

第二次世界大战结束后，全球经济开始复苏，经济全球化进程加快。其主要原因有两个：一是经历战争后，人们对渴望和平的愿望更加强烈，世界也进入了一个和平发展的时期，各国、各地区为了在和平年代发展社会经济和提升国际舞台中的政治话语权，开始进行更深入、多领域的政治交流、文化互通和经济合作。二是第二次世界大战和"冷战"结束后，全球技术革命时代到来，信息技术、通信技术的发明，特别是近几年互联网技术的发展和应用使国际交流和交往变得更容易。在这样的时代背景下，高等职业教育国际化变得越来越重要，人们也逐渐将对劳动力市场的选择从本国、本地区转向了国际劳动力市场，对国际劳动技能、知识的了解日益增强。

高等职业教育国际化得到了发展，并且呈现出两种态势，一种是职业教育发达的国家向职业教育不发达的国家提供职业教育援助；另一种是高等职业教育水平较差的国家在国际市场上寻求帮助、借鉴经验等。

2. 经济全球化为高等职业教育国际化提供物质基础

在经济全球化的大力推动下，国际市场的规模和生产力都得到了快速扩大和提升，全球经济得到了大发展：一是在全球范围内降低了生产成本，优化了资源配置，提高了效益，同时也对劳动力市场重新进行了分配；二是经济的发展提高了人们的生活水平，为人们追求更高水平的高等职业教育奠定了物质基础，加之信息技术、通信技术和互联网技术的发展和广泛应用，不仅使跨国交流变得更简单，而且进一步加速了全球文化和知识的大融合，为高等职业教育国际化提供了技术支持。

3. 经济全球化推动高等职业教育国际交流

经济全球化带来的成果是形成了一种以发达国家为主的，在经济、文化、卫生、教育、政治方面进行深入和广泛交流的模式。在高等职业教育国际交流的过程中，一些国家职业教育的理念、课程资源、师资设置等，都会在有意和无意间渗透到其他国家的高等职业教育体系中，但是教育交流是双向的，相互渗透也会随之进行。高等职业教育的相互渗透也在创造着新的高等职业教育理念，形成一种更适合国际市场的高等职业教育体系，既促进了高等职业教育国际化的发展，也推动了经济全球化的实现。

总之，经济全球化为高等职业教育国际化的发展创造了有利的物质基础和环境。在这种大背景下，各个国家都逐步扩大了高等职业教育的国际市场，促进了各国高等职业教育跨国发展，也进一步改变了各国高等职业教育的政策和地位。

第二节
高等职业教育国际化的内容

高等职业教育国际化包括国际职业教育本土化和本土职业教育全球化两个维度，即"引进来"和"走出去"。"引进来"是指借鉴国外高等职业教育的先进理念、技术和资源，提高自身办学水平和人才培养质量，主要方式包括实施中外合作办学、聘请外籍教师、开展境外师资培训、派遣留学生等。"走出去"是指将国内的办学模式、标准和资源输出到国外，通过承担人力资源培训、开展留学生培养、输出课程和专业标准、参与国际标准的制定等，为推进"一带一路"倡议作出贡献。总体而言，高等职业教育国际化的内容包含七个方面。

一、教育理念国际化

理念是行动的前因，发展理念是否正确，从根本上决定着发展的有效性乃至成败。对高等职业教育国际化而言，只有实现了理念的国际化，即具备国际化的视野来认知、理解高等职业教育的本质和职能，高职院校才能真正成功地走出一条国际化之路。

1983年，邓小平同志为北京景山学校题词："教育要面向现代化，面向世界，面向未来。"这体现了我国教育国际化的基本理念——若教育要实现"面向现代化"，就必须"面向世界"。现阶段，虽然高等职业教育已经取得了许多令人瞩目的成绩，但是较之发达国家高等职业教育上百年的历史和丰富的办学经验，我国高等职业教育的办学时间并不长，目前仍存在一些不足之处，我国高职院校应当虚心学习他国之长，主动迎接教育国际化的挑战，加强国际合作与交流。另外，加强世界各国的职业教育交流有助于拓展人们的知识广度，通过获得知识和技能，能够使人们在更多的文化和教育交流中增进理解并发挥更大的作用。

近年来，随着我国职业教育的蓬勃发展、高职院校国际化进程的提速升级，高等职业教育国际化出现了一些问题，社会上出现了"高等职业教育国际化活跃但不成气候""高等职业教育国际化是亏本赚吆喝""高等职业教育中外合作办学项目是否即将消亡""高等职业教育还要不要国际化"等质疑的声音，部分高职院校在办学过程中也生出这样的疑惑，这皆是因为高职院校并未明晰符合自身办学实际的国际化发展理念。因此，基于区域经济发展和院校自身发展的需求，制定适合的高等职业教育国际化发展理念是高等职业院校实施高等职业教育国际化战略的首要前提。

为拓宽自身发展空间和提升自身竞争力，高职院校应坚持特色办学，明确自身的优势领域和强势资源，从全球视角出发，探寻适合自身发展的国际化道路，有目标、有计划地推进教育国际化进程，并打造自身特色和展现自身魅力。对高职院校的领导层而言，必须立足于学校长远发展的角度和服务国家战略的高度来审视国际化办学，思考怎样合理利用和配置国际资源来促进学校的高质量发展；对高职院校的一线教师而言，必须努力了解并掌握全球范围内有关本领域、本学科、本专业的最新动态和技术成果；对高职院校的学生而言，必须具备国际化视野，以及处理国际事务的各项能力。

二、培养目标国际化

高职院校的培养目标确定了人才培养的基本质量和维度，决定了人才培养的水平和方向。高等职业教育国际化的根本目的是培养国际化技术技能人才，使他们不仅能够很好地适应经济全球化和信息化的发展需要，并且成为有责任感的优质公民。因此，高职院校必须根据学生的国际化职业发展需要，设计合适的技术能力和职业素质培养框架。高等职业教育国际化是为了培养高端技能型人才，既需要具备基本操作技能，也需要专业技能的支撑。国际化人才应具有的基本能力和特征包括：具备全球化视野；掌握国际最先进的知识、技术和信息动态；了解国际规则，具备较强的创新能力及国际竞争力；了解多元文化，具备良好的跨文化沟通能力和国际合作能力；具备出国留学、培训和深造的经历或者在跨国公司工作的背景等。为了提高学生对不同文化的理解和认同，要注重培养学生的国际视野和综合素质，使其能够立足于国际社会和全人类的角度来看待问题，培养其面向全球、服务世界的包容态度。

注重国际理解领域的教育,使学生在理解和认同本国文化的前提下,深刻感知多元文化,在国际交流的过程中,立足于国际社会和全人类来判断事物、表达观点,并避免仅以自己国家的利益为出发点判断事情的发展。另外,高职院校还应注重培养学生参与国际竞争的意识,培养学生的外语使用能力、跨文化交际能力,以及在国际化、多元化社会中的生存能力。例如,培养学生掌握一些国际贸易、金融和法律知识,了解国外的历史、政治、地理和风俗习惯等,至少学习并熟练掌握一门外语,能够适应国外的生活和工作。

目前,不少中国企业加大了对全球高端产品市场的投入,希望进一步突破技术壁垒,实现从"中国制造"到"中国创造"的跨越。反观现实,当今社会真正缺乏的是创新人才、创新机制和创新精神,"走出去"战略的实施也要大量外向型人才的支撑,包括来华留学的技术技能人才。因此,我国的高等职业教育必须与国际接轨,在人才培养方面须按照国际竞争的标准合理设置人才培养目标,使培养的人才不仅在国内大展身手,而且能在国际舞台上大展宏图,这是我国高职院校应共同努力发展的方向。

三、课程建设国际化

课程建设国际化是高等教育国际化的重要组成部分,是指通过课程内容、课程结构、课程管理、教材建设、外语教学等多种形式,将国际化、跨文化的知识和理念融入课程中,从而培养具有国际化理念和国际化视野,掌握先进技术技能的国际化人才的动态过程。但是,课程建设国际化并非指课程"单一"的国际化,而是指以课程为核心开展的多项活动的国际化,主要包括三方面:人才培养规格、课程内容、师资团队。首先,高等职业教育培养的人才应具备国际化能力(包括知识、技能与价值观)以及国际交流的能力和条件,能适应经济全球化对人力资源发展的需求。其次,高职课程设置旨在培养学生在国际化、多元化环境下的学习能力和生存能力,包括接轨国际通用技术准则、国际新技术信息,以及主要国家和地区技术操作的不同要求等内容,通过课程向学生传授适应全球工作的职业素质和专业技能知识,以达到教育效果。最后,教师队伍是实现课程国际化的组织者、策划者和实施者,高职院校要通过海外培训、校际交流、入企挂职锻炼等方式,提高师资队伍的技术技能及国际化育人水平。

在高等职业教育课程国际化过程中，有三个需要特别关注的方面。一是更新课程观念。课程国际化是教育国际化的必然结果，高职课程国际化要立足全球化背景来设定课程目标、构建课程体系，制定与全球化发展相适应的国际化人才培养规格，选择和组织面向国际的教学内容，依托现代数字化、信息化的沟通手段，设计国际化课程体系。二是实施中外合作办学技术技能人才培养的课程改革试点，通过重点引入国外先进的职业标准、专业标准、教材体系、数字资源等方式，实现专业核心课程接轨国际通用职业资格证书。三是课程的国际化并非全盘西化，而是选择适合本国高等职业教育发展的教学手段、课程设置、教材开发、教学理念等内容。各国应积极寻求与其他国家知名院校的合作方式，特别是合理利用国外优质课程资源，满足学习者不出境就能学到国际一流课程的需要。

四、教育资源国际化

高等职业教育资源国际化是指不同国家职业院校通过互聘教师、开放课程、学分互认、共用图书馆及实验实训场地等方式，共享教育教学相关设施和资源。随着高等职业教育国际化进程的持续推进，在全球范围内发布并共享学习资源和实践经验已经被提上各国职业教育院校和机构的议事日程。高等职业教育资源国际化有两种模式：无偿共享教育资源和有偿共享教育资源。无偿共享教育资源是指一些相对简单且成本较低的公共资源或体验式资源。有偿共享教育资源在根本上不脱离商品交换的框架，因为资源的配置、开发和使用需要适当的市场机制提供支撑，有利于确保共享高等职业教育资源的质量和效果。

当前，在高等职业教育资源有限的情况下，如何有效实现全球范围内的高等职业教育资源共享，成为高等职业教育资源配置的重要问题。学者伯顿·克拉克（Burton R. Clark）表示，"若仅试图采用自上而下的监督、规划、管理等方式来确保质量的做法，几乎是徒劳的，甚至是自找麻烦"。因此，通过市场化管理和经营的方式来保障各方的权利和利益，是高等职业教育资源实现国际共享的关键所在。

五、学术交流国际化

20世纪90年代初,联合国教科文组织提出,国际合作是世界学术界的共同目标,是保证高等教育机构性质和有效性不可或缺的条件。高等教育在知识的发展、转让和共享等方面发挥着重要的作用,学术领域的国际合作应有助于其潜力的充分发挥。科学无国界,学术研究归根结底属于全人类的共同工作。在浩渺的科研海洋中,若仅依靠自身的力量,任何一个民族或国家都无法掌握全部的先进科学技术,需要通过国际交流与合作,紧跟科技发展的步伐。学术交流与合作研究作为借鉴他国经验的重要途径,可以丰富高等职业教育国际化的成果。开展国际学术交流是高等职业院校吸收世界领先的管理经验及科学技术、提升教学质量和科研水平、加强实验实训场所建设的重要举措,实施方式包括校际交流、学者专家交流、组织或参加国际会议等。学术交流国际化不仅有利于高职院校学习和借鉴其他国家在高等职业教育发展领域的前沿理论和先进经验,同时有助于促进世界各国高等职业教育的对话和合作。

高职院校开展以应用为导向的科研活动,是提供社会服务和提高学术声誉的重要途径。高职院校国际合作研究水平一般根据科研活动的基本构成以及国际科研实践来衡量,比如科研团队成员的国际化、研究经费来源的国际化、科研资源的国际化、科研成果出版和应用的国际化,以及与跨国公司合作并就若干国际性的重大问题开展攻关项目等。

六、人员交流国际化

人员的国际流动是国际交流合作中最活跃、最基础的方面,主要包括教师和学生两个层面。

教师层面的国际交流是高职院校组建一支高水平国际化教师队伍的有效途径。教师的国际交流有助于教师的外语交流和沟通能力提升,助推教师在教科研领域拓展国际化发展方向,从而提升教学和科研的质量和水平。与此同时,它还将助推教师所在院校的相关重点专业、特色专业以及精品课程的打造和建设。我国高职院校通过与国外高职院校结成友好学校,签订教师交流学习互访协议,采取教师交换和联合教学,以及校企联合在境外设立培训基地，教师赴境外开展或接受培训等多种形式探索教师国际交流与培训的新模式。具体而言，高职院校教师的国际交流有两种途径：一是"请进来"，即聘请外籍专家、学者来校任教，邀请其参与教学管理、技术研发和学术研究；二是"走出去"，即有计划地选派教师和管理人员到国外进修、交流、考察、访学等，了解和学习国际领先的高等职业教育理念、方法及模式。

学生层面的国际交流主要包括两个方面：一是招收来华留学生；二是国内学生出国留学。招收来华留学生可以有效拓宽国际教育市场，吸纳全球范围的优秀生源，扩大学校的国际影响力；出国留学则可以有效利用他国的优质教育资源服务于本国的技术技能人才培养。学生层面的国际交流有利于促进不同国家学生相互学习，学生可以从中提升语言能力、沟通能力，并获得相应的文化体验。除此之外，它还有利于扩展课程内容的国际维度和开展跨文化的研究与讨论。但是站在现实的角度，对发达国家和发展中国家来说，开展学生层面的国际交流的意义是截然不同的。对发达国家来说，学生国际交流的意义在于吸收国际人才，开展多元学术和文化交流，并由此带来经济收益。对发展中国家而言，学生国际交流的意义在于缩小发展中国家与发达国家之间知识和技能的差距。

七、实验实训国际化

高职院校的实验实训基地在高等职业教育国际化进程中扮演着不可替代的重要角色。一方面，要善于吸收国外实验实训领域先进的管理经验及管理模式，另一方面，鼓励通过中外合作办学或者项目合作的方式筹集经费、引进设备等。目前，国内一些高职院校已经在这方面进行了有效的尝试，实验实训国际化有助于高职院校实验实训基地项目建设的管理模式逐渐从封闭僵化的自建自管走向权责关系明晰、资源配备优化的合作共建和科学管理。同时，实验实训国际化鼓励有条件的院校实施"走出去"战略，建立海外实习实训基地，助力高等职业院校实施国内培养、国外实训的形式，为学生搭建顶岗实习、实验实训、就业创业、学历提升、访学交流等国际化平台。

第三节

高等职业教育国际化的相关理论

一、教育主权理论

教育主权问题一直是高等职业教育国际化发展的重点研究领域和难点所在。高等职业教育的主权问题必须从国家主权和国家意识形态角度来看待。在经济全球化的时代背景下，必须深入挖掘高等职业教育主权问题，厘清高等职业教育国际化的理论体系，从而实现高等职业教育国际化的理论创新。

（一）教育主权的概念问题

教育主权作为民族独立的重要表现形式之一，是国家主权的重要组成部分，不可侵犯。教育主权是一国处理本国境内相关教育事务的最高权力，也是处理本国教育领域国际交流与合作的权力，不受其他国家的干涉。所以，各国在对待教育国际化问题时都非常谨慎，尤其是在教育独立的问题上，都非常强调主权。《中华人民共和国教育法》对教育主权问题做了明确规定："教育对外交流与合作坚持独立自主、平等互利、相互尊重的原则，不得违反中国法律，不得损害国家主权、安全和社会公共利益。"

学术界对教育主权的界定也有多种声音。1993年，唐安国首次界定了教育主权概念，即"教育主权是一国独立处理本国教育事务和独立处理与其他国家开展教育合作事务的权力，可以分为教育立法权、教育投资权、学校审批权和教育监察权四个方面"。梁家顺则认为，教育主权是国家主权和文化主权的逻辑延伸。学者刘雪萍从权威层面、内容层面及范围层面三个维度对教育主权进行了归纳，并对三个维度的具体内容进行了详细的划分，例如，权威层面中的核心权力表现形式为教育的立法权和司法权。

按照上述观点，教育主权是国家主权在教育领域的一种具体表现，是涉及教育立法、行政和司法的最高权力，也是在国际环境中处理教育交流与合作的根本原则，还是国家独立自主的表现形式之一。高等职业教育主权即国家主权和教育主权的内容之一，具有高等职业教育立法、行政、司法的最高权力，是处理高等职业教育国际教育交流与合作的根本原则。

明确了教育主权的概念后，还需要了解另外一个与教育主权密切相关的概念，也就是教育产权。潘懋元认为，教育产权可以从广义和狭义两个方面来定义。广义的教育产权与教育主权在主体上是相似的，但是在细节上是有所不同的；而狭义的教育产权可以等同于学校产权，如中外合作办学过程中，中外双方利益分配问题属于教育产权问题，并不属于教育主权问题。按照这个逻辑，可以认为教育主权受到影响，那么教育产权一定受到影响，教育产权受到影响，教育主权不一定受到影响。只要明确了这个概念和逻辑，就不会把一些教育产权的问题上升到教育主权的问题层面。

（二）教育主权面临的挑战

教育主权受到挑战的由来是2001年我国加入世界贸易组织（WTO），主要原因是世界贸易组织的自身属性问题———一个强制规则的国际组织。21世纪初，我国在教育领域竞争力不强，教育主权受到了一定冲击和影响。

王建香认为，加入世界贸易组织后，我国教育开始对外开放，教育主权受到显性和隐性的挑战。显性的因素主要是国外资本对教育产权的控制和国内人才的流失；隐性因素主要是指在国家主权层面的挑战，最直接的就是意识形态问题。杨颖认为，在教育国际化的进程中，发展中国家的教育主权较易受到侵害。还有更多的学者认为我国教育主权面临的挑战主要是受到西方意识形态方面的冲击。

在高等职业教育中，教育主权受到的挑战主要有以下几个方面：一是在高职院校开展中外合作办学的过程中，外方合作院校往往会争夺办学的主导权，在教学上一味按照外方意图培养我国院校学生，与我国高等职业教育人才培养目标产生偏离；二是外方来我国院校授课教师的师资水平参差不齐，损害我国学生的利益；三是外方依仗自身高水平高等职业教育资源，高额收取我国院校费用，导致国内职业院校的资金流失；四是外方院校借助开展国际合作与交流项目的机会，对国内高职院校的教师和学生开展意识形态领域传播和渗透。

二、新自由制度主义理论

20世纪90年代，国际关系中的新自由制度主义理论形成并得到了发展。这是一套有完整架构体系的理论，主要围绕国际合作这一中心观点衍生出了四个方面的核心概念，分别是相互依赖、国际合作、国际制度以及全球主义。因此，新自由制度主义理论可以为探讨高等职业教育国际化在时代背景中出现的问题，以及不同国家解决问题的方式和发展路径提供一些理论依据。

（一）相互依赖

在新自由制度主义理论中，两个或两个以上国家和地区存在相互影响、相互依存的关系，可以将其关系称为相互依赖。随着经济全球化进程的不断推进，国家和地区间的经济交往日益紧密，这种相互影响和相互依存的情况越来越普遍，并随着经济发展加深。值得一提的是，与相互联系不同，相互依赖的程度要更深一些。随着相互依赖的关系变得更密切、更深入，相关国家的经济与世界经济会逐步融为一体。在国际关系领域中，这种融为一体的趋势就形成了荣辱与共的利益共同关系，并且大多数情况下，这种相互依赖是非对称的相互依赖，即双方处于不平等的地位，这种不平等的地位会让依赖性较强的单位处于被动状态，依赖性不强的单位会表现出一种强势的态度。支持这个理论的学者认为，这种非对称的相互依赖会出现两个特征：一个特征是敏感性，是指一国的变化引起他国的变化并为此付出代价，而变化的速度及成本就是敏感性程度的衡量标准；另一个特征是脆弱性，指的是一个国家发生变化，导致另一个国家为了应对变化调整而付出的代价。

（二）国际合作

在新自由制度主义理论中，国际合作的概念主要是指一个国家不断调整自身的各个要素以满足其他合作国家的期望或者偏好，而且国际合作会在相互依赖的情况下进一步加强。相关学者认为用博弈理论和预期理论都可以进一步印证国际合作这一概念。在国际合作中，一般会出现三个特征：第一个特征是自愿性，即开展国际交流合作的国家是自愿的；第二个特征是对合作目标的认可和承诺，即参与国际合作的国家的目标都是一致的；第三个特征是有利性，即所有参与国际合作的国家都在合作过程中获得了利益。值得一提的是，国际合作在相互依赖的情况下产生，而目前全球各个国家在经济、文化、科研、环境、社会、政治等方面都相互依赖，互动越多依赖性越强，就会变得越繁荣。因此，可以认为当前国际社会相互依赖的程度在逐步加深，进而扩大了各国之间的国际合作，当然高等职业教育的国际合作也越来越密切。

（三）国际制度

各个国家为了达到一定的目的或预期期望，会产生一种决策程序，这种决策程序是原则性的、规范性的，即国际制度。支持新自由制度主义的学者认为，使用武力来解决国与国之间的矛盾代价太大，因此要使用代价最小并对自身有利的方式来解决国家之间的矛盾或利益冲突，那么国际合作就是代价最小且效益最大的解决方法。作为国家之间的关系实质，国际合作首先要解决的就是国家之间的利益冲突，并使各个国家的利益或者目标一致。因此，要形成或者创建一种使各个合作国家放弃占优的战略，一种使各个合作国家集体获得最佳利益结果的制度。同时，他们还认为国际制度具有三个特性：权威性、制约性以及关联性。国际制度的形成前提是所有参与国际合作的国家普遍认同和赞成这一制度，这是国际合作行为的一个准则，但凡参与国际合作的国家都必须遵循这个制度，因此国际制度具有很高的权威性。前面提到的国际制度如果部分国家放弃"占优"（一种战略和方式，指在竞争中获得优势地位），使各个国家的行为都符合国际制度所制定的规范，促进国际合作的达成，那么就会制约相关国家的一些行为，比如克服经济和政治的欺骗现象。目前，在经济全球化的进程中，各国间的交流和合作会持续频繁和深入，各领域之间的国际制度会不断扩展、交叉和融合，使各领域之间的国际制度具有关联性。

（四）全球主义

全球主义本质上是一种具有广阔空间和国际联系的网络，它的形成需要各国家付出相应成本。可以将全球主义视为相互依赖的表现形式之一，它是一种连接性的网络，而非单一联系，但是这种网络包含实际距离，不是一种简单的区域网络。全球主义的相互依存维度包括经济、环境、教育和文化等多个维度的国际体系，而且这些维度的全球主义一般情况下不是同时发生的。

相关学者认为，全球主义的强度可以分为薄弱和浓厚两种，日益浓厚的全球主义被视为全球化，全球化也反映了前面提到的关联性和敏感性。但是必须提出来的是，全球主义不是世界大同，也不是同质化和完全平等。

就目前而言，新自由制度主义理论主要是随着各个国家相互依赖网络的不断加深，社会、政治、教育、环境等多个领域的不断融合而产生的。这些国际制度组织了一个世界体系，这个体系具有约束性和权威性，随时指导各个国家的集体行为。

三、利益相关者理论

20世纪60年代，英国开始逐步流行利益相关者理论，它发展和流行起来的主要原因是长期奉行外部控制型公司治理模式。平衡各个利益相关者的切身权益是这套理论的核心，其途径主要是要求决策者在作出决策时，平衡利益关系，争取与各个利益相关者取得最大程度的合作。这一套理论体系可以用于研究分析不同群体的利益诉求，以及这些诉求对合作的影响，通过相关假设和影响方式，积极促进问题的解决。可以利用这一理论来分析高等职业教育在国际化进程中的各个利益相关者。

1. 政府

以利益相关者理论来探讨政府在高等职业教育国际化中扮演的角色问题，政府是所有利益相关者中权力最大、利益最多的角色，且这种角色的扮演、定位与其他几个利益相关者存在一定的冲突。这种冲突极易表现在高等职业教育国际化进程中，政府对高职院校和教育机构管得过宽、过严，一些高职院校和机构需要解决的实际问题又得不到解决，易导致政府行使权力的错位与缺位现象。

2. 跨国企业

随着经济全球化的发展，高等职业教育国际化的开展与实施离不开跨国企业的有效参与，但是在实际情况中，高职院校难以满足跨国企业对国际化技术技能人才需求的现象普遍存在。究其原因，主要有两点：第一点是国际化的校企合作水平不高，学校在专业设置、课程开发、技术研发和实习实训等方面不能有效回应跨国企业对人才的需求；第二点是政府推动国际校企合作力度不够，政府相关职能部门推出的政策不能完全落地落实，操作性不强。

3. 高职院校管理者

管理者的主要目标是把高职院校建设成具有一定国际影响力的教育品牌。在实际中，处在政府主导管理体制下的高职院校，缺少充分的自主办学权限，市场自主办学的意识和能力不强，在一定程度上会阻碍高等职业教育国际化的发展。同时，在处理与跨国企业的关系上，高职院校中除了国际交流合作处或者校企合作处相关管理者外，其他管理者对国际化的意识和对跨国企业的关系处理认识的深度和广度不够，对国际劳动力市场的方向性把控不到位，易导致高职院校毕业生的国际化能力和水平不足，无法满足国际企业的需求。

4. 教师

谈到高等职业教育国际化，就不能不谈教师的国际化，而教师的国际化包含了多种因素的国际化，如视野国际化、技能国际化、教学方法国际化等。在利益相关者理论中，教师作为院校学生的信息传递者，是重要的利益相关者，因此可以认为教师的国际化水平在一定程度上影响了高等职业教育国际化的水平与进程。

5. 学生

高职院校的学生是高等职业教育国际化的重要利益相关者，他们既是教育国际化的重要组成部分，也是教育国际化信息的最终接收者。

6. 国际组织

在高等职业教育国际化的进程中，国际组织也是其中的利益相关者，部分高等职业教育国际合作需要国际组织在其中牵线搭桥。在实际中，国际组织开展的活动等对高等职业教育国际化的影响较大，但是对高等职业教育国际化的主要参与主体——政府的影响却较小。

7. 国际教育机构

在高等职业教育国际化进程中，国际教育机构可能与各国的高职院校成为合作者，并在其中促进各国院校的国际合作与交流，当然，国际教育机构大多是营利机构，他们的参与也会占领其他职业院校的市场，进而影响高职院校的发展前景。我国的高职院校与国际教育机构的竞争关系并不明显，主要原因是我国政府教育主管部门对境外教育机构在国内的办学有较高的门槛

与限制，但是也使国内高等职业教育处于"温室"中，没有真正参与到国际市场的竞争中。

8. 第三方机构

独立的、非政府的第三方机构是推进高等职业教育国际化的重要力量，但是这种力量目前表现得并不太强。

9. 媒体

媒体把高等职业教育国际化的相关信息传递给政府与大众，使其得到关注，但是这类信息可能是正面的，也可能是负面的。

四、高等教育国际化动因理论

高等教育国际化动因理论的发展起步较晚，仅有二十余年的历史，该理论存在两种核心要素：第一种是政治、经济、学术和文化；第二种是国家和院校两个层面的二维动因理论。随着理论的不断发展和国际社会关系的不断变化，各国学者在第一种核心要素中增加了人力资源要素，在第二种核心要素中增加了国际组织和区域两种要素。

简·奈特的动因理论是高等教育国际化动因理论的基础和标志。她认为，"动因是指一个国家、地区、部门或者高等院校投资国际化的驱动力，体现在政策制定、国际交流合作项目开发和实施等多个层面，支配着人们对开展国际化随之带来的利益或者成效的期望"。

简·奈特认为，高等教育国际化动因理论可以包括政治、经济、学术和文化等 4 个维度和 19 种具体动因，在不同的时代，每个动因表现出来的作用和影响是不一样的。20 世纪 80 年代，政治动因在高等教育国际化的进程中起到了决定性的主导作用。但是随着全球经济的复苏和经济全球化的发展，高等教育被认为在其中发挥的作用越来越重要，使高等教育国际化的经济动因走向了主导位置。但是在 2005 年，简·奈特认为这样的动因归类有所欠缺，一些动因在一些国家和地区不能被简单归纳，如政治和经济，它们涉及的因素很多，其间的界限和区分不明显，且相互有关。因此，简·奈特提出了一个新的高等教育国际化动因框架，把高等教育国际化动因分为国家层面（人力资源、经济、教育发展等因素）和高校层面（国际品牌、教育质量、经济等因素）的动因。

此外，随着我国高等教育的不断发展，高等教育国际化已逐渐成为国内学者密切关注的焦点和中心，相关的动因理论也不断地被提出，姚宇琦、韩宇提出了二动因理论，杨启光提出了三动因说，孟照海提出了五动因理论，李盛兵、刘冬莲试图基于已有的动因理论构建新的国际化动因理论，但这些理论并没有产生太广泛的学术影响。

第二章

国外高等职业教育国际化的概况与启示

高等职业教育国际化是指高等职业院校采用科学合理的教学方法，根据国际认可的课程标准来培养具备国际视野及国际胜任力的技能人才，这是一个全面且综合的过程，尤其强调对培养对象的塑造和激励。总之，高等职业教育国际化的内涵除了包括国际化合作交流的具体项目和活动外，还包括教育理念、人才培养、师资队伍、课程建设等理论方面的内容。本章将选取部分在此方面具有代表性的国家的发展概况和经验进行介绍和分析。

第一节
部分国家高等职业教育国际化的概况

一、德国

（一）德国高等职业教育国际化概况

2013年，德国联邦政府制定实施了《联邦政府职业教育国际合作战略》。德国联邦教研部负责具体事项，在长期的发展进程中，逐步构建起较为成熟的"双元制"职业教育模式。该模式有效整合国内相关机构的力量，共同组建了覆盖全球范围的合作伙伴关系。2013年，德国联邦职业教育研究所（BIBB）注册成立，BIBB是德国开展职业教育国际化的核心咨询单位，由德国联邦总部负责主导和运营。由德国联邦政府确定的职业教育国际化战略，得到了德国国内众多职能部门和企事业单位的支持，从而为战略落实和推动提供了动力，该项目在两年时间内就获得了长足发展，最终得到了国际社会的响应。

分析认为，德国职业培训项目取得巨大成功，并收获全球范围职业教育界肯定的原因是，它坚持了"双元制"培训理念。德国的应用技术大学（FH）深度落实了"双元制"职业培训理念，成为"双元制"实践的成功案例。具体来说，应用技术大学首先明确了学校和企业是人才培养的两大责任主体，并规定学校是第一办学主体，肩负着培养技术技能人才的主要责任，是提高人才培养质量的主要实施力量，而企业作为第二办学主体，应当配合学校的培训计划，尤其是为学生提供实践机会。值得强调的是，应用技术大学并非把"双元制"简单视为一个宏观概念，而是把它作为培训管理的策略具体落实到培训教学的各个方面，包括教学内容、师资聘任、入学标准、进程安排等。应用技术大学规定，新入学的学生应当具有不低于半年的职业实践经验，否则入学后必须参与规定时长的自主选定的职业实践活动。综上，应用技术大学在推动人才培养的国际化进程中，坚持了"双元制"教育培训理念，在各项工作中注重企业实践和应用研究，逐步形成了自身特色并具备了强大的实力。

在德国，众多高等职业教育相关单位组织了多种形式的营销活动，包括德国联邦政府、应用技术大学、德国大学校长联席会议、德意志学术交流中心（DAAD）等，这有力地推动了德国高等职业教育国际化的发展。另外，德国高校积极响应政府战略，同时发挥自身在某些专业上的优势，吸引国际职业教育界和国外相关高校的注意力，确定合作关系进行校际交流合作，在大量招收赴德留学生的同时，还鼓励本国教研人员和学业优异的学生赴他国交流学习，将德国高校"双元制"人才培养理念传播出去，从而收获了国际社会的认可和赞誉。例如，德国亚琛应用技术大学重视与国外高校的合作，目前已经与100余所高校确定了合作关系，每年接收大量留学生，留学生在学生总量中的占比已超过20%，这使其收获了较高的国际知名度。

德国高校的国际化素质考试对学生的外语知识提出了要求，同时要求学生有能力应用其他学科的知识来完成综合课题，在承担项目工作的过程中表现出自身能力和国际化素养，最终达到考核要求。

(二) 德国高等职业教育国际化的特点

1. 借力第三方组织

推动职业教育国际化进程，单纯依靠政府是不可能实现的，必须将相关的国内民间组织和国际组织等第三方组织引入其中，从而开展广泛、深入的文化交流活动，整体上推动本国职业教育国际化进程，同时惠及国际职业教育体系的发展。在德国，德意志学术交流中心与其国内大部分应用技术大学建立了合作关系，各高校确定了高校留学制度，确保留学生的普遍适用原则，无论是赴外留学的学生还是赴德留学的学生，都能获得应用技术大学的奖学金，而且德国高校还在国内外开设了多个办事处，具体负责教学培训管理工

作。实际上,德国已然形成了一套较为成熟的教育管理体制。在长期的发展中,德国高校、第三方组织多次实施了多种形式的国际合作项目,从而积累了丰富的实践经验,有能力、有信心迎接各种挑战,引领和继续推动高等职业教育的国际化发展。

2. 重视国际交流与合作

在全球化背景下,德国政府高度重视职业教育培训的国际合作,并制定了一系列政策、战略和规划。例如,2002年出台的《教育与研究向世界开放:通过国际化实现创新》,系统表述了国际合作对职业教育创新性发展的重大意义,同时提出了落实德国在教学科研领域开展国际合作的8项目标,比如,"国民能够在培训教学过程中,学习和了解其他国家的文化、语言和科研进展,树立包容开放的世界观,从而增强国民的国际竞争力""强化国民国际化发展的能力""在所有教育领域促进外语教学"等。德国作为欧盟的重要国家,对联盟内部成员间的交流与合作高度关注,并主导实施了多次项目合作,在扩大自身影响力的同时,也提高了欧盟国家在教学与科研领域的整体实力。步入21世纪以来,欧盟国家在教育与科研领域达成共识,并启动"达·芬奇项目""欧洲青年人第三阶段项目"等多项交流合作项目,德国参与了其中的所有项目并在项目的实施中发挥了积极作用。另外,德国还积极参加并签署欧盟区域协议,比如,2000年在葡萄牙里斯本签署的一项通过强化教育培训以提升欧盟竞争力的协议;2002年召开主题为"21世纪全球化社会的职业教育"的国际职业教育会议。

3. 重视外语学习

德国政府和教育界深刻认识到外语学习对自身发展的重要意义,因此在推动职业教育国际化的进程中,始终重视外语学习。例如,德国在里斯本协议中赞同确定欧盟范围内的基本技能要求中,就包括外语能力,同时也赞同进一步提高欧盟国家职业教育证书的互认程度,倡导组织国际性交流项目,鼓励企业参与这些项目。德国提议,在职业培训活动中应当加入外语教学内容,这是实现国际化、欧洲化的重要手段。德国政府的主张得到了社会各党派的认可,德国高校调整了课程安排,增设了外语课程或者增加了外语课时,《教育与研究向世界开放:通过国际化实现创新》中列述了多种开展外语教学的具体措施。

二、澳大利亚

（一）澳大利亚高等职业教育国际化概况

20世纪80年代，澳大利亚政府缩减了对职业教育事业的经济补助，从业机构和从业人员必须在新形势下寻找新的出路，尤其应当开拓新的市场，这也成为澳大利亚职业教育国际化发展的契机。在之后的发展进程中，澳大利亚高等职业教育国际化体系逐步完善，形成了三种机制。

1. 招收海外学生

澳大利亚拥有独特的优势吸引海外学生。澳大利亚地广物博，周边环海，自然风光旖旎，沿海发达城市能够提供待遇丰厚的工作岗位，而且紧邻亚洲人口大国，拥有明显的地缘优势。此外，相较于西方发达国家，虽然澳大利亚的留学成本较低，但是提供的留学服务水平不低，留学生能够在英语学习、生活指导方面获得辅助性服务，因而能够快速融入并适应留学生活。另外，经过长期的发展，澳大利亚职业教育体系已经掌握了丰富的教育资源，建立了完备的质量认证体系，能够为留学生提供高品质的职业教育培训活动。因此，澳大利亚每年吸引了大量的海外留学生。

在长期的发展中，澳大利亚的各高校和驻外使馆在澳大利亚政府的主导下协同推动职业教育培训战略，制定灵活的实施手段，积极接收海外留学生。1991年，澳大利亚政府颁布《海外学生教育服务法案》并明确留学生的有关合法权益。之后，澳大利亚政府确定了技术移民政策，降低了留学生的签证门槛。另外，高校向留学生提供兼职岗位，留学生通过兼职的方式可以获得基本生活保障，并为表现优异的留学生提供奖学金支持。亚太地区一直是澳大利亚留学生主要的生源地，为了减少语言障碍，澳大利亚多数高校为留学生增设了免费的英语强化课程，帮助亚太地区的留学生快速融入新环境。高校还专门设置了生活辅导员岗位，为留学生的日常生活提供服务和协助。澳大利亚明确职业教育国际化的战略意义，重视与亚洲高校在科研、教学领域的深度合作，并签署了开展科研、师生交换等合作项目的协议。澳大利亚驻外使馆成为落实本国职业教育国际化战略的海外据点，并利用自身优势，采

用演讲、期刊、宣传册等多种形式对外宣传。根据数据统计，经过几十年的不懈努力，截至2023年4月，澳大利亚的总人口数量约为2500万人，其中外国留学生约300万人。这意味着，留学生数量占整个澳大利亚人口的12%。

2. 合作办学

澳大利亚职业技术教育（TAFE）学院在国家政策的引导下，实施开放办学的国际化策略，与30多个国家和地区的高校建立了合作关系，签订了合作办学协议。合作双方积极履行相关条款内容，并取得良好效果。另外，澳大利亚与欧盟、东亚诸国确立了教育部长级别的合作办学共识。在此框架下，澳大利亚TAFE学院与这些国家和地区的有关机构，包括世界职教院校联盟、美国社区学院、印度尼西亚人力资源和移民局等均签署了合作协议。根据协议，双方就合作领域、知识和技能共享、文化交流等方面达成了诸多共识。

在合作办学过程中，需要尊重合作高校的意见，整合双方优势共同制订培养计划。一般来说，文科学生前两年的课程是在本国完成的，然后在澳大利亚进修一年的课程；理工科学生前一年半的课程是在本国完成的，然后在澳大利亚进修剩余的一年半的课程。完成合作办学项目的学生，将同时获得合作双方的证书。目前，中国许多优秀的职业技术学院与澳大利亚的高校签订了合作办学协议，并开设了双文凭专业课程，进行了广泛的师生交流，包括北墨尔本技术与继续教育学院、北悉尼技术与继续教育学院、博士山技术学院等。

3. 远程教育

澳大利亚TAFE学院利用网络信息技术建立远程教育线上平台，提供了1000余门教育课程，从而开创了远程教育办学模式，有力地推动了澳大利亚职业教育的国际化进程。此外，澳大利亚西悉尼TAFE远程学院还与中国、新加坡、马来西亚等国家的相关高校签订了远程教育协议，借助网络开设远程教育课程，海外学生能够在远程教育线上平台接受西悉尼TAFE学院的教学培训。目前，远程教育模式体系开设了多个专业，包括工商管理、市场营销、计算机应用、园林技术、材料工程、会计、冶金工程等。相较于传统的学校教育模式，远程教育模式更好地满足了人力资源市场的动态需求，能够根据市场需求动态调整教学计划和专业课程设置，从而向社会输出紧缺型人才。

经过长期发展，欧盟的多数国家已经认可了澳大利亚的远程教育文凭，并且由于中澳合作的加深，澳大利亚远程教育文凭在中国的认可度也不断提高。

(二) 澳大利亚高等职业教育国际化的特点

在数十年的发展中，澳大利亚高等职业教育逐渐有了自身的优势，主要包括以下几个方面。

1. 构建起特色鲜明的立交桥式职业教育体系

澳大利亚的多所高校在政府的统一指导下，相互协商并构建了"国家培训框架"，这是一个全国统一的职业教育与培训框架体系，包括澳大利亚质量培训框架（Australian Quality Training Framework，AQTF）、职业培训包（Training Package，TP）、澳大利亚资格框架（Australian Qualification Framework，AQF）等，这一体系把全国各种教育类别联结成一个有机的整体。其中，TAFE学院是该体系的核心，它在保持自身独立性的同时，还与普通职业教育、中学教育等教育机构保持紧密联系并开展办学合作，从而组建起一套由多种类型教育机构、教育模式、教育资源相互关联的"立交桥"式职业教育体系。

依据国家培训框架的要求，TAFE学院立足于区域经济现状，尊重学生期望，结合行业要求，创设和开发了专业培训包和教学课程。现在，澳大利亚创设了12大类、200多个专业，同时开发出与之适配的1000余门教学课程，满足了不同专业的教学需要，几乎覆盖了所有行业，最大限度挖掘学生潜力，每年向社会输出大量专业技能人才。TAFE学院重视实践经验，社会中已经具备工作经历、实践经验或者专业知识的成人同样有机会进入TAFE学院，他们只需要向TAFE学院提交申请单，然后学院会组织与其工作经历、专业知识相关的专业委员会对其进行测试、面试，考核通过之后，即可办理入学。另外，TAFE学院的在读学生也有机会前往高校进修，并且取得的学分是被广泛认可的，在读学生取得TAFE学院授予的文凭、证书之后，一方面可以凭借毕业生的身份去企业应聘寻找工作机会，同时可以将获得的TAFE文凭转换成高校学分，继续进入普通高校学习深造。概括来说，"立交桥"式职业教育体系具有通道多样、选择灵活的优势，能够服务于学生的职业发展，学生可以自主选择自己的发展方向和目标，并接受不同方向的教育培训，这最大限度上满足

了学生的发展需求，因而对海外留学生充满了吸引力。立交桥式职业教育体系在国际社会获得了普遍赞誉。

2. 国家战略为高等职业教育国际化提供了有力保障

澳大利亚作为典型的市场经济国家，其国民经济发展深受全球经济的影响，澳大利亚政府历来关注保持和增强国家经济竞争力的问题，在多个方面采取了有力措施强化自身竞争力。例如，2004年，澳大利亚政府通过了未来6年的国家发展战略规划，其中就包括职业教育国际化方面的发展计划。在澳大利亚职业教育国际化发展规划中，除了要让国民有能力参与国际竞争，在海外应聘中保持优势之外，还将"技能强国"国家战略落实到职业教育国际化发展进程中，从而为本国企业输出更多优质人才，服务于本国企业的全球化发展，使企业具有国际竞争力。为此，澳大利亚教育部设置了国际教育开发署，还在其他国家和地区开设了100余个办事处。为了更好地适应职业教育国际化的发展，澳大利亚政府还颁布了多项新政策和新法规，并对TAFE学院开展了持续的优化改进设计。1991年，澳大利亚政府增设了培训局；1995年，澳大利亚教育部门推出了学历资格框架，有力推动了职业教育的发展；1997年，《澳大利亚国家职业教育与培训策略1998—2003：通向未来的桥梁》出台，为澳大利亚职业教育指明了发展方向；1998年，TAFE学院创设了国家培训包（TP），并开创了新学徒制（New Apprenticeship），引发了广泛的讨论；2002年，澳大利亚质量培训框架（AQTF）完成测验工作，正式开始推广应用；2004年，澳大利亚国家职业教育研究中心制定了《构建我们的未来：2004—2010年国家职业教育与培训策略》，此外，澳大利亚政府还颁布了新的政策和法律法规，如《海外学生教育服务法案》等，这都为留学生在享有合法权益、满足生活需要等方面提供了有力保障，同时推动了澳大利亚职业教育的国际化发展进程。

3. 为海外留学生量身定制了语言类强化课程

政策上的宏观管控与微观照料为澳大利亚职业教育国际化发展带来了益处，澳大利亚早在2007年就被评选为全球排名第四的"最佳语言学习国"，次年排名上升到第二位。为了减少非英语语系留学生的语言障碍，澳大利亚开设了多种类型的语言强化课程，澳大利亚政府每年会向这项工作提供专项资助——由 TAFE 学院向学生提供英语强化课程，语言培训中心负责具体相关工作，根据留学生的语言水平、学习能力和学习目的的差异，开设不同类型的语言强化学习班型，如英语强化、剑桥英语、专业英语、升学英语等。另外，澳大利亚国际教育组织将在每年年底发布英语强化课程的统计结果，其中包括不同签证类型的学生数、澳大利亚各州学生注册数、不同国别学生分布情况等基础信息统计。

显然，澳大利亚不仅在国家层面上开展了统计分析、政策调整等宏观管理工作，还开设了专门的 TAFE 语言培训中心，旨在为海外留学生提供英语强化课程，同时给予其他辅助性援助。以上均是澳大利亚在职业教育国际化方面所做的工作，同时表现出澳大利亚对职业教育国际化的重视程度。

4. 高等职业教育国际化方式灵活多样

TAFE 学院保持开放精神，与其他国家和地区的相关高校进行联合办学，在海外联合建设国际学校，并支持多种教育模式，包括学历教育、非学历短期培训等，从而吸引了一大批海外留学生。目前，几乎所有的 TAFE 学院均开设了专门负责海外学生的招生和管理部门，如企业国际化经营机构、国际业务发展机构。相较其他国家而言，澳大利亚在留学生专项管理方面的起步较晚，但是由于管理妥当，在几年内就取得了极大进展。

另外，TAFE 学院还组织了多种类型、不同规格的培训项目，如志愿者组织协调培训、专门技术培训、教育资源设计培训、教学组织实施培训、教师职业能力提升培训、专业开发培训等，各类小型的培训不胜枚举，这也有力地推动了职业教育的国际化进程。近年来，TAFE 学院还积极参加和承办了多次国际活动，包括大型运动会、大型国际会议、国际学术研讨会等。

三、瑞士

（一）瑞士高等职业教育国际化概况

瑞士地处欧洲内陆深处，被称为"欧洲的心脏"。由于特殊的地理位置和独特的历史发展进程，瑞士成为法国、德国和意大利三大欧洲语言和传统文化中心的交汇点，100 多年来，瑞士形成了一个由 26 个拥有独立主权的州组成的联邦国家，各个州均享有高度自治权。其国家展现的多样性传统在瑞士

职业教育国际化的进程中得以充分地展现,国际化几乎成为瑞士职业教育发展的主要特点。一方面,外籍教师在瑞士职业教育机构中占比较高,尤其在两所联邦技术研究所中,外籍教师的比例高达1/3。另一方面,前往瑞士留学的外籍学生数量位居世界前列,超过了澳大利亚、奥地利和英国。统计显示,瑞士的外籍学生占学生总数的15%左右,在日内瓦、洛桑等地,这一比例为35%,而在瑞士的研究生中,外籍学生的占比高达40%。瑞士与其他欧洲国家合作与交流的有效开展,得益于瑞士与欧共体成员间的学历文凭互认,以酒店管理教育为例,瑞士早期开设的酒店管理学校主要面向欧洲学生,因此教学用语是德语、法语,随着欧洲以外国家和地区的留学生不断增多,酒店管理教学与培训相应做出调整。随着瑞士酒店行业的快速发展和国际影响力的扩大,酒店管理教育对海外留学生的吸引力不断增强,许多学生把前往瑞士学习酒店管理专业纳入个人发展计划。同时,瑞士的大型酒店集团抓住市场机遇,不断开设新的酒店管理学校,吸引大量海外留学生,在获得经济效益的同时,也培养出一大批优秀的酒店管理人员和员工。

(二)瑞士高等职业教育国际化的特点

1. 健全的政策法规为高等职业教育国际化提供制度保障

1930年,瑞士政府制定并实施《职业培训法》,规定了联邦政府在职业教育与培训事业中的责权问题。1963年,瑞士政府制定并实施了《职业教育法》,成为职业教育体系发展的法律依据。此后,瑞士政府为适应新形势下国民经济发展需要,分别于1978年和2004年修订并颁布《联邦职业教育和培训法》。瑞士政府一直对产业结构、市场变化保持高度敏感,并且动态调整了职业教育与培训的相关法律,从而保证了本国的职业教育与培训能够"积极响应国际职业世界和劳动世界的显著变化,最终服务于经济社会发展的新需求",这也为瑞士职业教育的国际化打下了坚实的制度基础。

2. 确立分工明确的高等职业教育国际化管理机制

面对复杂的相关管理工作,瑞士成立了多层级的教育主管部门,同时明确了各个部门的权责,要求他们共同参与职业教育与培训管理事务。瑞士政府并未设立联邦教育部,只是在各州中保留了本州的教育管理机构,具体负责本州的教育管理工作,同时确保各市镇在教育管理方面拥有高度自主权。

瑞士联邦政府通过联邦职业教育与技术办公室（OPET）对职业教育国际化过程进行管理，州立教育管理机构拥有法律实施、职业教育和培训（VET）课程监管的权力，行业协会、企业负责制定 VET 课程，以及开展学徒培训、制定行业资格标准等，但是禁止他们直接参与职业教育与培训管理工作。由此可见，瑞士职业教育与培训采取"三元制"运行模式，联邦政府、州立教育管理机构与企业、行业协会共同参与，明确各方的权利和义务，协同助推职业教育与培训的开展。

3. 积极开展高等职业教育国际合作

经过长期的发展，瑞士职业教育形成了自身优势，对海外留学生拥有巨大吸引力。凭借自身优势，瑞士职业教育机构积极地与海外教育研究机构建立合作关系，从而更加便捷地接收和培训海外留学生。例如，瑞士境内建成了多所应用科技类大学，它们长期以来一直注重国际合作，尤其是与欧盟国家签订了联合办学协议，较早参加了欧盟"伊拉斯谟"（Erasmus）计划，每年与其他欧盟国家进行大规模的师生交换。目前，越来越多的海外高校同瑞士的职业教育机构建立了教学和研究合作关系。为了减少海外留学生的语言障碍，瑞士应用科技类大学鼓励英语授课方式，并提供了 20 多个英语强化项目。经过多年的努力，在瑞士应用科技类大学的师生群体中，有超过 16% 的学生和接近 20% 的员工来自其他国家和地区，而且国际化程度不断提高。

四、新加坡

（一）新加坡高等职业教育国际化概况

20 世纪 70 年代后期，劳动密集型产业竞争力日趋减弱，导致新加坡本身的劳动力短缺问题日益严峻。1979 年，时任新加坡总理李光耀提出实施新的经济发展战略，鼓励发展资本密集型、高附加值产业，降低对劳动密集型、低附加值产业的依赖，也被称作"经济重组"或新加坡的"第二次工业革命"。为劳动力提供专业的职业技能教育和培训是当时经济发展的关键所在。

在此背景下，新加坡开始从国家宏观战略的角度规划职业教育，实施全方位的教育改革。1979 年，工业与职业训练局成立，主要负责统筹、协调和实施职业教育的各类计划。工业与职业训练局隶属于新加坡教育部，由原工

业训练局和成人教育局两个部门合并而成，对劳动力的要求由数量转为质量，以满足国家工业化发展的需要。这一阶段的高等职业教育实现了飞速发展，"分流教育制"和"职业资格等级证书"制度是此次改革的两大成果，学生自小学就开始实施分流，职业教育被正式纳入正统教育的范畴，建成了双轨融合的教育体系。

"职业资格等级证书"制度是指由工业与职业训练局下属学校提供各种职业技术培训课程，学生按要求完成课程学习后，可获得相应的工作能力等级证书，且各类别证书可互转衔接。由于政府是按学历的高低制定工资报酬的，而"职业资格等级证书"制度在职业培训证书和学历证书之间建立转换关系，因此技术等级与报酬待遇一一对应，这有助于转变一直以来职业教育不被重视的传统观念。为更好地适应国民经济发展的需要，此阶段理工学院开设的工程技术类专业数量迅速增加，比如新加坡南洋理工学院开设了电气和电子工程、土木和结构工程、机械和生产工程等二级院系。在学历教育迅速发展的同时，各种职业教育和培训等非学历教育也不断涌现。例如，新加坡要求各职业学院的培训标准要与企业技能中心的标准一致，并开始与国外的机构联合开展职业培训合作项目。20世纪80年代，新加坡经济发展局在积极扩大新加坡理工学院、义安理工学院规模的同时，通过国际合作分别与德国、法国和日本合作设立了三所专科类技术学院。

在人才培养方面，新加坡政府以其前瞻的国际视野为国家发展开创了良好的机遇。新加坡政府认为，培养国际化技术技能人才服务于外向型经济，关系到国家的发展和未来。因此，政府高度重视职业教育，通过调整宏观政策、加大经费保障、改革证书制度等一系列措施，确保职业教育在新加坡的重要战略地位。例如，政府明确员工在求职前必须接受一定的职业技术培训和岗前培训，这一规定以法律的形式使职前培训制度化。凡是资本超过100万新元或员工超过50名的公司，必须为现有员工提供职业技术培训；被外资企业或合资企业聘用的新加坡籍员工，必须前往企业投资者的母国接受专业技术培训；设立国家技能发展基金，要求企业上缴员工工资的4%作为经费来源。除了引进他国先进的技术和设备外，新加坡政府还注重引进国外的培训资源，每当外国的大型企业公司来新加坡投资时，新加坡经济发展局都会和其讨论关于建立技能培训中心的事项。

(二) 新加坡高等职业教育国际化的特点

1. 国际化的教育理念

为了适应经济发展需要，新加坡政府希望开放国际教育市场，从而确立了大力发展职业教育国际化的理念，这促使新加坡职业教育的发展进程表现出明显的国际化特征。20 世纪 70 年代，新加坡政府把"促使学生拥有全球化眼光，能够在国际竞争中保持优势"列为四项教育目标之一。1993 年，新加坡政府提出了"致力于发掘学生学习潜力、提升学生基本职业技能、树立参与国际竞争信心、全面培养学生综合素养"的教育目标。步入 21 世纪之后，新加坡政府对中学以上学历的学生提出希冀，希望他们"扎根本国、放眼世界"。由此可见，新加坡的职业教育国际化理念随时代的变化而变化。

2. 国际化的课程体系

本着服务经济建设的目标，同时助力职业教育的国际化发展，新加坡在编制课程时以实践方向为主，保持创新性思维，开设了范围较广的多门课程，构建起与国际接轨的课程结构，有利于提高学生的综合能力。例如，5 所理工学院开设了结构化、多类型的专业课程，包括网络通信、海洋技术、酒店管理、传媒技术、机械工程、冶金工程、生物技术、建筑工程、材料分析、会计等。另外，新加坡理工学院的专科文凭得到国际社会的认可，而且在读学生能够将拥有的文凭转换成普通高校的学分，从而有机会到普通高校或海外大学进修或深造。

3. 国际化的教师资源

为了满足国际化发展的需要，新加坡从海外引进了一大批教职人员，从而保证了教师队伍的国际化特征。具体来说，首先，新加坡确立了国际化的招聘政策，为海外教职人员提供良好的工作住宿环境、高薪待遇和福利政策，吸引了来自中国、日本、英国、加拿大、德国等多个国家和地区的高水平教师资源；其次，实施教师进修奖学金制度，为在职教师的进修提供便利，他们能够前往海外综合型大学攻读更高学历，进一步开阔了教职人员的国际视野；最后，积极学习和引进国际上的前沿理论和技术成果，鼓励教师参加国际学术会议，支持教师参加新技术培训，确保在职教师的知识储备不落后。

4. 国际化的教学方式

在借鉴德国"双元制"模式的基础上，新加坡实施了"教学工厂"职业教育模式，南洋理工学院是该模式的典型代表。"教学工厂"模式下的教学体系，引用了现实存在的工厂环境，教学与实践相结合，学生在"教学工厂"中能够展开"教育与训练""工业项目及服务""能力与技术转移"等实践，从而提高了实践应用能力和培养了合作精神，同时满足了教学课程服务于工业发展的需求，宏观上实现了学校与企业的结合，推动了市场的进步。

5. 国际化的教育合作

新加坡积极开展国际化的教育交流和合作，新加坡教育机构致力于与其他国家和地区的教育机构建立合作关系，实施联合办学、技术和科研合作等教育模式，尤其重视与发达国家和知名高校的办学交流，这有力推动了新加坡高等职业教育的国际化进程。在长期的发展中，新加坡坚持走职业教育国际化道路，积极学习前沿的理论、技能，保持与其他国家、高校的合作与交流，开阔了自身的国际视野，同时在国际教育产业中占据了一席之地。

五、英国

(一) 英国高等职业教育国际化概况

英国长期以来一直是职业教育强国，每年吸引大批学生赴英国求学，仅中国大陆每年就向英国输出逾13.5万名留学生，其中约10万人接受的是职业教育。凭借自身优势，英国政府致力于提升其在国际教育市场中的占有率，同时注重提高自己的国际影响力，因此在招收留学生方面制定了多种扶持政策。可以从三个方面分析英国职业教育国际化的发展路线：第一，扩大招生规模。一些调查数据揭示了一个现象，那就是相当比重的留学生希望能够在英国获得硕士学位，其中尤以亚洲和中东地区的留学生为代表。第二，主动出击，积极与海外教育机构合作办学，推动发展跨国教育。目前，跨国教育主要存在两种形式，其一是英国高校在海外建立分校，已经有65%的职业教育机构在国外开设分校，并招收了约27万名学生；其二是在海外大学开设英国学位专业，提供英国职业教育课程。第三，构建线上平台，兴办网络教学。人们对网络教学的接受程度不断提高，年轻人习惯于通过网络获取信息和知识，这就为网络教学提供了现实基础。目前，许多英国高校已经开设了网络课程，海外学生可以随时随地进行线上学习，从而提高了职业教育的灵活性，因此吸引了更多海外学生的关注。目前，英国的职业教育国际化已经取得极大进展，在国际教育界和留学生群体中享有盛誉，在国际教育产业中的占比也连年攀升，这为英国财政带来了丰厚的收益。

(二) 英国高等职业教育国际化的特点

1. 为国际化提供资金保障

依据《国际学生对英国经济产生的效应》（2004），过高的留学费用会削弱英国高等职业教育对海外留学生的吸引力，对此，英国政府提供专项财政补助，以降低留英成本，从而保持自身在国际教育市场的优势地位。为此，英国政府开设了奖学金，并逐步增加奖学金的覆盖面和奖励金额，主要包括政府奖学金、院校奖学金以及学术团体奖学金等类型。英国重视对国际优秀人才的引进工作，制订了"海外研究生奖励计划"，并投入逾100万英镑的扶持资金，重点引进中国、俄罗斯、印度等国家的优秀人才，覆盖医学、机械工程、金融理财、社会科学等重点学科，能够保证他们在规定的3~4年进修时间内，获得良好的生活保障。该计划由政府主导，同时接受企业的经济支持，因而吸引了包括帝国理工学院和牛津大学在内的24所知名学府的参与，申请人可以直接向这些学校申请奖学金。此外，自2007年以来，苏格兰政府在国际奖学金项目上每年投入54万英镑，主要用以补贴国际学生的往返交通费、生活费和学费等支出。概括来讲，英国在推动职业教育国际化的过程中，重视经济因素的作用，并开设了多种形式的奖学金，全国每年提供的各类奖学金总额超过3.2亿英镑，其中有2亿英镑专用于扶持欧盟的国际留学生。

2. 不断完善留学生政策

英国20世纪80年代制定的留学制度，最初并不被认可和看好，由于留学生无法从中获知招生流程、课程信息和设备保障，教育机构与招生人员各自为政，彼此之间的信息沟通匮乏等问题的存在，既不利于留学生招收工作，也损害了留学生的权益。到了20世纪90年代，英国文化委员会颁布了《教育机构与留学生工作规范》，有效完善了早期留学制度的缺陷，文件中对留学生的入学程序、学术事务、福利待遇、信息供给等事宜进行了明确，同时对

招生人员的行为作出了规范，切实维护了留学生的权益，有利于职业教育的国际化发展。之后，随着赴英留学人员数量的不断增加，为便于学生办理签证手续，英国政府还在海外增设了多个签证申请办理中心。2007年，英国政府进行签证制度改革，允许办理"短期留学生签证"，留学生可以在英国接受为期6个月以下的职业培训、语言强化训练。2008年，英国政府又公布了"计点积分制"，这是一项全新的留学生签证制度，申请人凭借自己的薪资、受教育程度、对英国文化的了解以及年龄等要素，证明自己符合客观标准，能够为英国作出贡献，即可获得对应的积分点数，只要累计达到规定的积分，申请人就能够拿到签证，有机会前往英国进修深造。"计点积分制"是签证体系的一次创举，在现实中的应用范围逐渐扩大。

3. 课程体系国际化

英国非常重视课程编制，并逐步制定形式多样的课程体系，主要分为基础学位课程、学位课程、语言课程及文凭和证书课程等大类，同时，为了接轨国际职业教育，英国还将国际化元素融入现有课程，持续开发和建设国际化课程体系。许多高校支持留学生先在本国合作高校中完成前2年的基础课程，然后前往英国接受剩余1年的专业课程。英国高校还与多所海外高校签署了证书互认合作协议，尤其是与欧盟成员国间教育机构的合作，"境外学历互认"项目已经取得积极进展。现在，欧盟国家正努力实现"学分交换"机制，这得到了英国高校的赞同，有利于继续扩大地区性的人员交流。2007年，英国教育部门、教育行业和高校决定压缩本科教育的年限，从3年减少到2年，但是保留了所有的课程，从而在保证教育质量的同时，最大限度降低留学成本。

4. 严格的质量监控体系

早在20世纪末，英国政府就设立了高等教育质量保障署，旨在构建质量保障体系，用以巩固和提升职业教育的质量和水平。英国政府定期评估各高校的学术研究、教学质量，并把评估结果公示于官方网站，海外学生可以据此择校，这也有助于提升英国高校的整体教育教学水平。此外，高等教育质量保障署还负责对英国大学海外合作办学机构的教学进行监督，增强英国大学开展海外办学信心的同时，也确保了海外办学的教学质量和学位授予标准。

步入21世纪之后，依据相关政策规定，只有获得高等教育质量保障署审批通过的海外合作办学项目才能最终生效。在长期的发展中，英国高校确定了质量管理机制，开设了专门机构用以巩固和提高办学质量，开展广泛的自我评估，与国际职业教育界长期保持密切联系。随着职业教育的关注度不断提升，各类媒体也热衷于对高校的教育质量进行报道和评估，这实际上发挥了监督的作用，如《卫报》《泰晤士报》的相关报道，总是能够引起社会上的热烈讨论。

第二节
国外高等职业教育国际化的经验和启示

尽管不同国家和地区间的历史政治背景、文化传统习俗、经济发展水平各不相同，但是人们都对高等职业教育的发展非常重视，在不断调整、改革、巩固、创新高等职业教育的同时，也推动了这些国家和地区的经济高速发展。在此过程中，世界各国都在积极地提升本国职业教育国际化水平，认识到职业教育国际化对本国经济发展的巨大影响，因此各国都将国际交流与合作上升到国家整体战略高度。尽管不同国家经历的发展历程有所差异，但在发展过程中都积累了诸多成功的经验。经过归纳分析，可以从中发现其成功存在共性，为我国职业教育国际化的发展提供借鉴和启发。

一、超前的理念和规划

通过研究与比较发达国家的职业教育国际化发展经验不难发现，超前的教育理念和规划是职业教育国际化发展的前提，只有拥有先进的教育理念，才能制定行之有效的国际化发展战略。发达国家善于学习国际前沿的教育理念，结合本国教育实际实施改革，探索适合本国发展实际的道路，其中以新加坡最为典型。新加坡的职业教育虽然起步晚，但由于教育理念先进，其始终保持飞速发展的态势。在短短的40余年里，新加坡的职业教育持续发展并源源不断地为社会培养了大批国际化专业技术人才，使新加坡发展为经济快

速发展的现代化国家。

国家的顶层设计是决定职业教育吸引力的重要前提和保障，国家对顶层设计做出调整更新后带来的效果明显大于对局部改革的效果。地方政府应严格执行国家制度及配套政策，并结合地方实际制定相关实施细则，国家监督部门也应定期对地方政府的实施情况开展日常监督和指导，并针对各地区产生的不兼容、不协调等问题及时回应，理顺执行层面和监督层面的相关程序及职责，建立一体化的管理体制机制，为保持和增强职业教育吸引力奠定坚实的制度及政策体系保障。

二、配合的政策和立法

职业教育国际化是一项系统工程，需要一整套完善的政策体系提供支撑。纵观发达国家职业教育国际化发展的成功经验，均得益于完备成熟的政策环境，这不仅为职业教育国际化的发展指明了方向，而且为职业教育国际化的发展提供了坚实保障。例如，德国有《职业教育法》《职业学院法》《职业培训条例》《劳动促进法》《高等教育、职业教育专业培训及考试细则》及各州的教育法与学校法等法律法规，用以规范高等职业教育的改革和发展。这些立法涵盖了高等职业教育办学主体、办学模式、办学经费、资质认定等诸多方面，使德国高等职业教育的发展有法可依、有章可循。瑞士有联邦《职业教育法》及各州的立法。

三、紧密的校企合作

有别于社会主义国家，长期以来，在世界各国资本主义社会里，行业协会组织对职业教育的发展发挥了巨大的推动作用。近年来，随着全球扁平化趋势的不断发展，行业协会组织的作用逐渐弱化，在一些国家甚至呈现消失的态势。因此，世界各国政府不断采取措施加强与企业的直接对话，拓展与企业联络的方式及渠道，制定出台有助于企业发展的各项制度和政策，特别是创造职业教育与企业合作对话的优惠条件，不仅提升了职业教育吸引力，而且为国家经济社会的发展开辟出一条新的有效途径。

德国、新加坡等发达国家虽然在高等职业教育的人才培养模式实施上各具特色，但有一点是共同的，它们都非常重视校企合作、工学结合，这不仅有利于教师和学生更好地将理论与实践相结合，而且促进了高等职业教育的发展。德国的"双元制"模式提出，学生由学校和教育企业联合培养，要把学校的理论课程和企业的实践环节相结合，其中，学校的通识理论课程占40%，企业实践实训课程占60%。

澳大利亚鼓励企业积极参与高等职业教育教学，推动高职院校和企业构建良好的校企合作模式，比如，企业帮助学院采购教学设备，建设实习实训基地，接受学生顶岗实习，一些企业还会将自己的生产设备捐赠给高职院校用以教学。此外，行业企业也参与教学质量评估，如由学校和企业联合对学生的学业成绩和技能水平开展考核。

四、优质的教学资源

从发达国家的职业教育发展经验来看，优质的教学资源是国际化发展的重要基础，因此，职业教育国际化必须从提高教育教学资源质量入手。一方面，要开发高质量的国际化课程，为了使本国的职业教育课程更好地接轨国际，发达国家建立了国际化的职业教育课程体系，并制定与之相匹配的标准和要求，这就将职业教育国际化的要求落到了实处。另一方面，要着力打造一支国际化的师资队伍。教师是实施职业教育的核心力量，也是发达国家的重要成功经验之一。在建设师资队伍方面，一是招聘有国际理念的教师。招聘和引进水平高、技能精、能力好的高素质外籍教师，并为其提供舒适的教学生活环境和有吸引力的薪酬等优惠条件。二是重视教师的专业国际化成长。鼓励教师参加学术研讨会，提高个人的专业理论和技术水平，开阔自身的国际化视野。三是丰富教师的国际经验。制定相应的教师出国留学深造保障制度，支持教师继续出国深造，攻读更高层次学位，接受最新科研成果，以丰富教师阅历。

五、完备的留学服务

目前，人们习惯于采用留学生的招生数量及其发展规模来衡量一个国家的教育国际化程度。为了吸引更多的国际学生，发达国家在人力、财力、物

力等方面均进行大力投入,并取得了良好的效果。具体来说,一是发达国家非常重视海外宣传,打造本国职业教育形象,传播特色和亮点,以吸引更多的海外生源。二是设置留学生奖学金,发达国家通常会为留学生提供各种形式和类别的奖学金,且在人数设置上能够基本覆盖大多数学生,包括政府奖学金、学术奖学金、高校奖学金等,通过报销往返交通费、提供基本生活保障等形式,向留学生提供援助性的帮助。以新加坡为例,教育部门设计了一套全面的"海外学生资助计划",其中包括学费贷款计划、奖助学金计划等。学费贷款计划向所有学生开放,最高申请金额占学生应缴费用的80%,并且免息。此外,经济困难的学生还可以每学年向学校申请1500新元的奖学金。

六、健全的职业资格认证体系和国家资格框架

多数发达国家和地区重视建立高等职业教育的职业资格认证和国家资格框架体系,这使高职院校毕业生具备了在国内市场乃至国际市场上被认可的资格,有效促进了高职院校毕业生在劳动力市场上的自由流动。在新加坡,就读于理工学院(相当于高职院校)的学生比例为62%,学生毕业后可以根据自身的兴趣和能力水平继续进入相应的大学学习。因此,我国高等职业教育也应与其他类型的学历教育建立互通机制,才能真正获得发展的内在动力。同时,高职院校的教育教学须真正实现与社会各种职业岗位相联通。

除以上经验外,我国还应进一步加强对职业教育国际化的理论研究,结合我国实际,加大对高等职业教育国际化的财政投入,树立终身教育理念,多措并举,实现我国职业教育国际化的高质量发展。

第三章

我国高等职业教育国际化的缘起与发展

全球化预示着资源配置的国际化,意味着优质教育资源在世界范围内的流动,表明了高等职业教育国际化是大势所趋。欧盟,以及亚洲的日本、新加坡等许多发达国家的高等职业教育起步较早,累积了丰富的国际化办学经验,为跨国公司的发展和经济全球化积累了丰富的人力资源储备,为其经济对外扩张作出了巨大的贡献。在这样的双重背景下,我国高等职业教育的国际化需要从中寻求和借鉴国外高等职业教育国际化发展经验,不断融入世界发展。高等院校必须适应国家发展战略,培养具备国际视野的技术技能人才,助力社会经济的发展。

第一节

我国高等职业教育国际化的逻辑起点

一、高等教育国际化的缘起

高等教育国际化衍生自高等教育本身的发展。当前,高等教育国际化正面临着"以改革促发展"的要求,这是高等教育国际化自身的发展动力,其促进了高等教育的发展。

(一)国家软实力的需求

软实力是相较于硬实力而言的。硬实力通常指一个国家的政治、军事等传统优势,而软实力则是指一个国家的文化、价值观的凝聚力,是一个国家思想战略的吸引力,或者是某种程度上能够反映国家政治导向、文化、意识形态及社会制度等的能力,是一种同化型实力,与国家经济和军事这类有形力量资源有关的硬性指挥式力量构成鲜明对比。软实力旨在获得他国的认同并使其追随自己,强调吸引力而非强制力。在软实力作用日益凸显的今天,高等教育作为国家软实力的组成部分越来越受到人们的关注。但高等教育仅是国家软实力资源,如果要将软实力资源转换为软实力影响力,那么就需要通过高等教育国际化手段和路径来提升高等教育的影响力。因此,国家软实力的提升也将促进高等教育国际化的可持续发展。

(二) 政府推动力

高等教育国际化尽管已成为当前的必然趋势，但其发展与各国政府的推动和主导是分不开的，政府在高等教育国际化的发展进程中发挥了决定性的作用。教育和政治两者间有着密切的联系，高等教育国际化的发展深受政府对外交流政策规划的影响。有专家学者认为，某种程度上来说，高等教育国际化也是国家外交的一个组成部分。此外，在高等教育国际化实施过程中开展各项国际教育交流与合作，也是各国政府进行外交活动的重要途径之一。因此，各国政府都高度重视高等教育国际化，并试图以高等教育国际化为手段来实现外交政策的实施。为推动高等教育国际化的开展，各国政府普遍投入大量财政资金，通过设置各类奖学金和财政资助项目来支持高等教育国际化。

(三) 经济利益驱动

高等教育机构分为营利性和非营利性两大类。营利性的教育机构实施高等教育国际化的一个重要动机就是产生利润。从实际操作角度来讲，营利性教育机构往往通过在国外设立学校、与其他国家的公司或教育机构合作、收购其他国家学校等途径，在其他国家的教育领域建立并扩大自己影响力。由于这些教育机构拥有优质的国际背景和办学经验，对所在国的学生的吸引力较大，因此可以通过提供国际教育而获得高额利润。在营利性教育机构出于自身利益参与高等教育国际化活动的同时，许多非营利性的教育机构也纷纷加入国际教育浪潮中。调查显示，虽然这些非营利性教育机构开展国际化的主要动机并非经济因素，但为了加强教育研究合作、提升教育质量、增加相互文化认同及实现其他相关目标，也有不少大学纷纷加入国际化的行列。此外，有些国家降低了公共财政的支持投入，转而鼓励国内的学校拓展海外教育市场，如澳大利亚和英国。

招收留学生是高等教育国际化的一项重要手段，许多国家，如前往英国、加拿大等国留学的学生需缴纳高额学费，给就读国带来了巨大的直接经济利益。这些留学生大部分都是本国的精英阶层，教育背景良好、能力素质优异，在留学过程中，他们将为目的国带去大量素质优良的人力资源，创造难以估量的财富。高等教育国际化可以带来巨大的效益，所以许多国家纷纷参与到

高等教育国际化当中来。其中,欧盟国家凭借自身发展优势、优质教育资源和强大的吸引力,在国际高等教育市场中占据了主导地位。部分发展中国家和地区则相对边缘,是教育资源的购买者。与教育相关的配套领域和机制也为高等教育国际化创造了更多财富,如语言类培训、语言能力等级评估与认可、教学资质认证等,都有商机存在。正由于其巨大的经济收益,高等教育国际化才有了巨大的推动力。

(四) 信息化技术发展

信息化推动了经济全球化,信息技术的发展水平决定了信息交流和共享的进程和规模。现在,随着世界信息技术水平发展的日新月异,科学技术实现了跨越式发展,人们的衣食住行、高等教育教学等现实生活的方方面面也因信息技术的发展变革,而发生了天翻地覆的变化。得益于信息技术的飞速发展,知识信息的传输渠道、存储方式、获取方式等都发生了变化,特别是互联网技术的成熟和应用,使高等教育借助互联网实现了质的变化,学术分析、交流和研究都可以借助互联网来实现。在高等院校和科研机构中,信息技术的应用使校内的学生能够获得与校外学生同等的教学资源。利用互联网的远程教育也在全球范围内迅速发展,开放课程、大型开放式网络课程(Massive Open Online Courses,MOOC)等新型高等教育课程模式快速发展,突破国家地域的界限,产生了巨大的国际影响力。信息技术的快速发展,实现了信息传播的全球化,提供了知识传播的有效途径,大力推动了高等教育国际化的发展进程。

(五) 教育内容的国际化

高等教育的主要内容包括知识、教师、学生、信息、技术等要素。知识具有普遍性,其教授与传播可以跨越国界,这使高等教育作为知识的传播者和发展者能够在全球范围内进行知识的传播和交流。教师是传播知识、开展教科研活动等的行为主体,高等教育对教师提出了要求:不断提高教学能力、不断创新学术研究、不断更新知识储备。这就需要教师及时获取最新的信息发展和科技研究成果,丰富和更新自身的知识储备,紧跟学术和技能的前沿。要实现这一目标,教师就不能孤立化工作,而需要与世界各地的专家学者进行深入探讨,积极参与国际合作与交流的各项活动。学生是高等教育的接受者，他们通过接受高等教育，并从中获得知识和能力，在当今全球化背景下，学生对获得全球范围的新知识和新技能的渴望日益强烈。学校和教育机构需要为学生获取新知识、新技能创造条件和平台，让他们有机会了解其他国家和民族的政治、经济、文化和社会等方面的情况，可以与其他国家的师生自由沟通交流，从而提高自我认识和素养，成为具有国际视野、符合时代要求的高层次人才。

（六）教育机会需求的国际化

随着国家发展水平的持续提高，社会对于高等教育的需求也随之增加。但由于教育资源分配不均衡，一些国家由于高等教育的供给能力无法满足国内日益增长的高等教育需求，导致高等教育供给能力不足的情况出现。高等教育机构开展互联合作，英语成为科学交流和教学的通用语言，特别是互联网的广泛使用，为交流提供了便捷的路径。跨国高等教育机构的出现也促进了课程的传播和变革，使教育供给能力缺乏的国家能够满足国民经济发展和学生对教育教学的迫切需求。因此，为高等教育供给不足国家的学生提供高等教育机会已成为高等教育国际化的重要组成部分。

二、我国高等职业教育国际化的缘起

高等职业教育的改革发展要顺应国家发展的大趋势，推动我国高等职业教育国际化，汇聚各方发展动力，培养技术技能人才，服务我国发展战略的实施进程。

（一）服务"一带一路"倡议

"一带一路"倡议是"丝绸之路经济带"和"21世纪海上丝绸之路"的合称，由习近平总书记在2013年提出。"一带一路"倡议旨在形成融合亚洲陆地经济并联通欧亚非海上经济命运共同体的陆地、海上经济闭环，引起国际社会的高度关注。

1. 为我国及沿线各国企业提供发展机遇

国家统计局发布的《党的十八大以来经济社会发展成就系列报告之十三》显示，2013—2021年，我国对世界经济增长的平均贡献率达到38.6%，超过

G7国家贡献率的总和，跃升为推动世界经济增长的动力源。早在2016年5月9日，《人民日报》就在经济周刊的整版刊登了题为《这些成本最该降！——对两省四市五十三家企业制度性交易成本的调查》的报道，文章显示，受访企业强烈呼吁要降低"制度性交易成本"，即由于机制和制度等问题导致的时间、机会、经济等其他各种成本。市场经济的体制机制问题通常依赖政府的干预，应通过调整国家发展战略来促进经济体制机制改革，从而营造良好的战略环境。"一带一路"倡议立足于国内经济新常态的发展形势，通过成立亚洲基础设施投资银行有效促进了区域建设互联互通和经济一体化的国际格局，为我国经济社会的发展开辟了一条宽阔道路，为我国各类企业在经济飞速发展的新时期顺利进入国际市场，创造了良好的制度保障和资金支持。

2. 为深化现代职业教育体系建设改革助力

2022年，中共中央办公厅、国务院办公厅印发了《关于深化现代职业教育体系建设改革的意见》，正式启动"现代职业教育体系建设改革推进工程"。创新职业教育国际交流与合作机制成为五大重点任务之一，建设具有较高影响力的国际职业学校，推出一批具有国际影响力的标准、装备和教学资源，推动职业院校"教随产出"，打造更多职业教育"走出去"品牌。"一带一路"倡议为现代职业教育体系的健全和改革提供了广阔的发展空间，现代职业教育体系建设改革则为"一带一路"倡议的推进和落实提供了强大的教育支撑，两者相辅相成。

3. 全面加快教育供给侧结构性改革

我国以往改革的重点集中于需求侧，当扩大内需、增加需求等制度面临瓶颈并产生副作用时，供给方的问题就日益凸显，因此，从供给侧的角度分析、研究和解决问题成为新的改革重点，这预示着改革的思路和方向发生重大改变，从追求生产数量变为追求生产质量、从以中心辐射周边发展变为去中心化发展、从纵向级别化管理变为横向平台化管理等，这些方面都表明改革的思维模式已然渗透到结构层面，开始进行彻底的创新。教育供给是供给侧最敏感的内容之一，特别是现代职业教育，它向大众提供了终身教育的机会，一个人一生只能接受一次基础教育和高等教育，但可以多次接受职业教育，现代职业教育的形式具有灵活性和多样性，可以满足人们的多样化需求。

"一带一路"的主干路线以中国为起点，向西穿越亚洲，通往欧洲多个国家和地区，这就对我国现代职业教育提出了更高的要求，不仅要满足我国发展，还要提供满足整个"一带一路"共建国家基础设施建设、区域经济发展需要的教育综合性整体打包服务，涵盖服务于国内经济发展、服务于亚洲和非洲等共建国家和地区基础设施建设、服务于整个"一带一路"沿线经济带的运行流通、服务于经济带对我国经济发展的传导作用等方面。现代职业教育的综合打包服务不仅包括技术技能人才，而且包括提供培养技术技能人才的职业教育体系和结构，因此，加快形成把学习者"送出校门，跨出国门"，通过国际交流并最终带着所需要的信息反馈给我国现代职业教育体系的教育全过程，对于教育供给侧结构性改革具有深远意义。

（二）政府持续推动

中国于2015年提出了"中国制造2025"战略，其中，推动制造业领域的国际合作是落实"中国制造2025"的重要内容。"中国制造"的产品实际上也是世界各国、各地区贸易体共同分工、共同协作、共享利益的事实，同时也表达了中方继续加快各领域改革开放步伐、加强国际交流合作的态度和决心。

1. 改革开放为高职院校开展国际交流合作提供坚实的政策背景

新中国成立初期，我国的对外政策、合作与交流大多面向社会主义国家，这些交流与合作为国家发展聚集了大批人才。由于当时国际政治的复杂性，国际合作与交流也受到了影响。1978年，中共十一届三中全会把党和国家工作的重点转向经济建设，实行改革开放，中国的经济发展和社会改革进入高速发展阶段，坚持各领域全面发展和改革已取得社会各阶层的共识。职业院校诞生于改革开放之初，肩负着全面培养经济发展所需技能人才的历史重任，其中一条重要的途径就是借鉴国外职业教育的成熟经验。因此，我国政府开始鼓励职业院校通过国际交流合作来开放办学，通过交流学习来改革教育教学模式。

2. 外向型经济发展战略要求高职院校积极开展国际交流与合作

出口、投资、消费是拉动中国经济增长的三大核心要素。改革开放以来，我国政府确定了外向型的经济发展战略，2022年，我国外贸总值突破40万亿

元关口,货物贸易已连续六年位列世界第一。无论是对外贸易的数量还是比例,都要求我国推进更高水平的国际交流合作。新的国家对外开放战略不仅要求产品和服务标准同国际接轨,也对技术技能人员的规格和素质同国际接轨提出了要求,这为职业教育国际化发展指明了方向。高职院校技术技能人才培养的目标必须立足于服务国家经济发展大方向,满足经济发展总目标。国际交流与合作是确保高职院校培养的人才更好地服务外向型经济的重要载体。当然,中国当前的经济发展模式亟待从单纯依靠投资和出口转向依靠消费、投资和出口协调发展,但我国外向型经济发展的基本方向没有改变,这意味着外向型经济领域仍然存在大量就业岗位,这也将进一步促进职业院校之间的国际交流与合作。

3. 引进技术和吸引外资需要高职院校培养高素质的国际化技能型人才

引进技术、吸引外资是发展中国家赶超发达国家的重要手段,也是我国发展的必然选择。然而,引进先进技术并非长远、有效的发展方式,其核心在于能否在学习和引进先进技术的过程中,实现创新并形成自己的技术优势。高技能人才通常工作于生产、建设、管理和服务行业的一线,是企业引进技术和设备的直接使用者。因此,他们在吸收掌握先进技术、进行技术创新方面发挥着关键作用。

过去多是劳动密集型产业,所以普通工人只要具备基本技能就可以了。现在,以技术和知识密集型为主的高新技术产业正快速发展,必须提供训练有素且技能精湛的技术人才。这就要求职业院校不能闭门办学,要通过国际交流与合作,提高人才培养的质量。

4. 增强国家"软实力"对高职院校国际交流与合作提出了更高要求

作为全球新兴的经济大国,中国的快速崛起和发展备受世界关注。然而,一个国家仅有经济发展是不够的,还需形成具有凝聚力的文化,这就是国家"软实力"。对于国家软实力来说,教育起着基础性、决定性的作用,教育交流与合作发挥着展示和推广的作用。作为职业教育起步较晚的国家,我国一方面通过国际交流合作引进海外先进的职业教育资源,另一方面积极向世界展示和分享我国的传统文化成果和职业教育经验。中国正开展着世界上规模最大的职业教育,同时也在努力探索、实践一条具有中国特色的职业教育之路。高职院校开展国际交流合作的水平不但反映了我国经济发展的速度，从侧面也体现了我国软实力的提升。

(三) 经济社会变革

1. 产业技术转型升级

改革开放以来，中国经济飞速发展的同时也引发了一系列关乎环境、资源、人口的问题。调整经济结构、实现产业转型升级已刻不容缓。在产业转型升级的过程中，将会出现许多新兴职业，这些新兴职业可能早就存在于发达国家了，职业院校可以通过国际交流与合作，向发达国家借鉴和学习这些新兴职业的岗位标准和培养方式。可见，高职院校积极开展国际交流与合作，不单是关乎教育学术的问题，更是关乎社会发展和国际竞争的战略问题，不能仅以教育的视角对高职等教育开展研究，必须更加关注教育外部环境，"跳出教育看教育"，立足国情，放眼世界。

2. 劳动力市场需求与人才强国战略

目前，我国面临着高技能人才短缺的问题。我国的"人才强国"战略将高层次人才和高技能人才这"两高"作为培养重点。如何将庞大的人口压力转为丰富的劳动力资源？答案必须也只能是教育，其中职业教育就是最快速、有效的教育类型。因为，职业技术教育是一种以提升就业能力、培养谋生技能为主要任务的教育形式，最贴近普通大众且面向全民。然而，教育的提速发展通常得益于制度创新。纵观教育发展的历史，主要有两类重要的制度创新：一类是国家在教育领域的制度改革，另一类是教育对外开放。职业技术教育在对外开放上有着先天的优势，发展空间也更加广阔，市场对培养国际化应用型人才的需求日益迫切，当然也不能否认，其难度也越来越大。充分利用国际优质资源，按照国际标准加快培养高技能人才，减轻劳动力市场压力和人口压力，是职业院校不可推卸的责任和义务。

3. 科技革命的要求

我国经济正处于新兴产业战略选择和产业结构转型升级的关键时刻。科学技术只有实现重大突破和创新，才能带来经济结构的重大变革，提供新的增长动力。每一次金融危机都伴随着新的技术革命，而每一次技术革命都会带来技术进步和许多新兴职业，从而对职业教育提出更高的要求。我国社会转型和经济转型要以教育转型为支撑，经济发展需要坚持改革开放，开展更广泛的国际交流与合作，培养具有国际视野、通晓国际规则、了解产业发展的高素质技术技能人才。

4. 世界制造中心的繁荣和巩固

工业化进程对一个国家的发展进步起到关键的推动作用。评判一个国家工业化水平最重要的指标是其制造业的发达程度，按生产基础不同，世界制造中心分为成本性世界制造中心和技术性世界制造中心两种类型。成本性世界制造中心主要依靠低成本优势，技术性世界制造中心则依靠先进技术的优势。目前，中国的"世界制造中心"主要依靠廉价劳动力。这种劳动力"比较优势"决定了我国在国际产业劳动链分工中的地位，虽然工作很辛苦，但处于价值链的最底层，获得的利润微薄。现在和未来相当长的一段时间内，中国想要在国际竞争中占有一席之地，实现充分就业，这种廉价劳动力成本的优势就将继续发挥重要作用。但是，国际分工的本质决定了即使是"组装工序"流程的操作岗位，其技能人才也必须具备"规范"特征，必须能够在成熟的技术框架内运作，并执行符合国际标准的"标准化操作"。这也是我国能够充分利用劳动力资源丰富的比较优势，进一步强化在当前国际分工中的地位的主要原因。

现代职业教育作为人才输送的教育保障，在我国全面实施制造强国战略、建设制造强国的关键时期，必须积极应对经济社会转型升级对技术技能人才培养的新需求，着力发挥其作为类型教育的优势，增强职业教育吸引力，确保技术技能人才供给数量，建立高效的政策执行机制，完善其实施体系，提升人才培养质量。同时，由于制造业领域信息化、工业化的快速发展，为保证数量充足的专业技术技能人才队伍，须出台政策，引导普通本科院校向应用技术型院校转型。此外，提高现代职业教育吸引力的政策制定还应以培养技术技能型人才、管理型人才、生产性服务型人才、创新型人才为重点，关注产业发展的最新前沿动态，吸收、消化与革新职业教育成果，打造集生产、管理、转化、研发于一体的产业人才培养体系。

（四）拓展高等职业教育发展空间

1. 国际交流与合作推动高职院校共享世界知识体系

现代大学以创造和革新知识为己任，鉴于当今世界国际知识体系的存在，某种知识如果不能获得国际网络的认可和传播，就不能称为广泛意义上的知识。职业教育作为教育的一种类型，也同样涉及知识的发现、传播和应用等过程。就知识而言，无论是注重学术知识传授方面的高等教育，还是注重职业技能培养的高等教育，都有其本身的价值和意义，无须质疑哪个类型更为重要。对于一个国家特定的高等教育体系来说，根据社会发展的不同阶段和经济发展的不同需要，会偏重"学术型"高等教育或"职业型"高等教育中的一种。当前，我国工业化进程尚未完成，同时也面临信息化变革，不仅需要一大批顶尖创新类人才，还需要数千万专业人才和数亿普通劳动者来建设，发展世界一流学术型大学与发展世界一流职业学院同样重要。

交流与合作是一直是高等职业教育的一个重要特征，因为知识被认为是人类的共同资产，世界上没有一个国家会在所有技术上永远保持领先地位，也没有一个固定的模式适合教授所有应用技术。因此，全球范围内的知识分享交流是必要的，在交流共享中会有碰撞，各国应相互学习、取长补短。中国是一个有着深厚文化底蕴、脚踏实地进取精神的国家，在世界的知识体系中占据一席之地，高职院校承担着培养高技术技能人才的重要使命，要在主动吸收各国知识精华的同时，分享本国的经验做法，为世界职业教育领域的共同进步作出贡献。

2. 国际交流与合作促进各国高职院校共同提高人才培养质量

由于现代职业教育服务现代工业化进程，职业教育的培养目标和教学内容接轨国际的趋势日益明显。职业教育因其与经济发展存在天然、紧密的联系而受到各国政府的高度关注。当前，无论跨国企业或是国内企业都希望能开拓国内、国际两个市场，这就要求其生产工艺和产品质量必须在国际范围获得广泛认可。高职院校以学校教育与社会生产实践实际相结合为目标，广泛开展国际交流与合作，确保职业教育目标和教学内容与国际发展趋势相适应。立足未来的发展，各行业领域所需的技能和要求都在不断提高，这些都是世界各国共同面临的问题，需要通过广泛有力的交流合作，共同提高人才培养质量。

3. 国际交流与合作增强高职院校参与国际竞争的勇气和实力

2001年，中国正式加入世界贸易组织，对教育服务贸易作出有条件、渐

进式的承诺，职业教育市场率先开放，吸引了大量外国院校、教育机构和外资企业参与竞争。西方发达国家因其丰富的职业教育培训经验和国际认可的职业资格证书优势，给我国职业教育培训带来了巨大冲击。此外，许多新的高等教育机构不断涌现，现代远程教育作为新的教育形式提供教育产品和服务。这些现象对我国原有的教育体系和教育机构造成不利影响，使传统的职业教育和职业院校遭遇了前所未有的打击。

职业院校不再选择是否面向国际市场，而是只能选择直面挑战，思考如何在激烈的国际竞争中挖掘机遇。职业院校在吸收利用国际职业教育资源、分享职业教育成果经验的同时，承担着维护国家主权、提高教育教学水平，以及在国际竞争中赢得主动的责任。高等职业教育的国际化办学实施、国际化人才全球流动、教学质量国际认可等都对职业院校加强国际交流与合作提出了要求。

4. 国际交流与合作提升高职院校培养具备国际竞争力人才的能力

经济全球化、生产国际化与国际直接投资引发了管理人员、技术专家、技术工人的国际流动。劳动力的国际流动有利于迁出国缓解就业压力，提高外汇收入，有助于学习吸收国外领先的技术和管理经验，提高迁出国劳动力及其家庭成员的消费水平。

当前和今后相当长一段时期，中国庞大的人口压力将持续对国内就业市场形成挑战。国家鼓励企业"走出去"，开展跨国经营、开拓国际和国内两个市场资源，在国际范围内重组生产要素。中国企业"走出去"战略的实施，使一批高技能人才的就业问题可以得到有效缓解。与此同时，全球范围内高技能人才短缺问题也为我国参与国际劳动力市场竞争营造了良好的外部环境。因此，增添高等职业教育国际化元素，培养具有国际竞争力的高技能人才，是面对全球社会发展的有效举措。

5. 国际交流合作助推高职院校利用外部力量深化内部改革

在我国的高职院校中，公办院校占多数，办学潜力巨大，集中了绝大部分的职业教育资源。但不可否认，高职院校发展模式并未摆脱我国高等教育一直以来的计划体制的束缚，即行政管理色彩浓厚、部门条块各自为政、市场营销意识淡薄、竞争意识不足、先进的教育理念缺乏、师资队伍建设能力不强、缺乏与行业、产业紧密对接、缺乏合理科学的评价机制和学生实践平台等。而这一切单单依靠高职院校自身的内部改革是远远不够的，需要发挥国际交流与合作这一平台，为高等职业院校的发展改革注入新的思想和活力，让我国高等职业院校按照国际标准进行教育理念、管理体制、运行模式、人才培养、师资建设、课程开发和教材编写等的改革，从而提升高职院校的整体实力和国际竞争力。

经济全球化和科技全球化的进程要求中国的高等职业教育向世界开放，在全球化进程中发挥好类型教育的角色定位。承载着特殊历史使命的高职院校必须破除狭隘的眼界和封闭的模式，积极主动开展对外交流与合作，才能以放眼全球的视角培育更多适应未来挑战的新型技术技能人才。

第二节

我国高等职业教育国际化的发展历程

职业院校国际化办学不断面临新的挑战，厘清职业教育国际化政策的历史脉络和逻辑是明确当前职业教育国际化发展战略和引导。

一、我国职业教育国际化的政策演变

通过分析梳理改革开放以来教育国际化的有关政策文件，可以发现我国的职业教育国际化大致可以分为四个阶段。

（一）职业教育国际化起步探索阶段（1978—1992年）

关键词：逐步放开，主动交流。

阶段特征：伴随着改革开放的推进，职业教育也逐步探索对外合作交流。

1978年，中共十一届三中全会召开，改革开放的帷幕正式开启，为职业教育国际化探索的开始奠定坚实基础。1978—1992年，处于起步探索阶段的职业教育国际化，其主要内容是学习引进国外先进的职教理念和职教模式。

1978—1992年我国职业教育国际化相关政策见表3-1。

表3-1　1978—1992年我国职业教育国际化相关政策

颁布年份	文件名称	颁布部门	文件内容
1985年	《关于教育体制改革的决定》	中共中央	进行彻底的教育体制改革并提出"大力发展职业技术教育"
1991年	《关于大力发展职业技术教育的决定》	国务院	"要加强与世界各国和地区及有关国际组织的交流与合作",提出了在职业教育领域加强与世界各国交流合作的理念

（二）职业教育国际化统筹推进阶段（1992—2002年）

关键词：立法立规，系统筹划。

阶段特征：办学国际化有了法律依据，政策配套逐步完善，以留学生项目和培训项目为主。

1992年，邓小平同志南方谈话后，党和国家开始以实质性规定的形式积极推动职业教育国际化相关工作的开展。

1992—2002年我国职业教育国际化相关政策见表3-2。

表3-2　1992—2002年我国职业教育国际化相关政策

颁布年份	文件名称	颁布部门	文件内容
1992年	《外国来华留学生经费开支标准及管理办法》	国家教育委员会、财政部	对来华留学生的经费实行原则、用途、执行等作出了具体规定
1993年	《中国教育改革和发展纲要》	中共中央、国务院	进一步扩大教育对外开放，在吸收和借鉴世界各国成功经验的同时，改善来华留学生的招生和管理办学
1995年	《中华人民共和国教育法》	全国人民代表大会常务委员会	提出鼓励"境外的组织和个人在中国境内办学和合作办学"
1996年	《中华人民共和国职业教育法》	全国人民代表大会常务委员会	鼓励境外的组织和个人对职业教育提供资助和捐赠
1998年	《关于实施〈职业教育法〉加快发展职业教育的若干意见》	国家教育委员会、国家经济贸易委员会、劳动部	在高等职业教育教材建设工作中专门提出"加强引进国外职教优秀教材"

颁布年份	文件名称	颁布部门	文件内容
1999年	《中华人民共和国高等教育法》	全国人民代表大会常务委员会	对高等教育基本制度、高等学校的设立、组织和活动、教师和其他教育工作者、学生等进行界定

(三) 职业教育国际化提速前进阶段（2002—2012年）

关键词：资源引入，项目引领，双向互动。

阶段特征：职业教育国际化进程加快，配套政策制定逐渐成形，"引进来"项目激增，国际交流合作频繁。

2001年，我国加入世界贸易组织后，为适应新形势和新变化，进一步扩大教育对外开放，对于职业教育国际化的推进路径也日益明晰，职业教育国际化发展进入提速前进时期。

2002—2012年我国职业教育国际化相关政策见表3-3。

表3-3 2002—2012年我国职业教育国际化相关政策

颁布年份	文件名称	颁布部门	文件内容
2002年	《关于大力推进职业教育改革与发展的决定》	国务院	积极引进国（境）外优质职业教育资源
2003年	《中华人民共和国中外合作办学条例》	国务院	鼓励在高等教育、职业教育领域开展中外合作办学
2004年	《中华人民共和国中外合作办学条例实施办法》	教育部	指导我国职业教育国际化工作和职教领域开展合作办学的重要文件
2005年	《关于大力发展职业教育的决定》	国务院	在优质资源引进、中外合作办学等方面扩大对外开放
2006年	《关于实施国家示范性高等职业院校建设计划加快高等职业教育改革与发展的意见》	教育部、财政部	支持高等职业教育加强国际交流与合作，扩大中国高等职业教育的国际影响
2010年	《国家中长期教育改革和发展规划纲要（2010—2020年）》	国家中长期教育改革和发展规划纲要工作小组办公室	在优质教育资源引进、政府间学历学位互认、海外办学、公派出国留学等方面进行规划布局，并提出具体的实施计划

（四）职业教育国际化转型升级阶段（2012年至今）

关键词：质量优先，多方参与，多维互动。

阶段特征：在强调职业教育提升自身国际化办学水平的同时，把助力"一带一路"倡议、服务中国企业"走出去"和国际产能合作等作为职业教育国际化政策制定的主要目标。

党的十八大以来，我国职业教育国际化呈现了转型升级和提质增效的良好态势，这也标志着职业教育国际化迈入了新的历史阶段，在内涵、方式和途径上已深深扎根于现代职业教育体系建设和国家发展战略，并服务于党和国家工作大局。无论是"引进来"，还是"走出去"，职业教育国际化已经从以前的单向学习和引进，转为基于双向互动、标准对接、交流合作、互利共赢为目标的更深层次领域的合作。

2012年至今我国职业教育国际化相关政策见表3-4。

表3-4　2012年至今我国职业教育国际化相关政策

颁布年份	文件名称	颁布部门	文件内容
2012年	《国家教育事业发展第十二个五年规划》	教育部	提出实施教育对外开放战略。实施国际化战略初期的职业院校主要着重强调观念认识、外语教学及教研人员的国际化意识，以及国外优质教育资源和人才的引进
2013年	《关于2013年深化教育领域综合改革的意见》	教育部	扩大教育对外开放的主要途径为"五个一"职业教育国际化工作逐渐向机制化、项目化高质量方向发展
2014年	《关于加快发展现代职业教育的决定》	国务院	将职业教育国际化融入办学模式当中。推动与中国企业和产品"走出去"相配套的职业教育发展模式，注重培养符合中国企业海外生产经营需求的本土化人才。积极参与制定职业教育国际标准，开发与国际先进标准对接的专业标准和课程体系
2014年	《现代职业教育体系建设规划（2014—2020年）》	多部委联合印发	加快培养适应我国企业"走出去"要求的技术技能人才

续表

颁布年份	文件名称	颁布部门	文件内容
2015年	《关于深入推进职业教育集团化办学的意见》	教育部	要求职业教育服务国家"一带一路"倡议
2015年	《推动共建丝绸之路经济带和21世纪海上丝绸之路的愿景与行动》	国家发展改革委、外交部、商务部	打造政治互信、经济融合、文化包容的利益共同体、命运共同体和责任共同体
2016年	《推进共建"一带一路"教育行动》	教育部	加强"丝绸之路"人文交流高层磋商，充分发挥国际合作平台作用，实施"丝绸之路"教育援助计划，开展"丝路金驼金帆"表彰工作
2016年	《推进"一带一路"建设科技创新合作专项规划》	科技部、国家发展改革委、外交部、商务部	明确农业、能源、交通等"一带一路"科技创新合作十二大重点领域，提出深化人文交流，与共建国家合作，共同培养科技人才，加强平台建设，支撑重大工程建设，促进科技资源互联互通，共建特色园区等
2016年	《关于做好新时期教育对外开放工作的若干意见》	中共中央办公厅、国务院办公厅	加强与其他国家和多边组织的务实合作，充分发挥教育在"一带一路"建设中的重要作用
2017年	《关于深化产教融合的若干意见》	国务院办公厅	开发符合国情、国际开放的校企合作培养人才和协同创新模式
2018年	《关于推动创新创业高质量发展打造"双创"升级版的意见》	国务院	拓展创新创业国际交流合作，推动形成一批国际化创新创业集聚地，将"双创"打造成我国与"一带一路"等世界各国合作的亮丽名片
2019年	《国家职业教育改革实施方案》	国务院	培训评价组织应对接职业标准，与国际先进标准接轨，按有关规定开发职业技能等级标准
2019年	《中国教育现代化2035》	中共中央、国务院	推动我国同其他国家学历学位互认、标准互通、经验互鉴
2019年	《粤港澳大湾区发展规划纲要》	中共中央、国务院	提出构建极点带动、轴带支撑网络化空间布局、建设国际科技创新中心、加快基础设施互联互通，构建具有国际竞争力的现代产业体系、推进生态文明建设、建设宜居宜业宜游的优质生活圈，紧密合作，共同参与"一带一路"建设

续表

颁布年份	文件名称	颁布部门	文件内容
2019年	《关于实施中国特色高水平高职学校和专业建设计划的意见》	教育部、财政部	在继续加强优质资源引进的基础上，制定并输出世界认可的中国标准和中国方案，打造中国职教品牌，在"一带一路"进程及国际产能合作领域进行国际化技术技能人才培养及促进中外人文交流
2019年	《高等学校境外办学指南（试行）（2019年版）》	中国高等教育学会	从多方面对高等学校境外办学提供实操层面的技术指导
2020年	《教育部等八部门全面部署加快和扩大新时代教育对外开放的意见》	教育部等八部门	对新时代教育对外开放进行了重点部署，支持打造教育对外开放新高地，着力破除体制机制障碍、培养具有全球竞争力的教育方案
2020年	《职业教育提质培优行动计划（2020—2023年）》	教育部等九部门	实施职业教育服务国际产能合作行动，加快培养国际产能合作急需人才，推进"中文+职业技能"项目，助力中国职业教育"走出去"，提升国际影响力
2022年	《中华人民共和国职业教育法》（修订版）	全国人民代表大会常务委员会	国家鼓励职业教育领域的对外交流与合作，支持引进境外优质资源发展职业教育，鼓励有条件的职业教育机构赴境外办学，支持开展多种形式的职业教育学习成果互认
2022年	《关于深化现代职业教育体系建设改革的意见》	中共中央、国务院	"创新国际交流与合作机制"作为五项重点工作之一明确：推动教随产出、产教同行，打造职业教育国际合作平台，最终将职业教育打造成国际合作的战略资源。一系列政策制度的出台，目的就是要加快培养国际产能合作急需人才，服务"一带一路"建设，贡献职业教育的中国智慧、中国经验和中国方案
2023年	《关于加快推进现代职业教育体系建设改革重点任务的通知》	教育部办公厅	提出重点任务十一项，其中关于职业教育国际化的两项为（十）"开展具有国际影响的职业教育标准、资源和装备建设"；（十一）建设具有较高国际化水平的职业学校

二、我国高等职业教育国际化的发展历程

20世纪80年代初,改革开放不断向好,一批短期职业大学相继成立后,许多职业院校通过多种方式开展国际交流与合作,在发展中面向世界开放,不断学习、吸收其他国家在职业教育领域的各种先进经验和做法,通过引进国(境)外优质教育资源、加强国际化师资队伍建设、革新课程和教学体系等形式,实现我国职业高等教育的高质量发展。我国高职院校国际交流与合作基本经历了以下三个发展阶段。

(一)我国高等职业教育国际化的准备阶段(1978—1992年)

1978年6月23日,在听取教育部关于清华大学工作汇报时,邓小平同志明确表示,"我赞成增大派遣留学生的数量""要成千上万地派,不是只派十个八个""这是五年内快见成效、提高我国科教水平的重要方法之一""要千方百计加快步伐,路子要越走越宽"。这一指示使公派出国留学成为当时开展国际高等教育交流的重要方式。此阶段留学生的招收和派遣、教师的出国访学交流主要集中在少数顶尖的本科院校,在国际交流过程中尤其注重学术氛围。

改革开放初期,我国经济建设的发展需要大批技术型、应用型人才,但当时的普通大学无法满足经济发展对这些人才的需求,职业大学(相当于今天的职业院校)就是在这种背景下应运而生的。由于高等职业教育是一种新生的教育类型,在人才培养目标、人才培养模式、专业设置、课程开发等方面尚无相关参考经验。为此,我国政府开始向经济、教育领域发达的国家寻求经验借鉴,德国的"双元制"模式率先引起了我国的关注。1983年,南京市教育局与德国汉斯·赛德尔基金会共同建立南京建筑职业技术教育中心(今南京高等职业技术学校),成为中德第一个合作项目。此后,苏州、无锡、常州、沈阳、长沙、芜湖等6个城市也开始学习德国"双元制"职业教育的相关经验,开展职业教育改革试点。德国职业教育由政府、企业和社会共同办学,其高度重视企业发展的需要,坚持以企业为办学主体,全力满足市场需求,同时十分重视培养和提高学生的职业能力,德国职业教育模式成为当时中国职业教育发展的主要借鉴来源。

我国政府在不断的交流合作中逐渐意识到,要推动社会进步、加速经济

发展，必须学习和借鉴世界发达国家先进的职业教育体系。因此，我国政府开始进一步加强与各国政府的合作，寻求国际组织的帮助，以获得职业教育发展的资金支持。20世纪80年代中期，世界银行向中国提供3500万美元的贷款，用于支持当时我国17所职业大学的建设和发展。世界银行提供的贷款缓解了当时中国教育资金的严重不足，对改善各职业院校硬件设施、提高职业教育师资水平发挥了重要作用。总之，这一阶段职业院校的国际交流合作与普通高校的师生国际互派交流不同，后者大多是通过政府主导项目援助来进行的。

（二）我国高等职业教育国际化的起步阶段（1992—2002年）

1993年，中共中央、国务院颁布的《中国教育改革和发展纲要》第九条明确指出，要加大教育对外开放力度，广泛开展我国教育与国际教育之间的交流合作，不断吸收和借鉴国际上其他国家在教育发展和管理方面的经验。政府公派留学生数量日趋多元化且不断增长，包括国家公派留学生、单位公派留学生、高校自主选拔留学生等。出国留学人数的不断增加也带动了来华留学生教育的发展。除重点院校外，普通院校只要具备适宜的教学生活条件和科研管理能力，都可以招收外国留学生。

与此同时，政府间的国际合作项目也推动了高等教育机构的发展。1994年7月，中德两国政府联合发表《中华人民共和国政府和德意志联邦共和国政府关于加强职业教育领域合作的联合声明》。德国政府为我提供了600万马克的教育贷款，后来这个数字增加到几千万马克，用于支持北京、上海和辽宁三个职业教育研究院的建设。此外，我国还启动了与加拿大高等职业教育的合作，包括借鉴先进职业教育理念、师资培训、实训设备、校企合作等，我国的29所院校和加拿大的33所院校共同参与该项目。现阶段，我国首批28所示范性国家高职院校，大部分参与其中。加拿大政府提供的援助很大程度上缓解了我国高等职业教育资金紧张的状况，也为资金的使用提供了标准和规范。

此外，20世纪90年代以来，我国沿海地区不少职业院校主动与国外大学建立合作关系，根本目的是为学生提供更广阔的升学和发展渠道。一些发达国家已经开始将剩余的教育资源视为盈利的产业，中国广阔的教育市场成为许多海外国家关注的焦点,中外合作办学即"不出国留学"的办学模式也开始发展起来。1993年,金陵科技学院与澳大利亚的院校开展"2+1"课程合作培养模式,即前两年在金陵科技学院学习,第三年赴澳大利亚职业技术院校学习,这是当时我国高等职业教育领域第一个分段式跨境教育培训合作办学项目。1995年1月,《中外合作办学暂行规定》实施后,我国沿海地区的许多职业院校逐步加强对中外合作办学领域的探索,积极引进国外优质教育资源,在培养大批社会急需的技术技能人才的同时,也填补了国内专业空白。此外,国际认可的职业资格证书在中外合作办学的推进过程中也开始受到关注。1993—2002年,我国职业技能鉴定中心与英国合作委员会共同建立"中英职业资格证书合作项目",建设以职业能力标准为基础的国际职业资格能力技术评估体系。

(三)我国高等职业教育国际化的快速发展阶段(2002—2012年)

进入21世纪后,我国加入世界贸易组织,在教育服务贸易方面作出了多项承诺,鼓励高等教育和职业教育积极开展国际合作办学等领域的合作,并呈现以下特点。

1. 政府间合作办学成效明显

在与德国、加拿大实施合作项目的基础上,我国还启动了与澳大利亚的合作项目,2002—2007年的"中澳(重庆)职业教育与培训项目"已成为中澳政府间有史以来在职业教育领域开展的规模最为庞大的项目,并且取得了非凡的成果。澳大利亚累计投资1942万澳元,中方提供配套资金530万澳元,共计建立中澳合作办学的职业学校50余所,澳大利亚TAFE教育体系在中国得到广泛应用。2009年,财政部与欧佩克国际发展基金共同签署"云南职业教育项目"贷款协议。该项目总投资4.92亿元人民币,通过优惠方式获得境外贷款3200万美元,主要用于昆明冶金高等专科学院、昆明工业职业技术学院、云南机电职业技术学院、云南文化艺术职业学院的基础设施改造和建设。可见,政府间的合作项目为高等院校,特别是职业院校提供了诸多实惠。

2. 国际职业资格证书及相关课程体系建设步伐加快

1999年,中华人民共和国人力资源和社会保障部与德国技术合作公司合

作开展"中德职业资格证书合作项目",推动我国职业教育人才培养认证与国际标准接轨。此外,中华人民共和国教育部在职业教育方面引进了国际职业资格培训和证书,包括意大利时装设计师证书、法国美容及物业管理证书、日本电气设备维修证书、英国护士培训证书等。我国许多高职院校不断将国际职业资格证书引入现有教学体系,特别是新兴行业和领域的国际职业资格证书,并要求学生毕业后在取得毕业证书的同时也获得相应的职业资格证书。

3. 高职院校举办中外合作办学项目和办学机构发展迅猛

通过中外合作办学,加强与发达国家学历、学分、学位的互认,为校际交流与合作搭建广阔的平台。2003年3月1日颁布的《中华人民共和国中外合作办学条例》（以下简称《中外合作办学条例》）规定：国家鼓励高等教育、职业教育领域开展中外合作办学,鼓励我国高等教育机构与国外知名机构开展合作办学。高职院校对外合作办学的数量快速增长。此后,政府部门出台了《中华人民共和国中外合作办学条例实施办法》《教育部关于进一步规范中外合作办学秩序的通知》《教育部办公厅关于开展中外合作办学评估工作的通知》《教育部关于进一步加强高等学校中外合作办学质量保障工作的意见》等一系列政策文件、法律法规,一方面鼓励职业院校积极开展中外合作办学的探索和实践,另一方面也对中外合作办学的行为进行规范,提高国际化人才培养质量。由于不同地区的经济发展水平、相关产业结构、人才发展需求以及政府财力实力存在较大差异,导致对高职中外合作办学的发展规划和投入也各不相同。但总体发展趋势是经济对外依存度较强的省份,对国际化技术技能人才的需求就较高,因此这些地区的职业院校开展对外合作与交流的需求和积极性更强烈,对外开放水平也更高。截至2022年7月,本科及以上层次的中外合作办学项目1248个、机构185个；高职院校中外合作办学项目1034个、机构50个。

（四）我国高等职业教育国际化的提升转型阶段（2012年至今）

党的十八大以来,我国职业教育在新时代的伟大变革中不断奋进,展现出前所未有的信心和决心,特别是随着"一带一路"倡议的推进,职业教育国际化对于助推我国进入世界舞台中心、推动构建人类命运共同体发挥着越来越重要的作用。我国职业教育也逐步从"单向引进借鉴"转向以"共建共享"为目标，推进人才培养、科研合作、标准建设、国际治理等方面的改革和发展，深度服务"一带一路"倡议，并逐步形成中国特色的职业教育国际化发展模式。

1. 搭建职业教育国际合作领域新平台

为落实习近平总书记的重要倡议，召开世界职业技术教育发展大会，推动成立世界职业技术教育发展联盟，大力推动实施"未来非洲——中非职业教育合作计划"。目前，已有11个非洲国家的多所院校与中国职业院校建立了合作关系，中非职业教育联合会加强了中非职业学校间的制度化合作，促进优势互补。金砖国家职业教育联盟有效促进了金砖国家职业教育领域的务实合作。中国—东盟职教院校合作联盟的实施有效推动了200多个"中国—东盟双百职校强强合作旗舰计划"特色项目的落地实施，涵盖电子商务、旅游管理、非遗文化等众多领域。

2. 探索服务"一带一路"倡议新途径

充分发挥职业教育在"一带一路"建设中的基础性、主体性作用，按照"小而美、见效快、惠民生"的总体框架，全力推进鲁班工坊项目建设。截至2022年12月，已在25个国家设立27个"鲁班工坊"，服务国际产能合作和中国企业全球化经营，涵盖铁路运营、新能源材料、电气自动化等多个行业，为合作伙伴国和中资企业培养了一大批本土国际化人才，已成为中国职业教育的金名片。随着职业教育质量的不断提升，越来越多的高校服务企业出海，我国的职业教育标准越来越多地被世界认可和接受，大幅提升了我国职业教育的国际影响力。

3. 彰显区域经济转型和现代化建设新担当

国际职业教育发展的重要使命是广泛引进国际优质教育资源，为国家发展和区域经济发展重大战略培养更多高素质技术技能人才、能工巧匠及大国工匠。党的十八大以来，全国新设立的中外合作办学机构和合作项目近500个，中外合作办学的海外伙伴学校广泛遍布加拿大、俄罗斯等23个国家和地区，涵盖医疗检测技术、新能源汽车技术、服装设计与工艺等领域，有效服务了地方产业发展和经济建设。同时，给予自贸试验区和海南自由贸易港更大的国际化办学自主权。2023年3月，教育部、海南省人民政府联合印发

《境外高等教育机构在海南自由贸易港办学暂行规定》，明确鼓励境外高等教育机构在海南自由贸易港办学，实施扩大开放、质量优先、依法合规的政策。开创了我国制定关于境外高等教育机构在自由贸易港办学专门规范性文件的先河，具有重要的示范性和导向性意义。

4. 实践"中文+职业技能"融合新模式

大力推进"中文+职业技能"融合项目，推动技术技能培训、汉语国际教育、中华优秀文化协同"走出去"。目前，我国已在泰国启动全球首个语言与职业教育学院建设，在海外 14 个国家的中资企业合作设立 19 个中文工坊，在非洲设立海外学习中心。同时，我国将充分利用教育数字化发展成果，依托在线教育平台，借助现代信息技术，线上线下相结合，为海外用户提供优质教学资源。2021 年底，为配合国家职业教育"走出去"战略，缓解"中文+职业技能"教学资源短缺的问题，教育部中外语言交流合作中心和有色金属工业人才中心联合制定了《"中文+职业技能"教学资源建设行动计划（2021—2025 年）》，明确了编写精品教材、开发高水平课程、建设数字资源、培养专业人才、完善推广机制等重点任务，第一批共遴选了 57 项"中文+职业技能"教学资源建设项目。

三、我国高等职业教育国际化的发展经验

长期以来，我国高职院校通过广泛的国际交流与合作，对各国职业教育发展的总体情况及发达国家和地区职业教育的成功模式有了一定的了解，并对职业教育未来的发展趋势有了更加清晰的认识，确立了以提升质量和发展特色为导向的职业教育发展之路。

（一）我国高等职业教育国际化的主要特点

改革开放以来，我国高职院校的国际交流与合作经历了从无到有、从简单的交流考察到全面深入的对接合作，主要呈现以下特点。

1. 官民协同

政府主导形式的国际交流与合作将始终占据重要地位，教育对外开放、政府间对话、政府间合作框架等一系列政策的实施，以及寻求国际组织给予资金和技术援助，都为高职院校开展国际交流与合作奠定了良好的基础。从

以往经验来看，政府主导的交流合作具有政策支持力度大、目标明确的特点，各部门之间有良好的协调机制，具有良好的操作和运行效果。与此同时，随着国际交流与合作的快速发展，一些民间组织，如中国教育国际交流协会和地方教育国际交流协会，通过与国外教育机构广泛接触，举行高等教育论坛和研讨会，与国外非政府组织和国内外职业学校开展双边或多边的磋商与合作，通过推动海外高层次人才研修等形式，积极整合国内外资源，提供国外教育资源和咨询，为高职院校的国际交流与合作搭建了交流平台，并发挥着越来越重要的桥梁作用。

对于大多数职业院校来说，国际交流与合作最初是一个被动的适应过程。然而，越来越多的职业院校在此过程中开展广泛、深入的国际交流与合作，不仅提高了人才培养质量，强化了师资队伍建设，还搭建了平台，提升了学校的综合实力。越来越多高职院校将国际交流与合作视为实现高质量发展目标的重要路径，内外融合的需要是职业院校国际交流合作的持续动力，官民协同的局面将长期持续。

2. 规模发展

高职院校国际交流与合作随着我国改革开放的进程在范围、形式和成效方面不断发展。起初整体模式较小、数量较少，通过政府主导的合作项目来实现，参与的院校和机构数量不足，人员派遣单一，主要渠道是国家公派留学项目。改革开放后，国家在教育方面对国际交流与合作政策日趋宽松，鼓励高等学校积极加强国际交流与合作。职业院校结合自身发展需要，不断依靠外部条件和外力相互融合，实现跨越式发展，已成为职业院校国际交流合作的主要趋势。我国政府立足于经济发展、人才强国的战略，重视职业教育的发展，国际与交流合作的内容和渠道不断丰富，规模持续扩大。过去，以中国人员赴国外学习考察为主；现在，来华访问的外宾和来华留学的学生数量明显增加，出访目的也呈现多元化趋势，从最初单纯的教育输出到现在的文化交流、谋求合作，国际交流与合作正逐渐从单向输出向双向互动发展。

3. 定位明晰

改革开放以来，我国在国际交流与合作中，对发达国家职业教育发展历史、教育模式及职业教育与经济社会发展的关系进行了深入研究。另外，也

了解了一些新兴工业化国家和地区职业教育转型发展的经验和过程，以及一些发展中国家和第三世界国家职业教育的现状。越了解发达国家经济、教育发展的历史和未来趋势，就越认识到人力资源，特别是技术技能人才在社会发展、经济增长和科技进步中的重要作用。随着经济发展、社会进步、分工日益复杂，对高素质技能人才的需求不断增加。与世界各国的交流合作越深入，我国高等职业教育的定位就越清晰。高职院校可以结合自身实际情况，在世界职业教育的体系里明确自己的位置，使自己既找到了发展方向，又能寻找比较优势。

4. 博采众长

在我国早期高等教育国际交流与合作中，由于意识形态等因素，通常采用只与一个国家开展交流与合作，全面复制一种教育模式的形式开展。历史经验证明，这样的国际交流与合作是不全面的也是不合理的。高职院校之间的交流与合作打破了长期以来的不合理局面，虽然学习借鉴发达国家的主流职教经验仍是主要途径之一，但总体而言，高等职业院校之间的国际交流与合作并未局限于特定国家，也不完全照搬某种成熟的职业教育模式。世界各国的经济发展水平、社会体制机制、经济产业结构和劳动就业制度各不相同，职业教育的发展也各有特点，但所有成功案例都有一个共同特点，就是职业教育须紧密服务国家经济发展、文化宣传及社会需求。

我国拥有上下五千年的悠久文化历史，同时也正开展着世界上规模最大的职业教育。只有在学习、借鉴和吸收所有先进经验的基础上，结合我国实际，勇于实践、努力革新，才能探索出一条中国特色高等职业教育发展道路。我国职业院校只有在吸收各国发展经验的基础上，明确自己的国际、国内、区域和行业定位，才能打造出自己的特色，面对来自国内外的激烈竞争。

5. 互利共赢

改革开放初期，我国政府就确定了教育开放战略，我国早期职业教育领域的国际合作大部分受益于外国政府、基金会或国际组织资助。随着我国经济实力和职业教育水平的不断提升，我国职业院校与国外教育机构、组织和企业开始走向对等交流、互惠共赢的合作模式。

以我国和德国政府间的职业教育合作为例，我国职业院校通过交流合作获得了来自德国的资金援助和技术支持，从而学习了德国的先进模式、改善了办学条件、提升了师资培养。在此过程中，德国进一步了解了我国市场发展情况，为推动德国的技术推广、贸易增长和经济发展创造了有利的国际环境。再比如中澳政府间的合作，"中澳大学校长领导能力建设项目"自1999年实施，随后连续签署合作协议。最初的项目由我国选派院校领导赴澳学习考察，澳大利亚政府对项目进行资助。随后，中国教育国际交流协会和澳大利亚大学校长委员会（现已更名为澳大利亚大学委员会）决定将单向的交流转为中澳校际的互访交流，将原来每年中国赴澳大利亚的单向团改为双向团——每隔一年相互选派。2005年，中澳两国共同实施"中澳高职院长领导能力建设项目"，也采用了双向交流的形式。

（二）我国高等职业教育国际化的主要经验

1. 对外开放是高职院校国际交流与合作的动力

党的十一届三中全会把党和国家的工作重点转向经济建设，这一重要战略转移带来中国外交政策领域的重大变化。我国认识到并抓住了机遇，充分了解到作为一个后发现代化国家，迫切需要学习、借鉴、吸收国际先进经验，为快速发展赢得宝贵时间。得益于改革开放的宏伟政策，我国开始集中力量、解放思想，不仅认真学习和借鉴欧洲、拉美国家工业化和现代化成功和失败的经验，而且明确了开展工业化和现代化过程中教育教学的重要地位。因此，改革开放为我国高职院校开展国际交流与合作提供了宝贵的历史机遇，也为国际交流与合作明确了发展方向。

2. 高职院校国际交流与合作是教育对外开放的重要组成部分

教育是民族复兴、社会进步的根本途径，教育对外开放是国家对外开放战略的重要内容之一。高等教育是我国率先对外开放的领域，出于政治、经济、人才、科技等多方面的考虑，职业教育是首选的教育类型。作为伴随改革开放发展起来的新型教育机构，职业院校国际交流与合作是我国教育对外开放的重要组成部分，从最初的项目资助、资金资助，逐步扩大到外籍教师和文教专家的聘请，再扩大到学生出国留学、招收来华留学生、职业教育理论研究、教育合作会议论坛、中外合作办学、海外办学等。从各个阶段国际

交流合作关注的主要问题中，也可以看到我国教育对外开放的热点。

除参与政府间合作项目外，高职院校其他形式交流合作虽滞后于一般本科院校，但呈现出了强劲的发展态势。在社会改革开放的大环境下，高职院校国际交流与合作必然呈现出政府主导，逐渐过渡到民间，最终走向官民协同的局面。此外，高职院校国际交流与合作的步伐与国家对外教育政策和改革开放政策基本是一致的，由于政府主导的教育交流与合作往往伴随着资金支持，其效果和影响都相当深远，而民间自发组织的国际交流与合作也日益活跃。高职教育是与社会经济发展紧密联系的教育类型，如何充分发挥类型特色，应对教育服务贸易的机遇和挑战，都是更高层次的问题，是新形势下高职院校必须解决的问题。

3. 经济社会发展是高职院校国际交流与合作的根本动力

第一，中国是后发工业化国家，确立了外向型经济发展战略。经济领域需要全面对外开放，才能谋求后发优势。因此，高职院校作为直接为经济建设提供技术技能人才的教育类型，要通过国际交流与合作，建立现代职业教育体系，树立先进的职业教育理念，培养适应经济和产业转型升级且适应国际分工需求的高素质人才。第二，中国经济已经融入世界经济的发展，教育市场也面向全球职业教育体系开放。面对全国一千余所高职院校和国外职业教育机构的竞争压力，高职院校必须保持开放的态度，找到自己的定位。高职院校自身发展的内在要求也促使其深入学习、积极交流、勇于革新，深入开展教育教学改革和内部管理体制改革，形成办学特色。

自沿海城市开创短期职业大学以来，我国高等职业教育发展的主要目标始终是培养技术技能人才，满足经济社会发展的需要，国家希望高职院校能够承担起历史的重任。一方面，这种要求促使政府积极寻求世界发达国家职业教育经验，搭建交流合作平台；另一方面，这也促使高职院校主动加强学习，主动提高技能。

4. 高职院校自身实力的增强提升了国际交流与合作的内涵

经历了20世纪80年代的探索尝试、20世纪90年代的稳步发展及21世纪的高速发展，我国高等职业技术教育的改革发展已经走在了世界职教的前列，初步建立了中国特色的高等职业技术教育体系。高职院校在国际交流与合作中的地位和作用也在发生变化。最初主要为项目单向引进、人员海外派出的形式，即单向引进发达国家的优质资源和项目、选派师资和管理层赴国境外访问交流和选拔学生赴海外留学等，以此学习并借鉴世界范围的先进职教经验和优势来弥补自己的短板。当前，我国经济实力的增强、高职院校办学条件的改善和办学质量的提高，使我国高职院校充分具备与国外大学开展学术交流、人员互访和项目合作的实力。随着"一带一路"倡议的持续推进和国际产能合作对技术技能人才的迫切需要，一些优质的高职院校纷纷充分发挥专业优势，致力于培养国际化技术技能人才，服务中资企业"走出去"海外经营，在吸引越来越多的国外教育机构来华寻求合作的同时，也吸引越来越多的学生来华学习深造。

5. 区域经济发展与高职院校国际交流与合作存在着较强的正相关性

高职院校的发展与区域经济的发展相辅相成。一方面，高职院校的发展需要物质、资金等来自区域经济资源的支持。相应地，区域经济的转型发展也对高职院校的人才培养和专业设置等提出了要求。高职院校的生源多来自本地，多数学生毕业后就近留在本地就业。对于国内大部分高职院校来说，真正开展高等职业教育的时间并不长。因此，在发展初期，高职院校开展国际交流与合作与区域经济发展有着较强的正相关性。区域经济外向度越高，参与国际竞争就越深，区域内高职院校的国际交流与合作的开展也就越活跃。高职院校最初发展于沿海城市，正是源自区域经济发展的需要，20世纪80年代初，一些沿海城市的高职院校探索与国外大学开展国际合作并开设一些新兴专业，也正是出于人们在日益富裕的生活下对更好教育资源的需求。随着这些地区外向型经济日益融入经济全球化的发展，其高等职业教育的开放和国际化已成为必然。因此，21世纪初，一些沿海省份从服务区域经济发展需要、建设人才强省的角度提出了教育国际化的发展目标，并在政策、资金等方面给予支持和激励，进一步激发了地方高职院校积极开展国际交流与合作的动力和热情。

第三节

我国高等职业教育国际化的基本原则

一、我国高等职业教育国际化的影响因素

（一）宏观层面的教育国际交流战略有待系统化

我国目前关于教育国际交流与合作的导向主要体现在具体的国际活动中，多以"条例"或"规定"的形式出现，如《中华人民共和国中外合作办学条例》《高等学校接受外国留学生管理规定》《关于自费出国留学的暂行规定》《关于开展校际交流的几点意见》等。此外，在一些重要的教育规划中，专门以条款或章节的形式论述关于教育对外开放的指导意见，如《中共中央关于教育体制改革的决定》（1985）、《中国教育改革和发展纲要》（1993）、《2003—2007年教育振兴行动计划》等。2016年至今，职业教育有关的重要文件，如"国家骨干校"创建、"国家双高校"创建、"提质培优行动"计划中，均对国际交流与合作提出了明确要求，这些政策的制定和实施，为高职院校开展国际交流与合作提供了有力的政策指引。但政策层面对个别具体项目的指导只能在短时期内起到局部推动作用，有时不同政策法规之间还会出现交叉和矛盾，教育、税务、海关等不同政府部门也会出台不同发展方向的政策。有专家学者将教育国际战略定义为"一国对国际社会和本国国际教育的总体认识和发展规划"，战略层面的规划是整体的、全方位的、长远的发展愿景。

（二）高职院校本身实力不够、特色不明显

全国共有1500多所高职院校，除了原有的专科学院、少数职业大学以及独立升格的中专之外，大部分是21世纪初成立的职业院校。这些学校办学时间短，经验积累相对有限。总体而言，经历了规模扩张后的稳定期，这些院校在办学内涵、课程建设、人才培养、师资队伍、科研实力等方面都需要进一步提升。部分高职院校由于地理原因，与外界联系较少，加之视野较为局限，他们并未充分认识到经济全球化对世界发展的深远影响和现实挑战，也尚未充分认识"一带一路"倡议对中国教育的现实意义。这些视野上的不够开阔、认识上的不够长远，加上自身办学能力的薄弱，都影响了高职院校的国际交流与合作的能力和水平。与此同时，我国高职院校目前呈现出趋同化的发展态势，缺乏自己特色的大学精神和独特的校园文化，导致人才培养雷同、没有特色。优势特色缺乏的学校是不具备话语权的，在国际交流与合作中也将处于被动和依赖的地位。

（三）基于共同利益的合作基础仍要不断探索

任何合作都需要建立在共同利益的基础之上。如果不是互利共赢的合作，最终将是不可持续的。在谈到为什么需要援助时，加拿大外交官莱斯特·波尔兹·皮尔逊（Lester Boules Pearson）认为，道义层面的答案是富人和穷人分享援助，但这本来就是应该的，肯定不是问题的全部。事实上，这并不是国际援助的主要依据。只有通过国际合作，才能最大程度利用世界的人力、物力资源，它们不仅惠及经济欠发达国家，也有利于那些强国和富裕国家。皮尔逊的观点虽然聚焦国际援助，但却深入揭示了国际合作最重要的内涵——双方在合作中谋求各自利益，双方都从合作中受益。这不仅适用于国际援助项目，更适用于其他类型的国际交流与合作。没有这种内在动力，国际交流与合作就不会产生。因此，在国际交流与合作中，高职院校不仅要考虑自己的需要，还要考虑各合作对象的需要，考虑双方能否通过合作实现互利共赢。合作项目的成败取决于能否找到共同利益，政府部门和高职院校都应该深刻认识到这一点。

教育历来被我国归类为公共产品，公益性是其本质特征。然而，中外合作办学的实施引发了教育能否具有市场化特征的争论。20世纪末以来，西方主要发达国家将教育视为重要的服务贸易，国际教育交流从意识形态领域的竞争转向经济领域的竞争。但国内也有相当一部分人表示，《中华人民共和国中外合作办学条例》明确规定了中外合作办学的公益性质，不应具有市场特征。他们认为，教育一旦盈利，就会影响办学的方向和目标。为了实现利润最大化，必然要将成本最小化，这就会导致教育质量下降，最终损害受教育者的利益。但另一个问题是，我国目前的教育资源还不是很丰富，而且存在

严重的地区差异，还不足以满足人民群众的对教育的要求。因此，引入市场机制，让一些学校以优质项目为基础，吸引学生进行更多投入，来减小资源不足的压力，让市场机制本身决定其未来发展。从长远看，只有优质的办学项目，才能满足受教育者的需求，才能获得更多受教育者，要保证良好的质量，必要的投入是前提，否则自然会被淘汰。

（四）缺乏双向交流机制

改革开放40多年来，我国高等职业教育积极学习与吸收发达国家和地区职业教育先进经验，培养了大批人才，有力支撑了中国制造与中国品牌走出去。但目前，我国高职院校的办学水平和国际影响力较低。2018年，有学者对国内231所高职院校的国际化办学情况进行了调查研究，结果表明，聘请外教的院校比例只有34.6%，而有海外博士经历的专任教师比仅有0.2%；当年出国留学深造的仅1.7人/校，95.4%的院校尚未招收国际学生，90.8%的高职院校未开展国际认证；80.5%的高职院校未开展国际化产教融合，未联合国内企业或境外企业共建实训基地，只有16.4%的高职院校与境外教育机构联合开展了中外合作办学项目。

为此，我国需要在国家层面制定系统、科学的高等职业教育国际化战略发展规划，为高等职业教育的改革发展指明发展方向。同时，建立完善的高等职业教育国际化政策体系，制定学校办学经费、人才培养、课程建设、教材开发、师资培养、学生交流、合作办学、境外办学、科技合作、实验实训等方面的法律法规，为高等职业教育国际化提供政策支撑和具体操作依据。此外，我国高等职业教育还需要配合国家对外开放战略，继续深化与发达国家高等职业教育对话与交流，引进吸收先进经验并结合实际开展本土化改造，在实践的基础上提炼和总结办学模式和办学经验，形成一套特色鲜明、国际通用、成效显著的高等职业教育国际推广模式；响应"一带一路"倡议，积极参与高等职业教育国际标准、教学资源的研制，探索对沿线新兴经济体和发展中国家的职业教育援助方案和相关政策，提升高等职业教育的国际辐射力和影响力。

（五）文化交流缺乏深入

2015年3月8日，我国正式发布《推动共建丝绸之路经济带和21世纪海上丝绸之路的愿景与行动》。在这份文件中，国家确定实施"五通"作为与沿线国家合作的主要内容，即政策沟通、设施联通、贸易畅通、资金融通与民心相通。其中，"民心相通"是最终的阶段。在"五通"中，虽然没有直接提到"教育"二字，但它是"五通"的基础，尤其是"民心相通"的基础。欧亚大陆的重生和"亚洲时代"的到来，正在塑造一个全新的世界秩序，而教育和文化的传播正是这一切的基础。

与此相关，我国一直在推动教育领域的国际化，吸引国际优秀人才，传播中国文化。2015年，中国发起成立"丝绸之路大学联盟"，该联盟汇集了来自五大洲的130多所大学，由西安交通大学牵头推进，旨在为联盟成员院校之间的合作搭建平台，共同推动"一带一路"倡议。2017年6月正式启动的"一带一路"教育倡议，不仅进一步加深了中国同新加坡、越南及其他东南亚国家在教育科技方面的合作，还将合作的领域延展到俄罗斯、土耳其和其他欧洲国家。

"一带一路"倡议所体现的国际化和全球化促使我国思考教育的输出和融合。对于这些相关国家未来高层次人才的培养，不仅要使其会汉语、精技能，能够充分领会和认同中国文化，而且要使这些人才在"一带一路"建设的基建、管理、科研、教学、投资等领域发挥关键性作用。因此，我国须在"一带一路"理念下深化国际人文交流，以国际教育合作为抓手，持续加强与"一带一路"共建国家的沟通与交流。

二、我国高等职业教育国际化的基本原则

首届世界职业技术教育发展大会成功举办后，职业教育国际化作为增强新时代职业教育适应性的有力举措，受到了职教战线和社会的广泛关注。推进职业教育国际化，不能简单地一哄而上、盲目前行，也不能原地踏步、瞻前顾后。高职院校必须坚持稳中求进的总体思路，正确把握三项基本原则，科学推进职业教育国际化的可持续发展。

（一）"顶层设计"和"院校创新"双向发力

高等职业教育国际化进程是一项复杂的系统工程，既包括文化、理念、技术、制度等宏观要素，也包括人力资源、设备资源、资金保障、信息等微

观要素，同时还涉及政府、行业、企业、学校等多部门主体及跨文化差异，是一个由外向内、层层递进的发展过程。因此，不仅要完善顶层的宏观设计，还应在具体实践中累积丰富的经验，共同推动我国高等职业教育国际化的内涵式发展。政府部门要进一步明确角色，立足高等职业教育发展新阶段，以战略制定、资源聚集、方向驱动的视角，完善相关政策法规，统筹协调各领域影响要素，充分激发职业院校在国际化发展进程中的行动力和向心力，并为其健康快速发展提供战略引导和政策支撑。职业院校作为我国高等职业教育国际化战略的主要参与者，是落实战略规划、达成战略目标的中坚力量，应最大限度挖掘国际化进程中的内生动力，凝练和总结实践经验，在政府部门和相关社会组织的推动下，进一步提炼和升华这些经验，并构建对外援助框架，推动高等职业教育国际化行稳致远发展。

各级政府也要给予职业院校充分的办学自主权，鼓励不同层次、不同类别、不同地区的职业院校开展差异化试点项目，探索"一地一策""一校一策"，鼓励各级各类职业院校根据自身发展方向和战略规划，找到适合自己的职业教育国际化发展特色之路。同时，职业院校的国际化办学实践也为政府部门完善相关政策、促进顶层设计与基层创新的相互融通提供依据。

（二）"制定规则"和"遵守规则"双轨并行

此前，我国高等职业教育国际化发展主要侧重不断调整和优化办学要素和方向，引进国外先进经验和资源，参与高等职业教育国际标准制定。但由于缺乏话语权，我国长期处于被动适应国际规则的局面。高等职业教育国际化发展过程非盲目遵循现有的国际标准，更重要的是应该根据自己的发展经验，建立和执行具有中国特色的规则和标准，这是推进我国高等职业教育国际化的逻辑基础，也是衡量我国高等职业教育国际化发展成效的关键评价指标。在高等职业教育国际化进程中，既要遵守国际规则，积极参与标准制定，又要结合我国办学特点，努力主导国际规则和国际标准的制定，积极推进务实合作。

因此，在稳步推进我国高等职业教育国际化的过程中，一方面，要积极借鉴国际先进高等职业教育发展模式和理念，完善我国现代高等职业教育体系。另一方面，要依托国际合作平台，与世界分享中国高等职业教育经验，始终坚持"制定规则"和"遵守规则"相结合，不断积累自身的发展能量，逐步实现全球领先和创新。

（三）"引进来"和"走出去"双轮驱动

长期以来，为了赶上发达国家高等职业教育的发展脚步，缩小差距，我国积极借鉴国外先进的职业教育理念和模式，如德国的双元制、英国的学徒制、澳大利亚TAFE学院、欧盟国家资历框架等，并结合国情开展创造性改造吸收，探索形成了政府主导、学校主体、产教融合的中国特色人才培养模式，既满足了服务区域产业转型升级和社会经济高质量发展的需要，同时也为我国高等职业教育的国际化发展奠定了基础。

目前，各国职业技术教育的发展模式受到劳动力供给规模、质量和效率、政治制度、教育投入和接受程度等差异的限制，形成了适应本国实际发展的模式，比如，以德国为代表的企业主导的学徒制培养模式，以英国为代表的市场主导的培养模式，以美国为代表的政府主导的综合性学校教育模式，以法国为代表的政府主导的专业化学校教育模式等，每种职业教育模式的形成都有其自身的经济、政治、社会、文化制度基础，也与该国职业教育的办学目标相关。可以说，职业教育没有所谓的国际"最佳模式"，因此，借鉴国际经验必须"摸着石头过河"。

当前"中国制造2025"已进入实施关键阶段，其中，高等职业教育的适应性是我国高等职业教育能否"走出去"的关键所在。目前，我国已经建成了世界上规模最大的职业教育体系。为了提高职业教育的适应性，有必要厘清我国职业教育在改革过程中可借鉴、可推广的经验和规律，为世界职业教育的发展提供范本，进而在国际的舞台上加深各层次互信，更好地实现职业教育"走出去"战略。

"引进来"和"走出去"是持续推动高等职业教育国际化的两条有效路径。要积极吸收和借鉴世界各国职业教育先进发展经验，提高学校办学质量；同时，要积极传播我国职业学校改革发展的独特经验，发出中国职教声音，助力中国职业教育走向世界。

第四章

我国高职院校国际化办学的现状与路径

近年来,随着我国改革开放的快速发展,高等职业教育在国际发展道路上通过"引进来"和"走出去",不断实现着自我提升,取得了显著成绩。通过持续优化对外交流合作机制,为世界各国提供可借鉴和推广的中国方案和中国智慧,实现互利共赢,高等职业教育正实践着从单向引进到输出分享、双向交流的飞跃式变革。

第一节
我国高职院校国际化办学的现状概述

从教育服务输出与输入的角度看,可以将高等职业教育国际化分为"引进来"和"走出去"。"引进来"是指引进国外优质职业教育资源,提升学校办学国际化水平,服务区域经济转型升级。"走出去"是指高等职业院校发挥专业优势,协同企业"走出去",精准培养适应中国企业海外生产经营所需要的本土化技术技能人才,服务国际产能合作和国家"一带一路"倡议。

一、"引进来"为主的单向引入阶段

改革开放初期,为满足工业化战略调整对技术技能人才的巨大需求,缩小与国外先进职业教育发展水平的差距,我国高等职业教育依托国际交流平台,主要以政府间职业教育合作项目或公派专家学者出国交流提升的形式,学习德国"双元制"和澳大利亚TAFE学院先进的职业教育模式,寻求联合国、世界银行等国际组织的帮助和支持,以及不断引进和借鉴国际优质职业教育的教学资源和发展经验,推动我国职业教育迅速发展。20世纪90年代,随着与各国际组织和外国政府的合作日益密切,我国开始通过项目合作,引进世界一流的国际职业资格证书和培训体系。同时,金陵科技学院和澳大利亚昆士兰科技大学联合实施的分段联合培养项目,正式开启了我国高等职业教育中外合作办学之路。

二、"引进来"到"走出去"双向发展阶段

21世纪以来,在坚持引进和借鉴国外先进职业教育理念和经验的基础上,

我国高等职业教育也开始注重"引进来"和"走出去"双向发展，并先后在来华留学培训、开展海外办学、协同中资企业"走出去"等方面取得新突破。这表明我国职业高等教育在经历单向引进的过程后开始面向世界，并积极分享我国职业教育发展的独特经验，踏上了国际化发展的新征程。随着"一带一路"开创对外开放的新格局的确立，越来越多的头部企业开始"走出去"，寻求更广阔的合作空间。在此过程中，我国职业院校也在积极探索与"走出去"企业的合作，在境外设立职业教育或培训基地，开展属地化人才培养，为企业"走出去"提供技能人才支持，与"一带一路"共建国家合作，共同制定职业教育标准，为世界职业教育的高质量发展贡献中国力量。高等职业教育国际化因其在服务企业海外经营、促进中外人文交流和民心相通等方面的天然优势，已经成为当前我国的职业教育改革发展的重要内容。

目前，我国在职业教育领域已与世界 70 多个国家和国际组织建立长期稳定的关系。"一带一路"共建国家已成来华留学生的主要生源地和海外办学的主要目的国，并逐步形成了多元协同的人才培养模式和管理规范。400 多所职业院校与国外教育机构开展中外合作办学，全日制的来华留学生人数已达 1.7 万余人，在 40 多个国家和地区开展"中文+职业技能"融合教育，涉及高铁、旅游、航空、汽车、机械等多个领域，为世界各地的青年提供技能提升和就业发展的机会。

第二节

我国高职院校国际化办学之"引进来"

一、高职院校国际化办学"引进来"的价值蕴意

中外合作办学是中国教育对外开放的重要组成部分，经过长时间的探索和实践，已成为我国"引进来"国际交流和教育合作的重要平台。2020 年，教育部等八部委联合印发《关于加快和扩大新时代教育对外开放的意见》，对全面落实新时代教育对外开放工作进行整体部署。《关于加快和扩大新时代教育对外开放的意见》明确加大中外合作办学改革力度、着力破除体制机制障

碍。截至 2022 年 7 月，本科及以上层次的中外合作办学项目 1248 个、机构 185 个；高职院校中外合作办学项目 1034 个、机构 50 个。实践证明，中外合作办学在创新教育模式、深化教育教学改革、促进学科建设、提升师资队伍建设与拓宽人才培养渠道等方面具有独特的优势并发挥着积极作用。当前，中外合作办学已成为"引进来"高等学校国际化战略发展规划的重点，在部分省市已上升到政府发展规划的层面，社会关注度日益提高。

（一）中外合作办学的概念

1. 定义

根据《中华人民共和国中外合作办学条例》和《中华人民共和国中外合作办学条例实施办法》的相关条款，中外合作办学是指中国教育机构与外国教育机构依法在中国境内合作举办以中国公民为主要招生对象的教育教学活动。中外合作办学作为我国教育的组成部分，也是对外开放的重要教育形式，具有公益性，办学重点是引进国外优质教育资源。双方需要在办学条件、办学资源、教育教学、管理模式等领域开展实质性合作。中国教育机构若仅通过学分互认的方式与国外教育机构开展合作，而没有实施性引进教育资源的形式均不属于中外合作，比如，学校间互访交流项目、国外大学预科班、学历提升项目、双语教学项目、引入国外院校的部分课程等。

2. 类型

中外合作办学通常分为独立法人中外合作办学机构、非独立法人中外合作办学机构和中外合作办学项目三个办学类型。

（1）独立法人中外合作办学机构是指国外学校跟国内学校合作在国内开办教育机构，这类学校具有独立法人资格，目前，共有 11 所独立法人中外以及内地与港澳台地区合作办学机构，如宁波诺丁汉大学、温州肯恩大学、香港中文大学（深圳）等。

（2）非独立法人中外合作办学机构一般挂靠在国内院校下形成二级学院，这类院校一般发放的文凭是中外学校的双文凭，如上海交通大学中欧国际工商学院、金华职业技术学院怀卡托国际学院、青岛职业技术学院青德学院等。

（3）中外合作办学项目是指国外学校与国内学校就某个专业领域进行合作，这类项目一般是热门专业或国内学校的王牌专业，如南昌航空大学与爱尔兰国家学院合作举办网络工程专业本科教育项目、杭州职业技术学院与意大利佛罗伦萨自由美术学院合作举办服装设计与工艺专业高等专科合作办学项目等。

(二) 中外合作办学的价值蕴意

中外合作办学是教育领域国际合作与交流的重要形式，主要目的是通过引进海外优质的教育理念、教育资源、教学内容、教学方法、培养模式和管理经验等，提升国内高校师资队伍建设水平，满足我国受教育者不断增长的教育需求，为当地社会经济发展提供智力支撑和人才保障，具体价值如下。

1. 引进国外优质教育资源

学习合作院校在师资、教材、管理模式等方面的先进办学理念，可以助力我国高职院校开阔眼界和视野，更新理解和观念，确立国际化的人才培养目标。

第一，引进优秀的外籍师资和教学方法。一批优秀的外籍教师来到我国高校承担教学任务，不仅可以引进先进的教学方法，还可以通过案例教学、交流讨论、课堂答辩、演示教学等方式，让学生接触和体验海外教育机构互动式、启发式的教学方法，在拓展学生知识面的同时，提升了探究知识的洞察力，培养学生理论联系实际的能力。

第二，引进国外优质教材。引进国外最新的优质原版教材、工具书和参考书，加速我国教材建设的更新，紧跟国际教育发展的步伐。

第三，引进先进的管理模式。国外教育机构直接参与教学管理，国外先进的学位评价、教学评价、专业评估、课程评估和管理体系的引进，可以促进教师不断改进教学，确保教学质量和教学管理的制度化、规范化、国际化。

2. 提升师资队伍和管理队伍建设水平

聘请国外著名教授、专家、学者担任我国高校名誉或兼职教授，邀请优秀外籍教师到我国高校讲学、报告，同时选派参与合作的国内教师和管理人员到境外合作院校访学、继续深造，了解、学习和掌握国外先进的教学管理理念和方法。高校人员之间的交流互动促进了师资队伍的发展，提高了教学质量，提升了教师的双语教学能力，巩固了教师的基础知识，开阔了教师的眼界，掌握了教学科研的最新动态，培养了一大批学科带头人，促进了教师

和管理人员的发展和国际化建设。

3. 推动青年教师科技合作项目国际化发展

邀请外籍专家讲学、做专题学术报告，激发了青年教师了解最新学术动态、讨论学术热点的愿望，使他们进一步开阔视野，结交朋友，活跃于国际的学术舞台。了解和掌握相关领域的前沿动态和最新资讯，可以有效提高青年教师的教学科研能力和水平。

4. 推动高校产学研合作国际化发展

中外合作双方逐渐从教学合作向科研与产学研相结合的合作模式发展，双方依托高校的科研实力，以政府的支持为支撑，努力合作发展高新技术产业园区，高校、企业、政府三方通过建立互动互补、互利互惠的合作关系，促进产业科技发展，建立孵化器促进科研成果、专利、技术的转移和应用。产学研的发展也为高校的教学科研工作注入了新的动力，加速了国际化办学的发展。

5. 推动和加速我国教育国际化

推动我国教育走向国际化教育的更高水平，让世界更加客观、全面、多维度地了解我国教育体系。通过合作院校间的校际师生互动，我国教育可以真正面向世界，也可以促进我国来华留学生事业的发展，加快我国教育国际化的进程。中外合作办学是我国改革开放和经济全球化背景下出现的新模式，它不仅直接引进了海外优质教育资源，也让高职院校充分认识到高等教育国际化的必然性和重要性。让高职院校明确了国际化人才培养的目标，通过合作办学，推动我国教育领域内人员交流、课程设置、教学管理、学术研究的国际化发展。

二、高职院校国际化办学"引进来"的发展现状

（一）发展与变化

中外合作办学是提高职业院校国际合作水平的有效途径之一。目前，高职院校中外合作办学已初具规模，布局日趋合理，学科专业结构逐步优化，已进入快速稳定的高质量发展阶段。近年来，高职层次中外合作办学项目和机构的发展迅速。职业院校引进德国、澳大利亚、日本等国家的优质职业教

育资源，不仅创新了职业教育模式，也更好地满足了我国受教育者日益多样化的教育需求，培养了大批具备国际视野和技能水平的高素质人才。

1. 党建工作日益加强

近年来，中共中央、国务院及有关部门多次强调，要在中外合作办学过程中加强党的建设相关工作。2017年2月，中共中央、国务院印发《关于加强和改进新形势下高校思想政治工作的意见》，其中指出："高度重视民办高校、中外合作办学中党的建设和思想政治工作，探索党组织发挥政治核心作用的有效途径，完善政策保障和经费支持，为加强和改进高校思想政治工作创造良好条件。"2017年7月，中共中央组织部、中共教育部党组印发了《关于加强高校中外合作办学党的建设工作的通知》，为中外合作办学的党建工作明确方向。2019年8月，中共中央办公厅、国务院办公厅印发《关于深化新时代学校思想政治理论课改革创新的若干意见》，其中指出："中外合作办学思政课建设相对薄弱，各类课程同思政课建设的协同效应有待增强"，并强调"加强党对思政课建设的领导，各地要把民办学校、中外合作办学院校纳入思政课建设整体布局。"2019年11月，中共教育部党组印发《关于教育系统学习贯彻党的十九届四中全会精神的通知》明确提出，加强高校院系、民办学校、中外合作办学和中小学党建工作，实现"纵到底、横到边"全覆盖。

2. 质量保障更加重视

党的十九大以来，中共中央、国务院针对职业教育改革发展推出了一系列重大举措，从深化改革到提质培优，进而迈向高质量发展。"十四五"时期，职业教育中外合作办学正处于提质增效、实现质量内涵发展的关键阶段，中外合作办学评价也开始迈向常态化、制度化、标准化的新时代。2020年10月，中共中央、国务院印发《深化新时代教育评价改革总体方案》，提出"改进高校国际交流合作评价，促进提升校际交流、来华留学、合作办学、海外人才引进等工作质量"。新时代中外合作办学评价首先要立足新定位，提高评价综合性，以高质量评价体系引领高水平中外合作办学。根据教育部中外合作办学评估的总体安排，职业院校中外合作办学评估于2021年首先在北京、广东、江苏、上海和山东五个省、市进行试点。

3. 机遇和挑战并存

通过中外合作办学，学生可以在国内获得高质量的国际教育资源，同时获得来自国际学校的认证，减轻了留学压力和费用负担。凭借着"不出国的留学"优势，中外合作办学收获了前所未有的关注和发展机遇。但是，中外合作办学也存在一些挑战：由于合作伙伴的差异，教育模式可能需要进行调整，以适应不同的文化背景和教学体系；课程设置可能与国内传统课程存在差异，需要学生具备更高的学习适应能力。总之，中外合作办学的高等职业教育为学生提供了更多选择和机会，既保留了国内的教育优势，又融入了国际化的教育资源，使学生能够接触到更广阔的知识体系。

(二) 主要问题

近年来，我国积极顺应经济全球化的大趋势，坚定不移推进高水平对外开放，融入世界经济发展，取得了一系列重要突破和成果，国际影响力不断提升。在此背景下，职业院校的发展面临着专业建设国际化水平不断提升的要求，而中外合作办学是职业院校国际化建设最稳定、最深入、最持久并具有法律保障的形式。所以，中外合作办学仍然是职业院校国际化建设的重要手段，是推进对外开放的重要载体，也是提升国际化人才培养的有力抓手。

通过长期的办学实践和探索，大部分职业院校实现了创办中外合作办学机构和项目的主要目标，通过引进国际优质教育教学理念、师资、课程、教材、标准、质量保障体系等，推动专业建设和教学改革，进一步提升了办学整体水平和人才培养质量，打造了一支高水平的师资队伍。在引进外方优质资源、对接国际标准的同时，职业院校也在探索在合作办学课程中融入本土特色和发展经验，助力中国职业教育走出去，为全球共享中国标准和提供中国方案积累经验，但是仍面临以下问题。

1. 跨境产教融合能力不足，欠缺"职教特色"

职业教育合作办学应凸显职教特色。目前在办的高职中外合作办学机构和项目中，很少能够吸引合作国企业参与到教育教学和实训实习中来，未能提供到外资企业实习就业的畅通渠道，无法在真实跨境产教融合情景中开展人才培养。对合作国的"双元制""现代学徒制"等产教融合模式和做法，尚未被真正消化吸收和运用到人才培养过程中。

2. 受办学层次和学制的影响，部分项目未达预期

受办学层次影响，职业院校在社会层面的认可度较低，影响了与职业教育先进国家相关高校的深入合作，合作伙伴选择面较窄，不能充分保障引入优质外方资源。由于职业院校学制短，且实训周期长，学生实际在校时间短，加之学生基础薄弱，因此合作办学在课程安排上较为紧张，一定程度上也影响了教学效果。受各种因素综合影响，高职院校合作办学招生规模都比较小，加之收费相较本科合作办学项目偏低，整体办学成本较高，为项目长期持续发展带来一定隐患。

3. 授课教师胜任力不足，积极性有待提升

高职院校合作办学机构和项目的中方授课教师能力整体有待提升，包括对中外双方课程的整体把握和有效融合，对国际先进教育理念、教学方法和前沿技术的掌握和运用等。同时，外方授课教师无法完全融入教学周期和任务、对学生情况不完全了解、双方教师合作程度低等问题也普遍存在。另外，中外双方教师有时工作积极性不高，这与合作办学机构和项目没有形成有效的激励机制密不可分。

4. 生源质量有待提升，学生出国交流困难

生源质量问题是影响高职院校中外合作办学可持续发展的重要因素。一是专科办学层次对优质生源缺乏吸引力，相对于本科院校招生存在天然弱势。二是高职中外合作办学的学费相对普通专业较高，加之社会对中外合作办学认识不全面，因此在高考招生录取时考生报考意愿不高，同时家长存在某些错误认识，导致低分录取的现象，生源质量参差不齐。由于合作办学项目的生源文化基础普遍较弱，尤其是外语水平较低，影响了后期外教授课课程的学习，实际学习效果也低于预期。三是学生在项目学习过程中或完成国内学业后，受语言水平所限，实际赴境外交流或深造的比例不高，升学或就业还是以国内为主，这也在一定程度上影响了新生报名的积极性。

5. 未深入吸收外方资源，辐射效应不明显

职业教育中外合作办学已走过数十年的历程，但能够真正深入系统研究、转化外方资源，并实现大范围辐射的机构和项目并不多见。一些外方资源中的优质元素容易被忽视，如管理体系、质量保障体系、教学方法、课程研发

方法等；还有一些外方可以起到的作用没有充分发挥，如通过中英合作办学对中方课程进行对标英国资历框架的认证，再如通过合作办学开展校企合作形式的产教融合，而合作办学中的成功路径和经验也没有能够在学校层面甚至更大范围内辐射和推广。

三、高职院校国际化办学"引进来"的路径选择

（一）发展原则

高职院校中外合作办学高质量发展应坚持党的领导，服务国家大局，服务经济转型升级；坚持政府对高职中外合作办学的分类指导；坚持与海外知名应用技术大学围绕高端产业开展合作；坚持内涵建设、特色办学、优胜劣汰。只有坚持围绕这些核心内容开展改革和攻坚，才能改变高职中外合作办学浅层次、低水平发展局面，维持高水平、可持续发展。

1. 坚持党的领导

教育部、财政部联合下发的《关于实施中国特色高水平高职学校和专业建设计划的意见》（教职成〔2019〕5号）明确指出，"扎根中国大地，全面贯彻党的教育方针，坚定社会主义办学方向，完善职业教育和培训体系，健全德技并修、工学结合的育人机制"。高职中外合作办学作为高等职业教育的一种全新形式，是中外文化融合的交汇点，由于其自身的特殊性，坚持和加强党的全面领导显得尤为重要。尽管当前大部分高职院校的中外合作办学机构及项目都设有同步的党组织，但是高职中外合作办学必须把党建工作摆在更加突出的位置，切实保证中外合作办学机构及项目内师生牢牢把握意识形态的主动权，增强"四个意识"、坚定"四个自信"、做到"两个维护"，实现国际化技术技能水平培养和爱国精神培养在人才培养过程内的高度融合。

2. 坚持战略引领

高职中外合作办学的专业选择，须以服务国家战略、服务区域发展、促进产业升级为原则，教育主管部门应根据国家产业结构升级、人才需求等，结合各地高职院校的办学特色适当给予引导和指导，建立海外优质高职院校信息平台，为高职院校中外合作办学外方合作学校的国别选择、办学规模、专业设置等提出政策建议和指导，引导高职院校选择合适的国外高校进行合

作。针对高职中外合作办学区域发展不均衡、专业设置不合理等问题，要积极利用政策调控，在布局上进行总体把握，提前谋划布局、具体指导实施，优化高职中外合作办学区域、层次与专业的整体布局。

3. 坚持高端合作

教育主管部门应重点支持国家骨干校、双高校、双高专业群与世界知名应用技术大学合作，举办中外合作办学机构和项目，以专业建设为基础，以内涵提升为目标，努力打造高水平中外合作办学项目，同时发挥示范和辐射作用，引领高职院校中外合作办学高质量发展。鼓励职业院校重点围绕《中国制造2025》等政策文件强调的"先进制造业""战略性新兴产业"等产业和领域开展中外合作办学，服务国家高质量发展，为新时代经济发展、中国产业转型升级提供智力支撑。

4. 坚持分类指导

目前，全国有1500多所高职院校，由于种种原因，各个学校的发展水平都有明显差异，经过多年的发展，一批高职院校成为"国家示范校""国家双高校"或"省级示范校""省级双高校"，办学能力优异，在全国或一定区域内起到了先进的示范引领作用，有的高职院校则发展缓慢甚至停滞。因此，政府和教育主管部门应以分类指导为原则，鼓励"国家双高校""国家示范校"等办学能力强的高职院校，依托自身办学优势，与发达国家知名应用技术大学合作办学，并提供相应的政策和资金支持，建设一批高质量的中外合作办学机构和项目；对于中等发展水平的高等职业学校，应鼓励其根据自身发展特点，按照国家有关规定，设置服务地方经济发展和社会文化发展急需的创新型、应用型合作办学项目，通过积极引进"国际通用职业资格证书"和国外先进的办学管理经验，着力推动学校、行业、企业共同打造职业教育国际合作交流联盟平台，提升为一流装备制造业、现代服务业、现代农业等产业发展培养技术技能人才的水平和能力。

5. 坚持内涵建设

中外合作办学高质量发展要求高职院校不断强化办学主体意识，增强办学主体责任，把中外合作办学的重点放在高质量内涵发展上。

第一，以提高办学质量为核心，以培养高素质国际化技术技能人才为目标，融通中外、兼容并蓄，在吸收国外先进办学理念的基础上，结合自身办学特色，创新人才培养模式，提高人才培养水平。以引进国外优质教育资源为手段，以培养具有国际竞争力、通晓国际规则的技能型人才为核心，提供多元化、高质量、个性化的教育形式，满足国家、社会和个人对教育的不同需求。在合作模式、合作内容、评价方式等方面努力探索、创新实践，真正办出特色和水平，保持长远的发展视野和可持续发展的意识。

第二，成立中外合作办学工作实施小组，明确国际交流合作处、教务处、财务处、二级分院等相关部门的职责和分工。定期召开中外合作办学研讨会，推进专业教育教学改革、提升师资队伍水平、发挥专业示范辐射作用、完善国际化人才培养等方面的工作，使合作办学专业、专业群与其他专业的建设紧密结合、互相促进，整合优质资源，提升学校专业品牌实力。同时，通过研究讨论，提出在建设过程中亟待解决的问题并积极谋划解决办法。

第三，重视中外合作办学年报工作。中外合作办学年报工作是各级部门规范中外合作办学秩序、提高办学质量、促进中外合作办学健康发展的重要反映。高职院校应在省级教育行政部门的指导下开展年报编制工作，把年报工作作为服务经济社会发展、展示院校育人成果的重要契机，从办学基本情况、学生培养、师资建设、教学组织和质量监控、项目管理、财务状况、社会评价、办学特色八个方面精心组织和编制。同时，建立年报发布制度，利用校园官网、微信公众号、报刊等多种渠道推进信息公开，提升公开信息质量，加大重点信息公开力度，主动接受来自社会各界和相关利益群体的监督。

第四，重视中外合作办学管理电子平台建设。高职院校应建立中外合作办学管理电子平台，实现中外合作办学评估指标数据的实时采集和动态更新，形成规范有序、全程监控、自我整改的质量保证体系，对办学中可能出现的风险点进行重点排查、制订预案、预防风险，提高管理工作实效。

6. 坚持特色办学

不同的高职院校所聚焦的发展点各不相同，每所院校都有各自的办学特色，有的高职院校凸显工科特色，有的则明显以商科为主，有的聚焦农林专业，有的专攻水利专业，可谓百花齐放。因此，高职中外合作办学在选择外方合作院校机构时，也应仔细衡量外方机构的综合水平和办学特色，绝不能未加仔细辨别就盲目开展合作，否则可能导致引进的资源不优质、合作的项目无特色，导致进行的中外合作办学对自身学校的发展来说只是一个面子工程，对学校的办学质量、人才培养模式改革和内涵提升几乎毫无帮助。从更高层面来看，国家的产业转型升级需要的技术技能人才也是各行各业、遍布各个领域的，高职中外合作办学只有提供多样化、高质量、个性化的教育，才能满足国家、社会、个人对不同类型教育的需求。

7. 坚持产教融合

高等职业教育与普通本科教育最大的区别是，高等职业教育是以培养适应国家和地方产业发展需要的高素质技术技能人才为主要目标的教育类型，更加突出对学生技术、技能的培养。因此，高职中外合作办学不能简单模仿本科高校的中外合作办学模式而摒弃了自身的办学目标。高职院校要积极与行业内的龙头企业在人才培养、技术研发、社会服务、就业创业、文化传承等方面开展深度合作，打造校企命运共同体。通过精选海外优质教育机构进行中外合作办学，提前洞悉全球产业发展动向，通过校企合作了解国内产业发展的前沿，进而第一时间推动适应产业发展需要的专业建设，真正实现校企双元协同育人。

8. 坚持优胜劣汰

政府及教育主管部门应尽快建立和完善中外合作办学机构或项目准入与退出机制，创新中外合作办学的评价模式，强化过程管理，实施追踪评价，增强评价标准的科学性和可信度。对优质教育资源引进不足、教学质量不高、学生满意度低、办学活动难以持续的机构和项目坚决予以叫停和淘汰。明确退出过程，公开退出结果，妥善处理各相关方的利益，特别是要保障好学生的利益。教育主管部门在接受新机构和项目申请时，对于自主退出和因评估不合格而要求强制终止办学的情况，应当区别对待。对主动适应新形势、新情况而申请调整转型的机构和项目，教育行政部门要在办理转接手续、政策引导等方面给予支持；对合作院校未履行职责、不能继续办学而主动申请停止办学的机构和项目，需要明确学生权益保障，并确保后续各项退出工作流程，避免办学的随意性；对不履行职责，被迫要求强制退出的机构和项目，应给予相应的行政处置。

新形势下，政府及教育主管机构应充分发挥自身的政策引导、宏观统筹作用，进一步落实"放""管""服"要求，完善政策制度设计，强化合作办学宏观管理，为高职中外合作办学高质量发展营造良好的外部环境。高职院校应树立更高水平地"引进来"、更高质量地"树起来"、更高标准地"走出去"的总体思路，不断拓展合作范围，提高合作层次，升级合作形式，促进高职中外合作办学进入提质增效内涵发展新阶段。高职院校要切实做好顶层设计，聚焦提质增效，完善中外合作办学的体制机制建设，切实落实好中外合作办学运行的主体责任，充分发挥中外合作办学机构及项目的载体作用，巩固国际合作与交流，积极引入领先的教育资源，吸收并加以转化利用，开发具有中国特色的专业标准、课程标准和教学资源，有效提升教育质量和办学水平。

此外，有效发挥社会监督作用，健全舆论引导机制，落实信息公开，主动接受来自社会各界的相关利益群体的监督，大力推进阳光办学。大力改革评估制度，积极引入社会第三方评估，学校应主动联合政府、企业、学生、家长、专家学者等群体对中外合作办学质量进行全方位评估，确保评估的科学性和公正性。只有政府、学校、社会三方齐心协力，高职中外合作办学才能摆脱原有的低水平竞争，实现真正意义的高质量发展，也才能在全球范围内树立中国高等职业教育品牌，提升话语权、国际声誉和竞争力。

（二）实践案例

案例一

青岛职业技术学院中新旅游管理专业合作办学项目

中外合作办学项目撬动学生、教师、学校全方位发展

摘要：中外合作办学是高等院校国际合作的重要形式之一，青岛职业技术学院一直探索在推动项目健康平稳运行的同时，如何充分利用合作办学项目资源促进学校国际化发展。本案例为自2009年设立的中国—新西兰合作办学项目，项目运行成熟，实现了学生就业率、教师教学科研水平和学校国内国际影响力的全方位提升。

关键词：中外合作办学；中国—新西兰合作；国际化发展

中国的高等职业教育在经济与社会发展中发挥了独特的、不可或缺的作用，培养了大批技术技能型人才。为适应社会经济发展的需要，中国的高等职业教育采取了多项改革措施，强化内涵建设、提升办学质量，其中，加强国际合作交流是一项重要举措。新西兰的职业教育有一百多年的历史，对中国职业教育的发展具有一定的借鉴意义。中国、新西兰情况有所不同，但职业教育具有相同的属性，加强双方合作有利于培养具有国际先进理念和国际视野、了解国际职业教育发展趋势的职业教育教师队伍，提升两国职业教育整体水平。

（一）合作背景

作为中国沿海重要的中心城市、国际知名港口城市、国家历史文化名城、国际知名旅游目的地及"一带一路"倡议的重要节点城市，青岛越来越受到国际关注。截至2023年，青岛已与全球40个国家的72个城市结为友好城市，在文化、体育、旅游、经商、教育等各领域开展了广泛的交流与合作，其中包括新西兰的奥克兰和达尼丁。

青岛职业技术学院与新西兰国立中部理工学院于2008年12月签订合作办学协议，自2009年起举办旅游管理专业合作办学项目。2013年4月11日，中国政府与新西兰政府在北京签署两国建立职业教育合作协议。同期，在教育部职业技术教育中心研究所的指导下，中国、新西兰三所院校共同签署合作备忘录，同意建立共同合作关系并促进中国—新西兰（以下简称"中新"）两国职业教育与培训的发展。

（二）发展目标

1. 学生。学校引进新西兰优质教材和教学资源，拓宽学生的国际化视野，为学生提供赴新西兰留学、研修、就业的渠道，让学生具有国内外校园学习经历并取得双学历，满足学生在国外提升学历、开拓视野、感受异国文化的愿望，提高学生就业竞争力。

2. 教师。学校以培养国际化师资和教师培训师为目标，通过引入新西兰学历评估委员会（New Zealand Qualifications Authority，NZQA）课程标准培训、派遣教师赴新西兰培训、合作开发英语课程、合作进行中新职教比较研究项目等方式，全方位提升教师的教学、科研水平。

3. 学校推广。学校以中新合作为基础，依托先期培训的"种子教师"资源，通过在新西兰和中国"再培训"模式将新西兰职业教育培训课程设计、成人学习理论、批判性反思和学习效果评价等成果在校内以及国内的师资培训、教学改革中继续推广，在本土化的实践和探索过程中助推学校国际化水平提升和教育教学改革。

(三) 学生、教师、学校推广发展模式

1. 学生培养。学校与新西兰国立中部理工学院于 2008 年 12 月签订合作办学协议，自 2009 年起举办旅游管理专业合作办学项目，于 2018 年 3 月签订合作办学补充协议，双方约定 2008 年签订的合作办学协议有效期延长至 2028 年。该项目现有 3 个班，在校生共计 106 人。

依托合作院校，学校在 2013 年、2016 年和 2018 年共举办三届"新西兰风情文化周"活动，全面展示了与新西兰合作办学项目在过去 10 多年间的发展历程，增进了师生对合作办学项目的了解以及对新西兰等英语国家文化的感知，营造了积极向上、健康活泼、富有国际化气息的校园文化氛围，推动了校园精神文明建设。

2. 教师培训。2011 年起，学校与新西兰国立中部理工学院的合作形式由举办合作办学项目扩展到教师研修及学生交流等多个领域，学校先后派出 10 批共 25 位教师赴新西兰进行海外研修。同时，学校接收新西兰优秀教师到校授课。2015 年，学校与新西兰国立中部理工学院联合实施教师专题研修班项目。该项目以培养国际化师资和教师培训师为目标，由新西兰国立中部理工学院派出资深培训师来中方学校授课，培训课程设置和培训课时严格按照 NZQA 规定的标准实施。培训分四阶段实施，培养周期为 2 年，共计 220 课时。该项目于 2015—2017 年举办四期，受训教师达 96 人次，通过对中方骨干教师的培训，引进了新西兰成人教育研究生证书级水平的四门核心课程，实现了不出国门享受原汁原味的海外培训。培训结束后，15 位教师通过考核获得结业证书，4 位教师通过认证考试获得新西兰高等教育资格学历证书。

3. 中新比较研究项目。2014 年 11 月，在中华人民共和国教育部职业技术教育中心研究所成立"中新职业教育发展研究中心"（非实体），同时在学校设立分中心，搭建中新职业教育比较研究团队，进行中新两国职业教育的比较研究。自 2013 年起，学校共计承办四届中国—新西兰职业教育研讨会，会上中新职业教育专家分享两国职业教育最新研究成果和实践成果。研讨会为两国职业院校搭建了合作交流的平台，凝练推广了高等职业教育国际化发展的先进经验、先进模式，为推动职业教育改革进程提供了新途径、新思路。

4. 经验推广。根据《2018—2020 年中新两国教育部职业教育与培训示范项目 2 年实施规划》的要求，学校与新西兰国立中部理工学院在中国教育部职业技术教育中心研究所与新西兰国际教育推广局的授权下，作为具体实施单位，于 2018 年 11 月在青岛共同设立中新职业教育示范教师培训基地。

（四）取得成果

中新合作办学项目引进新西兰国立中部理工学院优质教学资源，发挥学校旅游管理专业办学优势，项目运行状况良好。项目现已举办 13 年，培养并输送高质量的国际化旅游管理人才 366 名，海外留学 33 人，本专业毕业生近 3 年正式就业率几乎为 100%。随着学生专业认可度的提高，毕业生对口就业率也稳步提升，对口就业的学生主要分布在旅行社计调、酒店前厅、景区服务与营销等一线业务岗位。该项目为青岛及山东半岛地区培养了旅游服务业的实用型、国际化、复合型人才。

学校赴新西兰研修教师团队在国内外学术刊物发表相关论文 34 篇，出版专著 1 部，承担研究课题 53 项，参与、指导各级技能大赛获奖 23 项。团队教师通过中新高等职业教育论坛、中小学教师国家级培训计划及各类全国会议等平台，与来自全国高等职业院校的千余名教育工作者分享了研究成果。团队中 7 名教师取得 NZQA 颁发的高校教师资格证，其中 4 人受聘为新西兰国立中部理工学院客座讲师，3 人受聘为新西兰怀卡托理工学院助理研究员。学院获得资格认证的 3 位教师与新西兰专家分别在新西兰和中国共同开展了面向所罗门群岛教师研修团及中国高等职业院校领导和骨干教师的 1500 余人次的培训。中新职业教育示范教师培训基地成立后，于 2019 年 7 月开办了首个中新专家联合培训班，效果良好，推进了新西兰职业教育理念和实践方法在国内的本土化与传播，并以中新职业教育示范教师培训基地成立为契机，培育了一批具有国际化视野的职业教育师资队伍和创新型、复合型技术技能人才。

化工专业教师根据赴新西兰培训成果开发的《化工原理》和《化学反应过程与设备》2门课程教材，被应用于山东潍坊润丰化工股份有限公司赴海外员工专业技能岗前培训中，效果良好，也被洪都拉斯彩虹农业科学有限公司（中美洲）及巴拿马彩虹农业科学有限公司认可，在公司员工培训中使用。文化旅游专业群开发了《旅游酒店基本素质与核心技能》《创新思维训练》《酒店职场英语》《旅游英语视听说》4门新课程标准，获得新西兰国立中部理工学院、芬兰坦佩雷应用科学大学和阿拉伯联合酋长国中誉国际旅游有限公司认可使用。

（五）支持保障

1. 制度支持。学校成立对外开放领导小组，加强学校内部的分工协作机制建设，发挥集体智慧和集体力量，切实实行"党委统一领导、外事部门协调服务、二级学院主体实施"的建设机制，内外齐抓，校企联动推进国际合作项目顺利运行。二级学院分析专业群特点与发展需求，针对性开拓国外合作关系，引进优质教育资源，建立合作办学机构，申报合作办学项目。旅游学院下设国际部负责中新合作办学项目的运行，由中新两方合作院校协商设立联合管理委员会，负责监督项目运行情况。

2. 资金保障。中新合作办学项目学费全部用于教学成本补偿。具体内容包括教学运行、新方教师课时费、兼职教师聘任、学生活动、实训室条件改善、招生宣传等。学校累计派出10批次共25人次赴新西兰合作院校培训、研修，由学院因公出国（境）访问研修项目出资，并接受国家外国专家局资助约合人民币70万元。此外，以职业教育教师教学能力和课程改革能力提升为重点的教师专题研修班项目获得了新西兰政府的部分财政资助。

（六）启发与反思

中外合作办学项目、机构作为国际合作的主要形式，有利于整合双方优势专业资源，提升专业教学和学校国际化水平。中新合作办学项目设立10多年来，发展模式日趋完善。项目设立初期，学校引入新西兰优质教学资源，为学生提供海外交换、升学、实习、就业的渠道，培养具有国际化视野的毕业生；合作办学专业教师赴合作院校研修交流，提升专业教学质量及教师科研水平。项目成熟后，学校与新西兰院校合作更加深入，拓展至合作申请两国职业教育交流项目、开展两国职业教育比较研究、联合开拓师资培训等领域。学生、教师、学校推广发展模式在本专业发展的同时也推动合作办学专业所在二级学院整体发展，提升了师资、科研水平，在这种模式下二级学院有比较高的办学积极性，与合作院校交流顺畅，也保障了办学项目的稳定运行。

（来源：青岛职业技术学院官网）

案例二

四川建筑职业技术学院中澳建筑工程技术专业合作办学项目

优质引进、内化提升、标准输出　服务国际产能人才培养

摘要：四川建筑职业技术学院从2004年开始持续探索中外合作办学模式，经历了项目开创、探索、提质增效的全过程，并成为建筑业涉外办学的基础和支撑。本案例以中澳合作办学项目为重点，着重描述该院近20年来在中澳国际合作办学历程中引进优质教育资源，内化引进经验，探索境外办学，从本土化再到国际化的经验及成果。

关键词：中外合作办学；国际化人才培养；引进；输出

（一）项目背景

1. 国家政策环境支持。我国高校自1978年便开始探索中外合作办学的各种可能性，20世纪80年代初出现了一批优质本科高校的合作办学活动，随后各种层次的中外合作办学活动兴起。自1993年我国出台首个针对合作办学的政策性文件以来，相关政策不断推出，特别是《中华人民共和国中外合作办学条例》及其后出台的一系列政策，引导和推动了中外合作办学的高质量发展。

2. 行业及市场需求与就业导向。建筑行业始终是我国国民经济发展的重要支柱，因此对建筑工程技术人员的需求量极大。随着中国加入世界贸易组织和"一带一路"倡议的形势及政策的引导，中国建筑集团有限公司、中国铁路工程集团有限公司、中国航天科技集团有限公司等企业纷纷走出国门，

开拓国际建筑市场。这些企业急需具有国际化视野、熟悉国际性建设法规、了解国际通用建筑工程手法的本土化人才。东南亚国家多数沿袭了英联邦教育和培训体系，澳大利亚作为英联邦中的发达国家，其职业教育体系较为完善，建筑标准与国际市场融通度大，建筑门类相对齐全，建造技术相对发达，培养的技术技能人才有较好的国际适应性。因此，中澳合作办学项目毕业生的就业前景广阔。

3. 四川建筑职业技术学院（以下简称"四川建院"）的独特优势。四川建院是一所国家示范性高等职业院校、优质专科高等职业院校、中国特色高水平高职学校和专业建设计划单位，具有68年的职业教育经验。四川建院从2003年开始与德国、澳大利亚、英国、丹麦、加拿大等国家的院校开展职业教育培训和合作办学，开展国际教育合作研究，完成了"中澳国际教育合作的实践与研究""高等职业院校中澳合作办学双方课程体系有机整合模式研究"等省部级重大科研项目。

2004年，通过四川省教育厅的推荐，澳大利亚北墨尔本技术与继续教育学院［Northern Melbourne Institute of TAFE，现更名为墨尔本理工学院（Melbourne Polytechnic，MP）］与四川建院开始进行友好访问和商谈，签署合作办学项目协议；2005年，该项目通过审批并开始招生，成为中西部地区高等职业院校对外合作办学的最早项目之一。截至2022年，四川建院中澳合作办学项目共培养毕业生3718人，获得了良好的社会影响力。

（二）目标

中外合作办学的目标是学习西方先进的教育教学理念，与中国的实践相结合，围绕国家发展和改革与学生的个体发展需要进行教育实验和改革。面对国内建筑业产能趋于饱和的现状，国际产能合作和拓展成为必然，特别是"一带一路"共建国家的建设，更离不开职业教育人才的储备。鉴于这样的发展趋势，四川建院通过合作办学开展探索和实践，引进澳方的建筑管理和先进技术，补充完善中国的建筑专业教育课程体系，形成高质量的人才培养方案，打造建筑业职业教育"走出去"的中国方案和标准。

（三）过程

四川建院的中澳合作办学项目自2005年获批招生后，经历了探索期、发展期、提升期和拓展期四个阶段。探索期为2005—2008年，第一个教学周期是发现问题、寻找规律、厘清当时条件下的管理思路的阶段，项目生源规模徘徊在50~100人，项目主要探索从系管理到国际学院统一管理的模式转变；发展期为2009—2015年，项目运行和管理思路逐步厘清，随着双方教师的交流、先进课程的引入，项目特色逐渐体现，生源规模最高达到400余人；提升期为2016—2019年，项目经验逐渐形成，课程体系和人才培养体系基本成型，先进课程和教学理念在全校、全国范围内得到推广；拓展期为2020年至今，借鉴合作办学经验，形成建筑专业中国方案，为建筑行业国际产能合作提供人力资源。

中澳合作办学项目拓展期的主要举措包括：引入澳方优质建筑信息模型（Building Information Modeling，BIM）教学资源、装配式技术等，创建"中澳共建BIM+VR虚拟仿真实训中心"（获得四川省"创新行动计划"立项），在此基础上，将其完善为"中澳共建装配式建筑虚拟仿真实训基地"，该基地成为国家级立项建设项目。此外，还对虚拟仿真实训内容进行双语化打造升级，提升实训指导教师双语化教学能力，实现中外师生跨国在线学习交流和外方教师的远程实训教学指导，形成了独特的线上双语实训模式，为中外双方学生的学习提供保障。

（四）效果

1. 教学教研成就卓然。四川建院教师在中澳合作办学的基础上，不断深入思考，先后完成和发表《高职院校中澳合作办学项目现状、问题及对策》《对高职院校中外合作办学项目课程模式构建的研究》《国际化背景下高职院校师资队伍建设路径研究》等相关专业性论文13篇；深入开展两项合作办学课题的研究，其中"高等职业院校中外合作办学内部质量保障建设"课题成果，获评四川省第八届高等教育教学成果奖二等奖；基于中澳项目办学基础出版了《高等职业教育中外合作办学项目内部质量保障体系建设与教学资源优化》专著；2022年获四川省第九届教学成果奖特等奖。

2. 行业认可度高。2015年10月，在中国国际教育年会上，四川建院作为唯一一所高等职业院校参加了第十六届中外合作办学教育展；四川建院国际技术教育学院相关负责人作为中外合作办学认证专家参与2015年、2016年澳大利亚技能质量管理局（Australian Skill Quality Authority，ASQA）与中国教育国际交流协会组织的对中外合作项目的联合评审；2016年5月，四川建院代表参加了2016年全国职业教育对外合作项目统计工作培训班，并受邀在会上作了关于"中外合作办学资源整合"的演讲发言；2016年6月，四川建院代表赴东南亚参加了由省教育厅组织的高等教育展，并针对中外合作办学经验做主旨演讲；2017年，四川建院中澳合作办学项目获得中国教育国际交流协会颁发的中外合作办学质量认证证书；2019年，四川建院代表参加由中澳两国共同举办的"中澳合作办学项目质量保证研讨会"并发言。

3. 学生成就显著。科技创新方面，澳方BIM课程的引进极大地促进了学生专利成果申报。在第十一届全国高职高专"发明杯"大学生创新创业大赛中，国际技术教育学院共有15名同学参加，共计获得奖项37个，其中一等奖1个、二等奖11个、三等奖6个，占全校全部获奖数的36.73%。截至2016年底，总授权专利数达到70余项。项目学生在发明创新和自主创业方面也具备鲜明特色，中澳2010级毕业生王旭东在校期间共申报专利10余项；中澳2005级毕业生邹明君曾任宜宾恒旭投资集团有限公司副总裁、恒旭置地有限责任公司总经理；中澳1201毕业生刘勇曾任中国建筑（东南亚）有限公司柬埔寨分公司经理。

就业方面，据项目管理统计，中澳项目广受用人单位认可，历年来用人单位对项目学生总体满意率达90%以上，并涌现出一大批优秀毕业生，见表4-1。

表4-1　2017—2021年项目学生就业概况

年份	总人数/人	就业人数/人	就业率/%
2017	292	287	98.29
2018	105	103	98.10
2019	52	50	96.15
2020	163	158	96.93
2021	230	224	97.39

（五）质量保障体系

1. 质量管理保障体系。四川建院通过顶层设计、反复探索，形成了"一套班子、两块牌子"的聚焦外事、合作办学、留学生教育的国际技术教育学院，开展全方位的国际化交流与合作，保证了管理运行的高效和顺畅，培养了一支能打胜仗和硬仗的涉外管理和教学教师队伍。项目在学校各职能部门和教学单位的通力配合下，管理运行状况良好。

2. DACRE 教学质量评价体系。在 DCT 人才培养体系框架 [DTC 人才培养体系框架包括文凭课程（Diploma Courses）、证书课程（Certificate Courses）和培训课程（Training Courses）] 下，四川建院建立了五层循环的 DACRE 教学质量评价体系，即内部教学质量诊改（Diagnosis）、外方（合作院校）教学质量审计（Audit）、企业评价（Comments）、外部（中国质量认证中心）评审（Review）及第三方评价机构教学质量评估（Evaluation）。内部教学质量诊改每年两次，重在对教学日常管理、教学目标达成、教学质量和学生就业进行诊断和改进；外方（合作院校）教学质量审计每两年一次，合作院校派国外审计专家深入项目课堂，通过听课、与教师和学生进行访谈、查阅教学文件等方式，对项目质量进行全方位审计并出具审计报告；企业评价每年一次，主要通过问卷调查、走访和毕业生追踪吸收反馈意见；外部评审是中国质量认证中心（China Quality Certification Center）一年一度对内部质量保障体系的实施情况进行评审，指出其存在的问题并要求其提出改进措施；第三方评价机构教学质量评估是指学院聘请第三方评价机构（如中国教育国际交流协会和麦可思教学质量管理平台）出具社会需求与培养质量报告，包括项目运行、诊断建议、主要结论、培养结果与毕业生评价、培养过程分析、核心课程有效性评价与成绩分析等。多方评价循环监督，确保项目质量持续循环上升。

3. "线上+线下"合作教学机制。四川建院投入资金提升了线上教学的设备功能，并创新性地形成了"线上+线下"的中外教师合作教学方案，即外方教师进行线上授课，具有相关专业背景的中方教师进行线下课堂管理及课程困难部分的讲解。同时，四川建院以课程为单位建立教师合作教研小组，定期开展线上例会，随时就教学进度、课堂反馈、学生意见等进行沟通协调，保障并提升教学质量和效果。

（六）总结与反思

四川建院中澳合作办学项目经过近 20 年的岁月洗礼，基本形成了一套课程构建、教学运行、质量管控的项目运行机制，并通过对英联邦国家职业教

育的研究，充分融合中国建筑行业的自身标准和要求，形成了新的本土化的人才培养体系，为中国建筑业"走出去"提供人才储备、境外人才培训支持，为建筑业职业教育"走出去"提供了"中国方案"。

反思近20年的合作之路，其中以下四点是值得注意的。

1. 合作伙伴国与中国的良好政治、经济关系。中外合作办学是长期跨境合作教育项目，国际环境的好坏是教育项目能否长期稳定发展的重大影响要素。

2. 中方院校要有一个具有国际化战略思维的校领导层、一支具有国际化视野和解决国际化教育问题能力的中层干部队伍、一支具有专业能力和国际化沟通能力的教师队伍。

3. 合作院校要有一定的尊重和分享意识，尊重中方院校的教育主权、理解中外办学的各种差异、分享合作专业的相关知识和技能，为两校学生的共同发展提供平台。

4. 加强对跨境教育的理论和实践研究，特别是职业教育如何积极稳妥地"走出去"，代表中国的大国形象"走出去"，还需要职业教育领域的同仁们深入研究和探索。

（来源：四川建筑职业技术学院官网）

第三节

我国高职院校国际化办学之"走出去"

"走出去"是高等职业教育国际化的另一个维度。进入新时代，在加快扩大教育对外开放的新形势下，高等职业教育坚持"引进来"和"走出去"双轮驱动，拓宽国际教育交流合作领域，有效开展境外办学的需求越来越紧迫。高等职业教育"走出去"是高等职业教育从单向的"引进来"到"引进来"和"走出去"双向开放、纵深推进的一种形式，是我国高等职业教育走向世界的有效载体，也是推进职业教育国际化进程的加速器，又是助推优质产能"走出去"的有效渠道，还是为中资企业"走出去"培养技术技能人才的助推器，更是促进中外人文交流和民心相通的桥梁和纽带。高职院校实施境外办学，输出中国职教模式和标准，培养本土化技术技能人才，有效提升我国职业教育海外服务输出能力，将成为未来世界高等教育改革发展的大趋势。

一、高职院校国际化办学"走出去"的价值蕴意

2020年《教育部等八部门关于加快和扩大新时代教育对外开放的意见》（以下简称《意见》）印发实施，中国职业教育作为与社会经济发展联系最为紧密的教育类型，加快推进《意见》的贯彻落实成为其必须承担的历史使命。

（一）提升就业能力，搭建交流沟通平台

习近平总书记提出的构建人类命运共同体理念，符合"教育是全球共同利益"这一当前国际社会最前沿的理念和主张，是处理国际关系最具建设性的纲领。中国职业教育"走出去"，不但是我国经济社会持续发展、综合国力不断提升的客观需要，也是职业教育自身改革发展的内在需要。2016年联合国启动实施《2030年可持续发展议程》，将职业教育列为重点内容。与其他教育类型相比，职业教育旨在满足个人就业和工作岗位的需要，更加贴近民生、服务民生。特别是对于欠发达国家来说，职业教育的发展水平直接关系到就业生存。中国职业教育"走出去"可以助力伙伴国家培养大批技术人才，提升就业能力。同时，随着职业教育"走出去"，中国优质的职业教育和产品技术也将走向世界舞台，搭建职业教育领域技能传播和文化交流的平台，维护人类文化和人类社会发展的多元化，推动更加紧密的人类命运共同体建设。

（二）助力国际产能合作，服务"一带一路"倡议

自2013年"一带一路"倡议提出以来，教育部等部门陆续出台鼓励和支持职业教育国际化发展的政策，尤其是2020年教育部等九部门印发的《职业教育提质培优行动计划（2020—2023年）》明确提出实施职业教育服务国际产能合作行动。2016年，中国首次成为资本净输出国。中国企业"走出去"已成为新常态，而属地用工成为企业海外可持续发展的瓶颈。在此背景下，

"产教协同""教随产出"成为职业教育"走出去"的主要方式。例如,"一带一路"倡议下,电力行业的企业纷纷"走出去",承担"一带一路"共建国家和地区的大规模电网建设和清洁能源电力开发投资建设。这些"硬建设"的大规模实施,需要大量的人员和技术支持,而伙伴国由于经济社会发展水平等无法达到相关要求。采用"教随产出"的校企合作方式,根据企业的用工要求在合作伙伴国进行订单式招生和培养,既能满足参与各方的发展需求,又能充分发挥各方本身优势,实现强强联合。

(三)推动院校高质量发展,增强职业教育适应性

教育部公布的数据显示,截至 2024 年 6 月,全国共有 1560 所高职(专科)院校,占我国高等教育的半壁江山,形成了中国特色高等职业教育体系,初步具备了"走出去"的实践能力。全球产业转型升级和经济发展对新时代职业教育发展提出了新要求,职业教育"走出去"体系培养本土高素质技术技能人才、服务中国技术和企业走向世界的同时,也反推国内学校提升内涵,推动专业、课程、标准接轨国际,拓宽教师国际化视野,提高国际化教学能力,推动职业教育国际化发展,通过进一步增强职业教育适应性促进自身高质量发展。

二、高职院校国际化办学"走出去"的动力需求

随着中国与共建"一带一路"共建国家贸易投资的持续扩大,企业"走出去"的势头也在不断增强,2013—2021 年,中国对"一带一路"共建国家累计直接投资额达 1640 亿美元,中资企业积极参与"一带一路"国家基础设施建设,据商务部统计,截至 2021 年末,纳入商务部统计的境外经贸合作区分布在 46 个国家,累计投资 507 亿美元,上缴东道国税费 66 亿美元,为当地创造 39.2 万个就业岗位,有力促进了与东道国的互利共赢、共同发展。长期的"一带一路"重大建设项目需要大量技术技能型人才,参与"一带一路"建设的企业仍然面临严重的属地化技术技能人才短缺等问题。从经济发展和社会效益来看,企业"走出去"已成为必然趋势。高等职业教育作为服务经济社会、推动企业"走出去"的主体,须开展"走出去"实践,积极服务企业,解决属地化人力资源短缺问题。目前,高职院校对校企协同"走出去"

形式探索不足，未充分把握企业"走出去"的发展机遇，亟待探索与企业合作"走出去"的有效机制。

此外，由于部分"一带一路"共建国家教育落后，人口受教育程度低，所以对于我国高等职业教育"走出去"开展学历教育、提供职教援助需求巨大。当前，一些"一带一路"共建国家教育特别是职业教育发展落后，入学率低、适龄青年失学率高、接受职业教育的学生比例低，导致出现适龄人口受教育程度低、人力资源开发水平低的困境，人口红利变成巨大的人口压力。这些地区的职业教育亟待发展，为我国高等职业教育"走出去"提供了广阔的空间。

三、高职院校国际化办学"走出去"的实践形式

（一）海外办学

1. 海外办学的类型

近年来，高等职业教育海外办学呈现出多样化格局，伴随企业"走出去"，"教随产出"成为目前高职院校海外办学的最优选择。截至2020年，共有89所高职院校在海外举办145个办学项目，包括职业技能培训、中文培训等短期培训，以及学历和非学历等职业教育长期项目。从办学主体角度看，近些年的海外办学主要可以分为以下模式。

（1）政府统筹型。

在境外办学的模式中，政府统筹型强调政府在办学中的核心地位，由政府牵头制定相关规划和政策，通过对其他国家的职业教育机构或相关领域的项目开展援助，实现职业教育资源境外输出。政府承担海外办学实施全过程的资金资助、政策引导、质量监管等职责，实现海外办学项目的预期目标。天津市教育委员会启动实施的职业教育国际创新服务项目"鲁班工坊"就是这一模式的典型案例。政府负责顶层规划，统筹职业教育和经济社会的协调发展。这种模式的优点在于有完善的政策保障和资金支持，实现"上下一盘棋"，有效促进了国内职业院校与"走出去"企业的合作，共同培养适合的属地化人才，也有效促进了当地社会的经济发展。

> 案例

天津鲁班工坊

"鲁班工坊"是我国职业教育领域的重大举措，是由天津市发起实施的职业教育国际推广项目。经过几年的建设，"鲁班工坊"已初具规模，打造了以鲁班文化、鲁班标准、鲁班制造为特色的职业教育"走出去"特色品牌。

（一）鲁班工坊的缘起

鲁班工坊是我国职业教育领域在海外设立的第一所"孔子学院"，旨在依托鲁班"大国工匠"形象，推动天津职业教育"走出去"，是服务企业"走出去"的职业教育创新服务项目。鲁班工坊是天津市教育委员会根据教育部与天津市政府共建"国家现代职业教育改革创新示范区"的协议所设，充分考虑满足属地经济社会发展需要，将天津打造成为国家现代职业教育创新改革示范区，通过学历教育与职业培训相结合的方式，将天津优质的职业教育资源和先进的职业教育模式分享给"一带一路"共建国家，打造天津职业教育与世界对话的平台，培养国际化技术技能人才，为中资企业"走出去"提供人力支持。2017年，中共中央办公厅、国务院办公厅发文明确提出，要将"鲁班工坊"打造成中外人文交流的知名品牌。2018年9月，习近平总书记提出了要在非洲建立10个"鲁班工坊"的愿景，并将"鲁班工坊"上升为国家级对外合作项目。

（二）鲁班工坊的体系内涵

具体来看，鲁班工坊的内涵建设主要从以下四个方面展开。

1. 教学模式。鲁班工坊采用的教学模式是工程实践创新项目（EPTP）模式，其以工程创建为框架，以企业实践为抓手，以创新能力为宗旨，以在工程创建过程中通过加强企业实践培养具有创新能力的复合型人才为主线。鲁班工坊的创新实践现已荣获国家级教学成果最高奖项，是目前中国特色职业教育最显著的标识。

2. 教学标准。鲁班工坊教学标准是在教育部职业教育国际化专业教学标准的基础上，通过梳理国际化产业、行业、企业、职业、专业的承接匹配情况，坚持产学研一体融合发展的课程设置体系和人才培养体系，最终形成的全方位专业教学标准,包括场地建设标准化、实训装备标准化、师资培训标准化、教学资源开发标准化。

3. 质量评估。作为中国特色职业教育话语体系的显著成果,鲁班工坊拥有严格的质量认证体系和规范的质量评估标准,覆盖每个项目的构思、开设、实施和反馈的完整闭环。项目构思和开设阶段的质量评估侧重于项目核心要素的标准化建设,项目实施和反馈阶段的质量评估重点关注项目的专业教学模式和教学标准是否全部或部分融入伙伴国家学历教育体系和职业资格证书认证体系中。

4. 保障方式。鲁班工坊项目建设得益于来自宏观和微观两个维度的有力保障。宏观层面的保障来自中国强大的经济政治力量和文化教育驱动力的加持,以及"一带一路"倡议和构建全球命运共同体价值观的支撑。微观层面,注重师资培训和教学资源同步开发,有力带动了伙伴国师资和管理团队职业教育水平的整体提升。由此,鲁班工坊的教学模式、教学标准、教学资源才能更好地发挥作用,中国特色职业教育话语体系才能真正强化和凸显。

(三)鲁班工坊品牌的延伸发展

为推动鲁班工坊品牌的高质量建设和发展,规范鲁班工坊管理和运营,打造鲁班工坊品牌,2020年7月30日,教育部国际合作与交流司、中国教育国际交流协会召开"鲁班工坊"建设联盟筹备会,正式向全国职业院校发出征集令,共同推进"鲁班工坊"建设。2022年4月,作为鲁班工坊建设联盟管理单位的中国教育国际交流协会,正式启动鲁班工坊运营项目申报与认证,围绕鲁班工坊的发展定位和核心要素,从学校定位目标、办学基础、场地建设、师资队伍、教学资源、办学成效等指标和观察点对实施的项目进行综合评价。

截至2022年12月,已有27个项目被认定为鲁班工坊运营项目,见表4-2,其中8个项目被列为有条件运营项目。中国教育国际交流协会、鲁班工坊建设联盟将以规范办学、提升质量为目标,定期开放鲁班工坊运营项目的申报和认定。在现今入选的全国18所高职院校设立的27个鲁班工坊运营项目中,除天津鲁班工坊运营项目外,全国仅有5所高职院校的境外办学项目获批立项。

表 4-2　全国鲁班工坊运营项目名单

序号	项目名称	学校名称
1	埃及鲁班工坊（艾因夏姆斯大学）	天津轻工职业技术学院
		天津交通职业学院
2	埃及鲁班工坊（开罗高级维修技术学校）	天津轻工职业技术学院
		天津交通职业学院
3	埃塞俄比亚鲁班工坊	天津职业技术师范大学
4	巴基斯坦鲁班工坊	天津现代职业技术学院
5	保加利亚鲁班工坊	天津农学院
		天津市经济贸易学校
6	贝宁鲁班工坊	宁波职业技术学院
7	吉布提鲁班工坊	天津铁道职业技术学院
		天津市第一商业学校
8	加蓬鲁班工坊	成都航空职业技术学院
9	柬埔寨鲁班工坊	天津中德应用技术大学
10	科特迪瓦鲁班工坊	天津理工大学
11	肯尼亚鲁班工坊（肯尼亚马查科斯大学）	天津城市职业学院
12	肯尼亚鲁班工坊（肯尼亚铁路培训学校）	陕西铁路工程职业技术学院
13	卢旺达鲁班工坊	金华职业技术学院
14	马达加斯加鲁班工坊	天津机电职业技术学院
		天津市机电工业学校
15	马里鲁班工坊	天津医学高等专科学校
		天津市红星职业中等专业学校
16	摩洛哥鲁班工坊	天津商务职业学院
17	南非鲁班工坊	天津职业大学
18	尼日利亚鲁班工坊	天津中德应用技术大学
		天津铁道职业技术学院
19	葡萄牙鲁班工坊	天津机电职业技术学院
20	塞尔维亚鲁班工坊	浙江旅游职业学院
21	泰国鲁班工坊	天津渤海职业技术学院
		天津铁道职业技术学院

续表

序号	项目名称	学校名称
22	乌干达鲁班工坊	天津工业职业学院
23	印度鲁班工坊	天津轻工职业技术学院
		天津机电职业技术学院
24	印度尼西亚鲁班工坊	天津市东丽区职业教育中心学校
25	英国鲁班工坊	天津市经济贸易学校
26	俄罗斯鲁班工坊	天津电子信息职业技术学院
27	塔吉克斯坦鲁班工坊	天津城市建设管理职业技术学院

(2) 校际合作型。

基于中国政府或外国合作伙伴国的需要，以合作办学或其他跨境教育合作的形式，鼓励和支持中方院校依托国外院校共建学院。经初步讨论、磋商和谈判，中外院校正式签约并共同开展教育合作。与普通院校相比，高职院校依托国外院校的资源，共同培养当地社会经济发展所需的技术人才，将进一步提高我国高职院校的办学水平，推动办学国际化战略的实施。

与政府统筹型相比，校际合作型是中方院校与一个或多个境外院校合作，在政府监管框架下共同开展教科研活动、共担风险、共享利益的形式。总体来看，此类合作形式已呈现出从过去以人员、项目流动为主，发展为人员、项目、机构等多要素齐头并进的趋势。同时，跨境项目与跨境机构的院校开展往往伴随着人员的互派交流。2022年5月教育部召开新闻发布会并提到，我国已有400多所职业院校与国外教育机构开展合作办学，全日制来华留学生已达1.7万人，"一带一路"共建国家既是高职留学生的主要生源地，也是境外办学的主要目标地。这种模式具有较高的办学自主权和相对灵活性，可以与合作院校共享资源、共同发展。

案例

中非应用型人才联合培养项目

为构建新时代中非命运共同体，习近平总书记在中非合作论坛第八届部

长级会议开幕式上提出实施"未来非洲——中非职业教育合作计划"（以下简称"未来非洲计划"）的倡议。2021年起，在教育部国际合作与交流司的指导下，在有关省（区、市）教育厅（委）的支持下，中国教育国际交流协会牵头实施未来非洲计划，未来非洲计划下设的中非应用型人才联合培养项目为其子项目之一。"未来非洲计划"中方院校及合作国别情况，见表4-3。

表4-3 "未来非洲计划"中方院校名单

序号	院校名称	合作国别
1	天津轻工职业技术学院	埃及
2	重庆工程职业技术学院	坦桑尼亚
3	南京工业职业技术大学	肯尼亚/赞比亚
4	无锡职业技术学院	南非
5	江苏建筑职业技术学院	冈比亚/喀麦隆
6	杭州职业技术学院	尼日利亚
7	金华职业技术学院	卢旺达
8	浙江机电职业技术学院	肯尼亚
9	宁波职业技术学院	津巴布韦
10	潍坊职业学院	加纳
11	日照职业技术学院	加纳
12	成都航空职业技术学院	塞内加尔
13	四川建筑职业技术学院	塞内加尔
14	深圳职业技术学院	科特迪瓦
15	江苏农林职业技术学院	肯尼亚/埃及
16	南京铁道职业技术学院	埃及

（一）项目目标

帮助非洲青年掌握以中国产业标准为基础的职业技能，扩大就业，推动非洲各国经济社会发展；加强双边、多边人文交流，提升非洲各国对中国产业和产品标准的认同，培养非洲经济社会发展需要的"知华""友华"的青年劳动力和领军技术人才。

(二)合作内容

聚焦建筑、机械等非洲各国经济与社会发展急需专业领域,采取中非高校及中资企业联合定向培养的形式,培养专/本科层次的非洲应用型人才。

(三)实施方式

中国职业院校与非洲职业院校结成合作伙伴,共同培养应用型人才。中非项目院校由中国教育国际交流协会(CEAIE)和非洲技术与应用型大学和学院协会(CAPA)共同选拔、监管,项目周期5年。面向非洲综合性大学、应用技术大学和职业技术院校招生,由中国高等职业院校和非方院校联合培养,由非方中资企业提供实习就业机会。学制3~4年,培养模式主要为"1+2+1"或者"1+1.5+0.5"的三段式培养,即第1年在非洲院校学习专业通识课;第2/1.5年赴中方院校学习专业基础课、专业核心课等课程,并赴企业开展实习实践;最后1/0.5年回非洲完成毕业设计等,同时获得中方院校和非方院校的学历学位证书,并在中方企业就业。

(3)产教协同型。

在"一带一路"背景下,行业、企业参与校企合作的积极性得到了提升,通过与"一带一路"共建国家和中方高职院校合作共建"海外职业技术培训基地",培养适应企业海外发展的本土人才,其中,中国有色金属工业协会是行业协会牵头合作的代表。此外,民营企业也成为"一带一路"建设的重要力量,出口量逐年增长。在此模式下,学校与行业企业协同出海,有利于获得当地政府的支持,同时可以保障办学资质和招生生源,这些行业和企业深耕当地多年,有着良好的政商基础,依托企业员工技术培训等,便于海外办学的组织。同时,企业对海外办学投入的资金和设备,也确保了海外办学运营的可持续发展。

这种产教协同形式强调以行业和企业为核心主体,促进国内外高职院校与企业自身利益、制度、文化、技术、资源、人员等融合。结合我国高职院校境外办学情况,此形式主要分为"中方院校+外方企业""中方院校+中方企业+外方院校""中方院校+中方企业"三类。

一是"中方院校+外方企业"形式。

合作方式:直接对接外方企业需求,以在外方企业内挂牌中外方合作学

习中心或学院的方式与外方企业谋求合作。

教育方式：中方院校依托外方企业已有资源，成功在两地搭建合作平台。一方面，该合作平台作为中方院校海外培训基地，为中方院校培养跨国人才提供设备、场地等支持。另一方面，中方院校为外方企业提供技术支持，承担外方企业员工的岗位培训、技术研发、师资提升等任务。两者在合作中加强了文化交流，中方院校不仅推动外方企业更好地了解中国文化，同时也进一步拓展了海外合作市场。

二是"中方院校+中方企业+外方院校"形式。

合作方式：中方院校借助"走出去"与中方企业开展校际交流合作，依托外方院校合理建成教学、培训点。中方院校与中方企业为合作基地提供师资、设备及资金等支持。

教育方式：中外方教育机构在该合作基地开展两地学习交流，通过交流促进合作。中方、外方院校积极配合中方企业的属地用工需求和技术诉求，为企业培养具有国际化视野的本土技能型人才，加强企业与当地的经济合作。

三是"中方院校+中方企业"形式。

合作方式：即"借船出海"，中方院校协同"走出去"中方企业赴海外办学，尤其寻求与大型跨国企业或综合实力较强的企业的合作，开展职业技能培训，传播中国职教文化。其中，企业负责统筹基础建设，院校负责统筹内涵建设，包括师资建设、教务管理、专业设置、课程开发、教材建设、标准制定等。

教育方式：中方院校与中方企业合作，服务中方企业"走出去"和当地经济发展。部分院校根据企业的发展需求，在海外设立"厂中校"——将课题带进工厂，将工厂带进院校。一方面，院校凭借高素质的师资队伍、灵活的教学方式与先进的教学理念，为企业提供订单式的培训项目。另一方面，教师通过到海外企业挂职锻炼等，成为学校"走出去"发展战略的高素质人才储备。

选择产教协同方式开展海外办学的院校，有强烈的服务企业海外发展的意愿，基于共同的实际需求或发展领域，与合作行业和企业共担风险、共享利益。现阶段，中方企业单纯与外方院校合作培养适应企业发展所需的本土化技术人才的情况并不多，企业通常借助中方院校的师资团队培养本土人才。除了以上的三种类型外，中方企业为了进一步占领和拓展当地市场，还可能出现延伸出"中方院校+中方企业+外方院校+外方企业"模式，因此，高等职业教育的国际化发展必然会助推企业影响力的提升，未来，"中方院校+中方企业+外方院校+外方企业"的类型将会成为多元合作主体下产教协同的主要方式。

目前，产教协同型海外办学以设立二级学院、海外分校、培训中心为主要形式，以课程匹配、学分衔接为主开展项目交流，利用远程教育项目、虚拟大学等现代信息技术改革教学方式，但在过程中须注意，中国职教精神的传播力度有待进一步加强。一所院校在发展过程中，随着办学的主体变化可能出现境外办学形式的重叠或变更，但无论采用校际合作或是产教协同哪种方式，推进境外办学都离不开政府支持。政府的支持是基础保障，企业的支持是动力源泉，而高职院校的支持是境外办学的出发点和落脚点，多方协同共同培养更高素质的技术技能人才，共同构建中国职业教育融通体系。

案例

中国—赞比亚职业技术学院

2015年底，教育部在中国有色金属行业开展职业教育"走出去"试点项目，中国有色矿业集团有限公司组织北京工业职业技术学院、哈尔滨职业技术学院、陕西工业职业技术学院、南京工业职业技术学院等10所院校在赞比亚开展校企协同国际化办学，通过开展员工培训、研发教学标准等工作，有力支撑了企业发展，促进了当地青年就业，获得当地政府、社区、社会的高度认可。

（一）项目背景

有色金属作为国民经济发展和国防建设的重要基础材料，是增强综合实力、保障国家安全的重要战略物资。为落实国家"一带一路"倡议和国际产能合作，有色金属行业在亚非拉国家投资建设了一大批矿业项目，产品涉及40多种有色金属，吸纳境外本土员工50万人，建立了全方位、多领域、多层

次的国际合作。由于"走出去"伙伴国整体工业化基础薄弱，当地员工职业素质和技能较差，企业海外发展缺乏高素质专业技术人才保障。为加强国际产能合作，服务企业海外高质量发展，2015年，有色金属行业受教育部委托，以中国有色矿业集团有限公司为首批试点企业，组织了国内十所职业院校赴赞比亚联合创办我国第一所在海外开展学历教育的高等职业院校——中国—赞比亚职业技术学院（以下简称"中赞职院"）。

（二）基本情况

中赞职院于2018年10月正式获得赞比亚职业教育培训局（TEVETA）颁发的办学许可证，并于2019年8月2日举行开学典礼。学院主要依托中国有色金属驻赞比亚企业在中色卢安夏技工学校的基础上，与国内职业学校和企业合作组建而成。根据赞比亚政府法律法规要求，面向赞比亚当地高中毕业生开展两年制中职教育和三年制高等职业教育，同时为中国有色金属等中资企业当地员工提供技术技能培训。

1. 基础设施。学院位于赞比亚卢安夏市，占地50亩。现有教室22间，学生宿舍4栋，图书馆1座，建有电工、钳工、焊工、数控等4个实训室和1个计算机房等，各合作院校投入教学仪器设备200余套，企业为学院提供大型设备实训场地和教学场地。

2. 教师学生。学院教师由中、赞两国教师组成，赞方教师共38人，中方常驻教师4人，管理人员1人。学院在校生总共601人，其中中职学生375人，高职学生226人。

3. 学院结构。企业与各合作院校联合成立了学校董事会。学院由董事会领导，驻赞企业提供保障。学院下设自动化与信息技术学院等10个二级学院，开设自动化与信息技术、机械制造与自动化、采矿工程、建筑、机电一体化等10个专业。学院是国家开放大学海外学习中心、企业培训中心，经教育部中外语言交流合作中心批准，学院建立了开展"中文+职业技能"的独立孔子课堂，形成了学历教育、职业培训、中文推广、来华留学、远程教育等多职能的"五位一体"办学架构。

（三）主要工作和成效

1. 开展境外人才培训。学院成立以来，北京工业职业技术学院等多所国内合作高职院校先后共派出5期师资团、72名教师，为中国有色矿业集团有限公司驻赞企业（中色非洲矿业有限公司、CCS、湿法公司等）的赞方员工开展了电工、焊接、钳工、维修技术等21个职业工种的48期员工技能培训，受训人员1000余人，有力提升了本土员工技能水平。

2. 推动教学标准"走出去"。2019—2021年，中赞职院围绕企业和当地社会发展需要，开发了机械制造与自动化、信息与自动化、机电一体化、导游、储能材料技术等9个教学标准，通过赞比亚高教部的审核纳入赞比亚职业教育教学体系。这一举措不仅填补了赞比亚国家教育教学标准的空白，也为向世界职教发展贡献中国方案、中国智慧迈出了坚实的第一步。

3. 开发国际化教学资源。国内合作院校围绕专业教学需要，开发了机电一体化、电气自动化技术等专业的《工业汉语》教材5本。依据专业教学标准，开发了机械制造基础、数字电子技术等英文版专业教材8本，并结合中国职业教育专业词汇、技术标准与产能合作国共同形成通识性学习材料，开发《工业汉语》App手机学习端、网络课程资源和微课程等教学资源教学软件，打造特色职业教育课程品牌。

4. 建立独立孔子课堂和远程学习中心。在孔子学院的支持下，中赞职院建立了以职业教育为特色的"中文+职教"型独立孔子课堂，通过实施汉语言文化和工业汉语教学，有效提高了赞比亚当地员工的汉语水平和文化认同感，助力职业教育"走出去"和海外优质企业发展。同时，中赞职院也是国家开放大学赞比亚学习中心，利用国家开放大学提供的教学设施和教学资源，为赞比亚企业员工和在校生组织远程教育和培训，有效推动了中国远程教育标准纳入赞比亚国家教学标准。

2. 海外办学的实践现状

"十三五"期间，我国职业院校积极响应"走出去"办学的号召，涌现出包括天津"鲁班工坊"、浙江"丝路学院"、江苏"郑和计划"等一大批教育品牌，成为职业学校国际化的重要抓手。

一是以院校发挥办学优势自主探索为主。职业高等教育"走出去"的主体包括政府、行业企业和院校三个方面，"走出去"的类型包括政府统筹、校际合作、产教协同等。政府统筹推动"走出去"的典型代表是天津"鲁班工坊"项目和商务部的职业教育援外培训项目。产教协同的典型代表是中国有色金属工业协会组织高职院校赴赞比亚开展海外办学和企业员工培训。校际合作"走出去"的典型代表有江苏经济贸易职业技术学校在柬埔寨建立"郑和职教中心"等。从职业院校年度质量报告的数据和案例来看，目前职业院校以院校自主探索"走出去"为主，而在目前"走出去"的探索初期，应鼓励开展与企业协同"走出去"的形式。

二是主要集中在俄罗斯、南亚、东盟国家、非洲等"一带一路"共建国家。职业院校"走出去"目的国中有80%是"一带一路"沿线发展中国家，加上澳大利亚、英国等发达国家和地区，表明我国职业院校"走出去"的主要目标是服务"一带一路"倡议，但向欠发达国家迈进的实践也表明我国高等职业教育"走出去"的能力不断增强，呈现了从过去的单向"引进来"为主转向"引进来"和"走出去"双线发展的趋势。"一带一路"共建国家中，主要的合作对象国有俄罗斯、泰国、柬埔寨、老挝、缅甸、马来西亚、肯尼亚、赞比亚等，其中泰国有50余所合作院校，俄罗斯有30余所合作院校。

三是办学专业重点以第三产业为主，第二产业次之。从产业领域来看，第三产业"走出去"实践较多，占学校一半以上（52%），主要集中在传统文化、语言、财贸、旅游、艺术设计、健康等领域；第二产业"走出去"实践主要集中在机电、电子信息、石油矿业、交通运输和土木建筑等工业领域，占"走出去"实习学校的近三分之一（28%）。面向第三产业的高校数量较少，也就是说，农业领域的高职院校"走出去"范围有待进一步扩大，需要更有针对性地面向以农业为主体的发展中国家，寻求发展机会。

四是多集中于"一带一路"沿线省（区、市）和国家示范、骨干院校。职业高等教育的发展具有区域特征，"走出去"的程度也呈现出区域分布的差异。相关数据显示，从开展"走出去"实践的高职院校数量来看，江苏、广东、浙江、湖南、山东、湖北、福建、云南等8个省（区、市）共有263所，占全国505所"走出去"院校数量的52%。这些沿线省（区、市）的优越区位为职业院校"走出去"提供了得天独厚的机遇和条件，这也说明这些区域的高等职业教育已经积累并具备了"走出去"的能力和经验。与"一带一路"沿线省（区、市）职业院校"走出去"的规模和质量相比，内地部分地区如重庆、陕西、甘肃、宁夏等"一带一路"沿线省（区、市）的职业院校仍有较大的发展空间。

3. 海外办学面临的困难和不足

我国职业院校的海外办学实践从整体来看仍处于起步阶段，虽然取得了一些成效和经验，但还面临一些亟须解决的问题。

一是相关政策体系和国别研究缺乏。由于起步晚，实践经验较少，我国职业教育"走出去"的相关政策法规尚不完善。2010年以来，国家陆续出台了30多项关于教育国际化的政策，多数是教育领域的指导方针，缺乏涉及教育、商务、外交、文化等多领域范畴的整体性方案，此外，国际化办学的专项政策法规较少，缺乏配套的操作实施细则。"走出去"办学的同时也面临着目的国办学环境、教育体制、教学体系情况复杂迥异等诸多挑战。目前国内的区域和国别研究基地大多建在各个高校内，在深入了解伙伴国文化习俗、经济特点、教育水平，以及制订培养计划、教学标准、实训方案等方面没有形成合力。

二是国际化师资队伍建设滞后。目前，我国高职师资队伍的国际化水平与海外办学的要求相比存在差距。语言能力方面，能够胜任双语教学的专业教师数量不足，特别是精通"一带一路"共建国家和地区小语种的教师。国际职业资格证书方面，拥有国际专业组织认可的职业资格证书的专职教师仅占21%。专业教师的专业水平尚未得到国际认可、发展水平不高，阻碍了国际化教学的实施。

三是海外教学数字化建设落后。与国内相对成熟的线上线下相结合的技能培训相比，现有的高职海外教育培训方式数字化程度较低。教学计划、教学方案、教学标准、教学考核等环节缺乏必要的数字化技术支撑，标准化程度较低。当前，"国内职业院校+海外本土院校"的传统联合办学模式面临数字化转型的挑战，亟待充分借助数字化手段构建便捷的技能培养模式。

四是海外办学的可持续性和盈利性较差。受目的国教学资源、发展水平等多种因素的限制，海外办学面临师资不稳定、盈利能力低等问题。比如，国内优秀教师无法适应国外工作生活环境，待不住的情况普遍存在；来华参加培训的留学生和教师因培训周期短，无法培养出优秀的师资；海外分校或

海外培训基地运营成本较高且生源不确定，办学可持续性差。

对于上述问题，需要进一步加强政府、职业院校、行业企业和社会各界的协同合作，寻求更广泛的支持以推动职业教育"走出去"。

4. 海外办学的路径选择

（1）加强顶层设计，提供智库支持。

2015年，国务院取消了高等学校境外办学实施专科教育或非学历高等教育审批的教育行政审批事项，高等学校的境外教育活动由行政审批的直接性管理方式转向了政策引导的间接性管理。2019年，《高等学校境外办学指南（试行）（2019年版）》发布，从操作层面为高校的境外办学实践提供了技术指南。可以说，单就教育层面而言，相关政策已基本具备，但海外办学不仅仅是教育层面的问题，还涉及外交、商务、文化等多个领域的交叉，在实际操作过程中面临着多头推进的问题，缺乏明确的统筹、协调、推进机制，资源的筹措和投入相对分散，难以实现利益最大化。

因此，需要建立多部门协调机制，加强顶层设计和布局规划。一是协调政府、行业企业、院校和社会组织形成合力，合理配置资源，形成良性发展局面。二是加大协调力度，完善政策法律的支持。应在借鉴他国经验的基础上，出台相关政策法规，制订具体规划，支持职业教育国际化发展。三是多渠道加大资金投入。采取政府、企业和社会之间的分担机制，可以借鉴德国《联邦职业教育法》——其中规定参与职业教育的企业承担为职业教育提供资金的责任，设立专项发展基金，吸引多元资本参与，鼓励职业教育全球化发展。四是组建国际职业教育发展智库。政府相关部门可与职业院校合作开展前期调研，对伙伴国家的风俗、历史等进行深入研究，助力政府制定有针对性的政策服务职业院校"走出去"办学，指导院校结合目的国国情研究办学和管理方案，有针对性地调整海外办学模式。

（2）完善保障机制，提高办学水平。

提高海外办学水平，关键是提高办学质量。完善的保障机制是提高办学质量的重要条件，可以重点做好以下几项工作。

一是构建本土化教师培训体系，打造高素质教师队伍。一方面，充分利用伙伴国现有和潜在的职业师资资源，通过开展师资培训，有效缓解当地职业师资短缺问题；另一方面，为国内公办教师提供本土知识培训，以缓解跨文化教学等相关问题。

二是输出中国职教标准，服务"一带一路"倡议。鼓励和支持有条件的职业院校参与国际专业标准和国际课程体系制定，推出一系列具有国际影响力的优质专业标准、课程标准和教学资源。充分利用我国职业教育资源，以技术、服务、标准、理念输出为导向，推动职业教育技术装备、教材、课程、教学管理、专业标准、评价认证体系的海外输出。

三是走特色发展道路，打造中国职业教育品牌。突出优势专业建设，创新"工学结合"人才培养模式。例如，在基础设施发展较快的国家，优先推动工程机械领域操作技术人才的培训，鼓励从事工程建设的中资企业为培训后的学生提供实习和就业机会。实现线上理论学习和模拟、线下真机操控和实训、课后实习和就业一体化发展，培育引领性、示范性项目，打造中国职业教育品牌。

（3）优化办学形式，推动可持续发展。

学校与企业良性互动，产业与教育深度融合。采取校企合作办学模式，提高人才培养精准度。企业作为供给者，应为职业院校人才培养和技能发展明确方向，引导职业院校深化课程和教学改革，重构课程体系。职业院校要根据发展需要及时调整专业设置，优化人才培养方案，积极与行业企业协调制定人才培养标准，共同建设专业教学标准，确保满足服务行业和社会发展的需要。同时，依靠企业力量，克服职业院校海外办学面临的资金、设备等问题和障碍，通过产教深度融合营造海外办学的良性循环。

校际合作办学，实现强强联合。为解决学科单一、办学资源紧缺的问题，汇聚各合作院校优质教育资源，形成强强联合、优势互补的合作共建机制，探索实践多所院校"抱团出海"的海外办学模式。

应用前沿技术，打造一体化平台。融入数字技术的职业技能培训是职业培训的重要支撑。职业院校、信息化企业、"走出去"企业等相关单位可以共同打造"互联网+职业教育培训"一体化平台。同步推进线上理论教学和线下本地化培训，为"一带一路"共建国家和地区提供人力支撑，贡献中国智慧。

此外，由于海外办学涉及的因素较多，由伙伴国提供校舍、教学设施等

硬性条件，国内职业院校提供师资、课程等软性条件，不仅可以降低办学风险，还可以降低办学成本，促进职业教育"走出去"的可持续发展。

(4) 加强监督管理，降低办学风险。

海外办学必须在国际和国内办学法规和要求两大体系框架内运作，面临着政治安全、司法安全、财务安全、人身安全等多种风险。同时，海外办学是一种自发产生的教育服务活动，面临着资金、设备、师资、课程等无法顺利走出去的障碍。因此，必须构建科学、完整的风险防范和管理体系，提供支持性的政策环境和创新性的解决问题的路径和方法。一是要建立健全职业院校内部发展监控体系，从学校、二级学院和部门等各个层面对境外办学项目和活动进行全面监督，确保清楚、全面地了解实施情况和成效，指导高职院校境外办学项目和活动的开展，为目前及未来的"走出去"发展战略明确方向。二是切实加强"走出去"发展战略质量考核队伍建设，吸引国内外职业教育专家学者、国际跨国公司专业技术人员以及一线教师和管理人员作为评估团队的主力，确保评估的针对性、客观性和全面性，实现全过程质量闭环监控，防范各类办学风险，确保项目建设高质量可持续发展。

(二) 来华留学

来华留学一般分为学历来华留学和非学历来华留学。学历来华留学是指来华留学生以获得我国学历学位为目的，来中国境内高校进行系统化学习。非学历来华留学指来华留学生来中国境内高校学习，但不以取得我国学历学位为目的，学习时长通常为 3 个月及以上。此外，境外人员有组织、有计划地来中国境内学习及了解相关文化、知识及技能，学习时间在 3 个月以内的，被称为来华培训。

1. 来华留学的实践现状

一是快速发展，总体规模较小。当前我国高职留学生教育不断发展，但相较普通本科院校，总体规模仍显不足。例如，自浙江省教育厅于 2011 年提出留学浙江行动计划以来，省内高职院校积极响应"一带一路"倡议开展来华留学生培养，但从招生人数尤其是招生占在校生人数比例来看，与普通本科院校相比差距较大。据《2020 浙江省高等教育国际化发展年度报告》显示，2020 年全省国际学生总数为 31099 人，高职高专院校招收国际生人数为

2151人，仅占全省国际学生总数的6.92%；与本科及以上层次院校相比，高职高专院校招收国际生人数占在校生比例较低，仅为0.48%；接收国际学生的高职高专院校数量较少，全省46所高职高专院校中仅17所招收了国际学生，见表4-4。

表4-4 2020年浙江省高等教育国际生招生情况统计

项目	硕博授权高校招生	其他本科院校招生	独立学院招生	高职高专招生
招生人数/人	27079	1864	5	2151
招生占全省国际生招生人数的比例/%	87.07	5.99	0.02	6.92
招生占在校生人数比例/%	6.45	0.78	0.01	0.48

数据来源：《2020浙江省高等教育国际化发展年度报告》

二是留学生中以非学历生为主，突出技能学习。我国高职院校的留学生以非学历来华留学为主，来华的主要目的是接受专业技能学习和培训。以浙江省为例，在"一带一路"倡议的推动下，省内高职院校积极与国外院校、"走出去"中资企业、国外教育部门合作，参与行业技术标准制定、承担跨境技术技能培训、探索学历来华留学生培养，留学生教育迈入快速发展阶段。例如，2016年，浙江育英职业技术学院与老挝教育部合作开设旅行社管理专业班，开创了浙江省招收成建制学历留学生的先河；杭州职业技术学院招收南非电梯工程技术专业留学生，学制一年，学生毕业后直接在南非约翰内斯堡中资企业就业。总体来看，浙江高职院校中非学历来华留学生仍占大多数。

三是生源水平低，政府奖学金支持不足。当前，高职院校仍以专科层次办学为主，因此招收的留学生无论是语言和技能水平还是学习能力，与本科院校都存在一定差距，学习形式上多采用单独成班、集中管理的形式，无法直接插入中国学生的班级学习。此外，政府对来华高职留学生的奖学金支持力度也有待进一步提升。以浙江省为例，政府奖学金的主要发放范围集中在本科和研究生层次。奖励标准为研究生3万元/年、本科生2万元/年、语言生6000元/年、未设置高职学生专项计划，因此最终能够获得政府奖学金的高职留学生数量非常少，这在一定程度上也削弱了高职院校的招生吸引力。

2. 来华留学的困难和不足

一是招生及就业保障机制不健全。高职院校的留学生招生多通过留学生服务中介、校企合作订单培养等渠道，途径单一，标准不统一，生源不稳定，且办学规模难以建立。此外，高职院校对留学生的招生要求和录取标准也参差不齐，为了吸引学生完成国际化考核指标，部分院校降低录取门槛，忽视对学生基本素质、学习能力、专业水平的考核，教学质量难以保证。此外，就业渠道不畅通且开放程度较低。"一带一路"背景下越来越多的国际学生选择来中国留学，一方面是学习专业技能和中文，另一方面是希望通过学习，能够在经济高速发展的中国就业，寻求更广阔的发展空间。当前，政府出台了学分互认、奖学金资助等来华留学的相关配套政策，但我国留学生实习就业政策的开放程度仍落后于发达国家，主要体现在工作签证申请困难、工作实习政策不明确等方面。虽然大部分职业院校都设有学生就业指导中心，但均未对留学生开放。经调查，超过90%的留学生表示不了解留学生在华就业、实习的相关政策。

二是留学生教育课程设置不完善。留学生教育是高等职业院校教育国际化的重要组成部分，也是一个新课题。由于各学校开设的专业和培养模式各不相同，大多数高等职业院校在留学生培养方面仍处于"摸着石头过河"的状态，面向留学生的专业课程设置尚未完善，专业课程大多采用直接套用国内学生课程的教学方式，但国内外同专业领域的课程和教学标准往往存在较大差异，单纯套用国内教学内容和培养模式会直接影响留学生对知识的接受程度。此外，各高职院校可开展留学生培养的专业数量、可开设的双语课程数量明显不足，同时仅少数高职院校面向留学生开设选修课程，无法满足留学生的心理期望。

三是师资队伍建设亟待提升。从专业教学来看，教师的国际化水平和能力与留学生教育的需求存在较大差距。高职院校现有专业教师外语水平普遍不高，无法直接进行双语教学，临时承担翻译工作的英语教师多为文科背景，对行业知识和专业术语的理解和掌握不够，导致师生沟通不畅。从汉语教学来看，大部分高职院校，甚至是国家示范性、骨干高职院校等优质院校，拥有对外汉语教学资格证的教师也寥寥无几，一般选择校内的兼课教师或外聘教师承担汉语教学任务，但这些兼职教师没有接受过对外汉语教学的专门培训，缺乏相应的教学经验，教学效果和质量难以保证。

四是留学生管理水平有待提高。首先，大部分高职院校专门设立了国际教育学院、国际交流合作处等机构负责留学生的管理，但人员编制数不足、流动性大，留学生管理专业培训不足，导致管理人员缺乏职业归属。其次，缺乏跨文化及心理适应性指导。高职院校基本设有学生服务中心，具备心理健康、学生资助、社团协会、后勤服务等功能，但服务对象鲜有面向留学生的。再次，对留学生的日常管理和考核重视不够，缺少专门的留学生管理和教学考核制度，导致部分留学生无法顺利完成学业。最后，学校英文官网缺乏有效服务信息。当前，高职院校建设英文官网的比例不高，即使建立了英文官网，关于留学生生活和学习服务的内容，如招生简章、奖学金评定、公寓管理、考勤制度等，也更新滞后。

3. 来华留学的路径选择

一是整合资源，拓宽招生和就业途径。利用好中国—东盟职业教育发展共同体、"一带一路"高校战略联盟等留学服务平台和资源，加大招生宣传力度，与沿线各国教育部门和院校建立长期稳定的合作关系。充分发挥职业院校专业化、技能化的类型办学特色，与"一带一路"沿线企业建立合作关系，根据企业实际需求开展订单培养。注重建设英文官网，完善相关留学信息，如招生简章、院系设置、专业及名师介绍、招生联系方式等，为申请者提供有效的信息获取渠道。留学生比例是衡量高职国际化水平的重要指标，但其不能建立在数量论的基础上，在积极拓展留学生招生渠道、重视生源数量的同时，也要关注生源质量，理性看待来华留学生的比例指标，注重人才培养的质量。近年来，我国对留学生来华就业进行了一系列尝试，比如，北京、上海在全国范围内率先推出京沪高层次留学生就业创业岗位；浙江省于2016年在杭州跨贸小镇成立了外国人创业就业中心。高职院校要做好信息收集和宣传工作，并及时向留学生推送有效就业信息。高职院校应探索实施留学生就业指导服务，一方面为留学生提供招聘渠道咨询，另一方面在文化习俗、人际交往、面试技巧等方面提供指导，避免留学生因中外文化差异而求职失败。

二是突出技能，强化专业教学设计。在当前生源有限的情况下，为区别于本科，高职院校应突出"职业性"的类型办学属性，科学设置技能类专业课程，并兼顾汉语教学和传统文化等国风类课程。专业课程方面，结合"一带一路"共建国家学生的特点和院校自身优势特色，合理组织专业理论、实验实训、顶岗实习等教学环节，开发与国际通用职业资格证书相适应的课程标准和专业教学标准。语言课程方面，可以分为"语言"和"文化"两个教学模块："语言课程"教授汉语听、说、读、写技能；"文化课程"涵盖传统文化、风俗习惯等内容，加深学生对文化、政治和经济的理解和认同，使其成为中国文化、中国故事的传播者。

三是加强管理，提高服务水平。完善留学生学籍管理、公寓管理、奖学金评定等规章制度，定期组织留学生学习制度。针对"一带一路"共建国家留学生特点，有组织地对学校管理人员进行在职培训，培训内容应包括法律法规、社交礼仪、沟通技巧、法治安全等。重视留学生日常考评工作，对于出现学习松懈或不良行为的留学生，及时发现并给予干预，帮助其分析原因。加强留学生与中国学生之间的交流互动，鼓励留学生加入校内学生组织和社团协会，以缓解他们对陌生环境的疏离感，帮助留学生融入校园文化和生活。关注留学生心理状况，将留学生心理健康教育纳入学校整体的心理健康教育体系，为有需要的留学生提供帮助和指导。

四是优化结构，重视师资队伍建设。教师外语能力不足是我国高职留学生教育的一大瓶颈。教学人员存在"懂语言的不精专业，精专业的不懂语言"的困境。高职院校必须加强对教师国际化技能和水平的培养。一方面，积极引进有海外留学背景的人员来校任教；另一方面，积极为在校教师提供外语培训、公派留学、出国培训的机会。对于积极参与留学生培养和管理的教师，学校可在职称评审、项目申报等方面提供政策优惠，调动教师提高国际化教学技能与教学质量的积极性和主动性。

（三）"中文+职业技能"教育

1."中文+职业技能"教育的实践现状

"中文+职业技能"教育契合我国职业教育国际化的发展需求，是通过融合国际中文教育和职业教育两大教育领域相关内容构建的新型教学模式，地方各级政府、院校、评价组织、企业和机构在国家政策的支持和引导下，进行了一系列有益的探索和实践。2019年，有色金属工业人才中心为推动职业教育"走出去"试点工作，结合海外企业汉语教学工作的需要，制定了《职业教育工业汉语（职业汉语）教学资源开发工作规划（2019—2021）》。同时，为满足海外青少年中文学习需求，提升其就业能力，服务企业国际产能合作，教育部中外语言交流合作中心"汉语桥"线上团组交流项目新增"中文+职业技能"类别通道，众多高职院校积极申报并成功组织实施了团组任务。此外，2021年教育部中外语言交流合作中心与有色金属人才中心联合制定了《"中文+职业技能"教学资源建设行动计划（2021—2025年）》，组织开展"中文+职业技能"教学资源建设项目申报工作。

2. "中文+职业技能"教育的困难和不足

作为国际中文教育和职业教育协同出海、融合发展的新兴模式，"中文+职业技能"教育在我国职业教育国际化发展和全球适应性，以及标准建设、三教改革等方面，还面临诸多亟待解决的困难。

一是区域适应能力缺乏。"中文+职业技能"教育是跨地区、跨国家、跨文化的组合式教育模式，涉及语言、文化、就业等多个领域，需要充分考虑所在国经济社会发展、语言文化习俗、政策法律法规以及对华合作情况，从而最大限度地获得地方政府的支持和认可，确保各项教育项目在合法合规的环境下实现可持续发展，更好地服务社会经济发展。从实际情况来看，"中文+职业技能"教育模式的存在时间较短，教学理论方法和相关教学实践还不够完善。此外，我国职业教育对外开放程度还不高，外部发展环境严峻，特别是全球贸易保护主义和贸易摩擦加剧，以及发达国家经济增长整体放缓，"中文+职业技能"教育的适应能力仍需进一步完善和提升。

二是人才培养目标模糊。首先，目前我国高职院校开展的"中文+职业技能"国际化人才培训项目中定制班占比较高，往往有着官方合作背景，存在示范宣传意义大于实际应用意义的情况。这表现为项目信息的推广力度不够，宣传工作不到位，国外一般人群对"中文+职业技能"培训项目的了解不多，只局限于合作院校或国外培训基地的工作人员等小圈子、小范围。其次，部分"中文+职业技能"项目存在人才培养目标模糊的问题，在教学、科研、生

活方式等留学生管理方面缺乏针对性和差异性。这表现为顶层设计及协调不够，不能够进行多方协调和信息服务，也无法支撑国际学生完成从学习到实践、从实践到就业的完整培训流程。我国高职院校，总体上与国外一般层次的师生互访比较多，也有小规模的短期交流项目，缺乏长期性的合作项目。为响应国家号召与职业教育发展规划，部分院校匆忙上项目，国际化交流基础薄弱，有时只关注"中文+职业技能"国际化人才培养项目的合作形式而忽视了其基础实质性内容。

三是课程体系构建不完善。对于高职院校开展的大部分"中文+职业技能"人才培养项目而言，具有学生语言水平较低、项目培训时间较短等特征，而生源的不足，又使院校只能忽略学生的语言能力及职业技能水平差异等特点采用混班教学，导致学生学习效率不高。部分高职院校的课程设置体系不够完善，课程之间的衔接不畅，特别是语言教学与职业技能教学的课程之间缺乏有效的联系与融合。职业技能的教学与实践脱钩，无法保证学习培训效果；缺少跨文化交际等课程的设置，不能有效提升师生国际化发展意识；缺乏与产业密切对接合作，不能充分适应职业教育产教融合的现实需求；教学方法传统单一、与国际脱轨，无法调动国际学生的学习热情与积极性。

四是教材体系建设尚不健全。数量充足、质量精良的教材是开展"中文+职业技能"教育的重要保障。然而，现有教材以语言和文化教材为主，具有职业技能特色的专业汉语教材较少。一方面，针对不同培养对象、不同专业岗位的教材数量不足，内容不够丰富，与满足不同国家汉语学习者的多样化需求还存在一定差距。相关统计显示，目前各类专用教材中，商务、旅游、科技、医学等专用教材占全部教材的97%，而其他各类专用教材的出版数量仅占总教材的3%。另一方面，由于缺乏对语言文化、行业趋势、就业能力等的分析，尚未突破原有的以语法结构、文本为中心的教材编写模式，教材的适应性不足。因此，为了确保教学质量，规范教学内容，推动"中文+职业技能"教育高质量创新发展，高职院校须加大改革创新力度，编写更多符合国际中文教育发展需求的中文职业教材，开发种类齐全、数量充足的教学资源。

五是复合型师资储备不足。师资队伍建设国际化是教育国际化的重要方面之一。从目前的实际情况来看，大多数国际中文教师具备语言教学能力，但涉及技能领域的专业知识储备不足，专业教师还面临外语能力和跨文化交际能力缺乏的问题，因此缺乏能够从事双语教学的专业教师，精通"一带一路"共建国家和地区小语种的专业教师更是凤毛麟角。与此同时，国外本土教师也面临着中文教学和相关职业领域知识教学培训不足的困境，如何建设一支本土化的"中文+职业技能"教师队伍成为亟待解决的问题。此外，职业领域的种类繁多，不同国家和地区的社会经济和产业发展需求，以及学习者的个人需求也各不相同，对职业中文教师供需不平衡问题的解决提出了更多要求。

3. "中文+职业技能"教育的路径选择

语言是国家和个体之间增进理解、开展国际交流合作的基本载体，要深刻认识到发展"中文+职业技能"教育的重要性，创新办学理念和模式，多措并举推动国际中文教育与职业教育的高质量融合发展，助力中外务实合作，助推各国经济社会的发展。

一是探索实施灵活多样的办学模式。"中文+职业技能"教育主要涵盖两大领域，一是汉语语境下的"中文+职业技能"教学领域，主要是在我国国内开展的面向留学生的职业教育和培训；二是非汉语语境下的"中文+职业技能"教学领域，主要是指我国职业教育"走出去"在境外开展的面向各国当地学生和从业人员的职业教育。从德国、英国等国家职教模式国际转移的过程来看，输出国需要不断提升职业教育国际化水平，提供多元有效的职业教育国际化服务，以此保证职业教育的全球适应性和竞争力。因此，"中文+职业技能"教育要坚持以汉语教学为基础，以职业教育为特色，充分利用国际产能合作，实行灵活多样的办学模式，切实增强自身全球适应性。

二是强化以职业中文标准为基础的标准引领。《关于推动现代职业教育高质量发展的意见》强调要"推出一批具有国际影响力的专业标准、课程标准、教学资源"。标准建设是职业教育国际化发展的重要内容，对提高职业教育质量具有引领推动作用。职业教育具有专业术语多、领域属性强的特点，根据国外对职业技能类别和职业应用场景的要求，建立与职业技能相匹配的中文水平标准，准确刻画学习者在特定职业领域的汉语水平，对于指导和规范中文教育和职业教育的教学实践，提高我国职业教育的国际化发展水平和全球适应性具有重要意义，是"中文+职业技能"教育高质量发展的重要路径。

三是构建以课程融合为核心的教学资源体系。课程是教育实践活动的核心，是人才培养的总体设计方案，也是教育活动中实现人才培养目标的重要手段或主要途径。"中文+职业技能"教育具有需求导向的特点，是不同种类职业技能与中文教育相结合实施的专业课程的总和。如何根据语言文化、岗位能力、行业动态等设计课程模块和培养方案，突出能力和场景应用导向的课程建设，是"中文+职业技能"教育面临的一大难题。与课程建设相关的教材和教法在中文教育和职业教育中同样发挥着重要作用，无论是其所承载的语言技能知识、文化元素等，还是其所体现的教学理念和教学模式，对教师和学生都有着巨大的影响。因此，加强融合语言和职业技能两大领域的课程体系设计和教学资源建设，运用数字化技术革新教学方法，是推动"中文+职业技能"教育高质量发展的重要途径。

四是打造以本土教师为主体的"双师型"教学队伍。教师是教育教学实践活动的基础，"中文+职业技能"教育的实施效果首先取决于师资队伍的资质水平和专业能力。随着我国"一带一路"倡议的不断深入，大批中国企业走出国门，对兼具专业技能和汉语沟通能力的综合性本土人才的需求与日俱增。"双师型"教师是职业教育教师队伍建设的一大亮点特色，建设"双师型"教师队伍已成为当前国际社会和教育界的通行做法。"中文+职业技能"教育领域的"双师型"教师不仅需要拥有扎实的专业知识、精湛的专业技能、一定的生产经营和科技推广能力，具备指导学生开展创新创业的能力以及较高的专业理论和教科研水平，还要精通外语，掌握跨文化沟通和理解的能力。随着我国高等职业教育与"走出去"企业的合作日益紧密以及来华留学生数量的不断增加，我国"中文+职业技能"的"双师型"师资队伍也将迎来快速增长。此外，在加快发展国内"中文+职业技能"教育"双师型"师资队伍的同时，还要重点推进海外本土教师队伍建设，培养兼具职业技能和中文教学能力的本土化专业师资，增强海外"中文+职业技能"教育的"自生"能力，这对于推动高职院校师资队伍建设和教学改革、提升高等职业教育国际化办学质量和全球适应性都具有重要的战略意义。

第五章

"一带一路"倡议下高职院校国际化办学的机遇与发展

"一带一路"倡议自 2013 年习近平总书记提出以来，已取得了显著成果，成为世界大多数国家探索国际合作新模式的平台。截至 2023 年 10 月，中国已与 150 多个国家、30 多个国际组织签署 200 多份共建"一带一路"合作文件。经贸合作是共建"一带一路"的重要组成部分，并为中国企业大规模海外发展、国外企业来华经营提供了良好的发展机遇，同时也激发了企业对高素质国际化技术技能人才的迫切需求。职业教育是国家教育体系和人力资源输出的重要组成部分，是与产业和经济社会发展关系最为密切、直接的教育类型，在服务国际经贸合作方面有着不可替代的作用。

第一节

"一带一路"倡议下高职院校国际化办学的机遇与挑战

一、"一带一路"倡议下高职院校国际化办学的机遇

在"一带一路"共建国家中，有些国家经济不发达或相对贫困，这些国家政治制度多样，教育发展相对缓慢，教育基础建设相对落后。随着我国高铁及相关设备出口东南亚等国家和地区，"一带一路"共建国家对高素质技术人才的需求大幅增加，急需培养一大批具有专业技能的技术型人才，助力合作工程项目的实施，为国家社会经济发展作出贡献。在此背景下，职业院校承担着向"一带一路"共建国家输送高技能人才的重要任务。职业院校要适应人才市场的需要，培养适应岗位需要的专业技能人才，为高职院校的办学国际化发展提供重要机遇。

（一）国家政策导向

2015 年 3 月，国家发展改革委、外交部、商务部联合发布了《推动共建丝绸之路经济带和 21 世纪海上丝绸之路的愿景与行动》，明确表示：扩大互派留学生规模，开展合作办学，中国将为"一带一路"共建国家提供 1 万个政府奖学金名额。2016 年 4 月，中共中央办公厅、国务院办公厅印发《关于做好新时期教育对外开放工作的若干意见》，对教育对外开放相关的工作原则、工作重点、治理水平、组织机构等方面进行了明确的指导和规范，鼓励

国内各院校加强教育对外开放工作。2016年8月，教育部印发《关于推进共建"一带一路"教育行动》，明确表明了"一带一路"共建国家教育特色鲜明、资源丰富、地域辽阔、人口众多、互补性强，中国教育要积极发挥基础性和先导性的作用，加强与"一带一路"共建国家间的人文交流，为各国共同发展创造有利条件。2017年5月，习近平总书记在"一带一路"国际合作高峰论坛圆桌峰会上明确指出，为了治理"赤字世界"问题，需要"在'一带一路'建设国际合作框架内，各方秉持共商、共建、共享原则，携手应对世界经济面临的挑战，开创发展新机遇，谋求发展新动力，拓展发展新空间，实现优势互补、互利共赢，不断朝着人类命运共同体迈进。"当前，在"一带一路"倡议背景下，教育对外开放水平不断深化，中外教育交流合作日趋紧密已成为必然趋势。职业教育作为教育的重要组成部分，以及与经济社会发展关系最密切的教育类型，也必须不断完善提升国际化水平，为"一带一路"建设提供必要的服务和支撑。

（二）人才培养需求

目前，随着"一带一路"倡议的持续推进，中国企业"走出去"的步伐正在加快。职业教育作为与社会生产关系最为密切的教育类型，需要服务"一带一路"建设，为中国企业提供人才支撑。《2022年中国对外投资合作发展报告》数据显示，2021年，中国企业对"一带一路"共建国家直接投资流量达241.5亿美元，同比增长7.1%，比2012年翻一番，占同期中国对外直接投资流量总额的13.5%。其中，制造业是中国对"一带一路"共建国家的主要投资行业，直接投资流量达到94.3亿美元，同比增长22.8%，份额占比为39%。2013—2021年，中国对"一带一路"共建国家累计直接投资1640亿美元。中资企业积极推进"一带一路"共建国家基础设施建设，持续拓展国际运输航线，完善物流网络，促进资源要素在区域间顺畅流动和优化配置。中老铁路建成通车，希腊比雷埃夫斯港、雅万高铁、匈塞铁路等重点项目取得积极进展，在"一带一路"共建国家建设的境外经贸合作区累计投资达431亿美元。当前，"一带一路"共建国家已成为中国对外直接投资的主要增长点。中国与这些国家和地区的投资合作正逐步从传统领域转向高科技、高附加值的高端服务业、智能产业、跨境电子、商业等新经济

领域。

在推进"一带一路"建设过程中,中国企业开展了大量的工程承包类项目,对各类专业技术人才的需求量巨大。但现实中,"一带一路"合作伙伴中的大部分国家和地区的生产技术相对落后,工业生产水平较低,技术队伍和技术人才队伍建设薄弱,直接导致中国企业投资发展不力,专业人才缺乏、生产过程缺乏技术支持等问题限制了中国企业进入全球市场的步伐。为了加强与"一带一路"共建国家民众的文化和技术交流,需要培养大批熟悉和了解共建国家风土人情、语言习俗、生产条件的技术技能人才。经过几十年的改革发展,我国职业教育总量已位居世界第一,必须肩负起为"一带一路"共建国家的工程项目和制造业发展培养输送人才、实现中外人文交流的历史使命和重要责任。因此,加强我国职业教育国际化发展,符合实施"一带一路"倡议的现实需要,也是实施我国职业教育国际化战略的有益探索。

(三) 职业教育自我完善

当前,"一带一路"合作伙伴中不少国家和地区职业教育发展相对滞后,存在教育基础设施建设投入不足、产教融合不深入、高中与大学职业教育比重不平衡等问题。不少国家职业教育比重甚至不到10%,可供学生选择接受职业教育和培训机会较少,见表5-1。改革开放以来,我国职业教育与"一带一路"共建国家相比优势明显,对这些国家的民众和青少年学生具有较大的吸引力。

近年来,我国职业教育规模发展也遇到了一定阻碍,许多地方的中等职业学校和高职院校都出现了生源不足的现象。因此,具有巨大发展前景的海外教育市场为我国职业教育的转型和深化带来了机遇。高职院校必须响应"一带一路"倡议积极开拓海外教育市场,输出国内职业教育资源、经验、理念等。随着"一带一路"倡议的持续推进,国家和有关部门越来越关注职业教育国际化的发展,需要一大批专家学者不断加强相关研究,助力职业教育国际化发展,为职业教育更好地助力于"一带一路"倡议提供有力的智力支持。

表 5-1　中国和"一带一路"共建国家高中阶段和大学阶段职业教育占比

中国和"一带一路"共建国家高中阶段职业教育占比			
高占比国家	占比/%	低占比国家	占比/%
乌兹别克斯坦	81.0	老挝	1.1
中国	42.6	尼泊尔	1.7
泰国	39.9	印度	1.8
印度尼西亚	37.2	阿富汗	2.7
哈萨克斯坦	26.0	孟加拉国	8.1
中国和"一带一路"共建国家大学阶段职业教育占比			
高占比国家	占比/%	低占比国家	占比/%
老挝	60.9	蒙古国	2.4
中国	44.6	巴基斯坦	5.1
马来西亚	43.3	菲律宾	9.6
新加坡	42.3	吉尔吉斯斯坦	14.7
越南	33.5	泰国	15.5

注　根据联合国教科文组织统计研究数据库相关数据整理而成。

(四) 职业教育品牌建设

随着时代的发展，高等职业院校的发展进程也在持续推进，社会和全球化对人才的需求不断增加。职业院校培养的人才日益多元化，特别是"一带一路"倡议提出以来，职业院校承担起了培养各类一线技术人才的重要责任。各种技术和人才的需求使得职业院校开始与国际接轨，高等职业教育走向国际，打造优质的国际品牌，是让高等职业教育更好地为社会培养复合型高素质人才的必经之路。《关于加强和改进中外人文交流工作的若干意见》明确提出，坚持走出去和引进来双向发力，在人文交流各领域形成一批有国际影响力的品牌项目。这是国家以文件形式提出的建设具有国际影响力的职业院校品牌的要求，为职业院校打造具有国际影响力的教育品牌提供了政策依据。

"一带一路"共建国家大多经济仍在改革发展的阶段，在高等职业教育方面，每个国家都有不同的需求，例如，印度尼西亚等东南亚国家的高等职业教育基础比较薄弱，培养的学生就业情况并不乐观，更谈不上满足国家经济发展的需要，因此对于高质量的高等职业教育有着非常大的需求，而就东南亚国家来看，我国具有天然的区位优势，因此这些国家是我国职业高等教育的重要合作伙伴。除东南亚国家，共建国家中如尼日利亚，其高等职业教育仅占该国高等教育的1%，且大部分技能都是以传统的师傅带学徒的方式进行传授。尼日利亚期望通过学习中国职业高等教育的经验，发展自己的职业教育。在格鲁吉亚，虽然政府高度重视高等职业教育，但受限于国情，师资资源相对有限，在了解我国成功举办了众多国际和国内范围的技能大赛后，非常希望我国能够帮助他们举办技能大赛。尽管"一带一路"共建国家的国情各不相同，但对高等职业教育的需求是一致的，既有共建国家制造业的需求，也有经济贸易互联互通的需求。这些巨大的需求都为高职院校国际化办学的品牌打造搭建了平台。

总之，职业教育作为一种教育类型，具有自身特有类型特征。随着国家"一带一路"倡议的推进，高等职业教育将发挥其应有的优势，克服困难阻碍，不断深化国际交流与合作。

二、"一带一路"倡议下高职院校国际化办学的挑战

"一带一路"倡议覆盖全世界的几十个国家和地区，这些国家有着不同的政治、经济、文化、教育体制，为高职院校的国际化发展带来了诸多挑战。

（一）"一带一路"共建国家的政治经济制度的复杂性

出于历史原因，部分"一带一路"共建国家的政治局势不稳定，在这样的情况下，国内职业院校与"一带一路"共建国家的教育机构和企业开展合作时，可能会受到其国内政治等因素的影响，导致双方在国际交往中的主动性下降。因此，职业院校开展国际化办学实践前，必须综合考虑和调研合作国的政治、经济、教育等方面的稳定性。

（二）"一带一路"共建国家的教育体制差异性

"一带一路"共建国家的职业教育发展模式各有不同。中外高职院校尚未形成标准统一的学历、课程、学分、技能证书互认机制。同时，有能力和意愿开展国际交流的共建国家大多经济相对发达，教育水平也较高，而这些国

家的中等职业教育和高等职业技术教育学校大多是私立院校,而就教育国际化而言,政府的支持至关重要。例如,中国大多数开展国际化办学的职业院校都是公办院校,这也在一定程度上影响着中外双方的国际交流与合作。

(三)"一带一路"共建国家语言与宗教信仰的多样性

"一带一路"共建国家的政治、经济、人口、宗教信仰等国情与我国存在着很大不同。目前,我国对"一带一路"共建国家的国情研究薄弱,基础理论研究较少。国之交在于民相亲,民相亲在于心相通,只有充分理解和尊重各国宗教信仰、风俗习惯、生活习惯和思维方式的差异,才能真正实现民心相通、人文交流和文明互鉴。"一带一路"倡议迫切需要大量高质量的国别研究学术成果。此外,"一带一路"共建国家特定语言使用情况也较为复杂,有些国家的通用语言与官方语言不符,也存在使用多种语言的情况。据统计,"一带一路"共建国家使用的语言种类超过2000种,占人类自然语言的1/3以上。在这样的情况下,教育交流与合作变得更加困难,这也是职业院校打造海外教育品牌必须克服的重要阻碍。

三、"一带一路"倡议下高职院校国际化办学的问题

"一带一路"倡议为高等职业教育的国际化发展提供了机遇,高等职业教育是推动"一带一路"建设的重要力量,在文化交流、人才交流、技术交流等领域发挥了重要作用。但是,由于目前我国高等职业教育发展水平有限,在推动"一带一路"建设过程中也存在着明显的短板。

(一)合作目标不明确

为深入实施"一带一路"倡议,不少职业院校将合作办学视为国际职业教育发展的新机遇,争先恐后地致力于与国外职业院校合作办学的实践,但没有真正深入思考自己的国际化发展目标,没有制定有利于自身实际的总体发展规划,没有对自身的办学实力进行客观有效的综合评估。这直接导致了合作办学过程中频频出现问题,对职业教育国际化发展的内涵未有深入领会和理解,合作内容多局限于短期的师生交流、出国访问等流于表面的形式。没有明确的发展方向和完整规划,就很难在竞争激烈的国际教育市场中找到

生存之道，更谈不上为"一带一路"建设作出重大贡献，这对于我国职业教育国际化的可持续健康发展十分不利。

（二）国际化服务意识淡薄

教育国际化的本质是"服务"，包括国际化过程中的服务意识和服务型技能人才的培养。职业院校的国际化主要体现在高等职业教育服务于世界的发展。"一带一路"倡议要求职业院校通过国际化办学实践，契合"一带一路"政策发展，为"一带一路"共建国家培养高素质高技能型人才。虽然职业院校在这方面开展了多次实践，但取得的成果甚微。除少数高等职业教育发达的国家和地区外，大多数的国家和地区并未清楚认识职业高等教育如何有效服务"一带一路"倡议。此外，由于资金短缺、发展缓慢等客观原因，高等职业教育在服务"一带一路"共建国家经济和教育发展方面的主动性不高、意愿不强烈，这也是职业院校有效服务"一带一路"倡议能力不足以及"一带一路"倡议对高等职业教育的发展影响不大的另一个原因。因此，职业院校在服务"一带一路"建设过程中，首先应提高服务的积极性和主动性，将职业教育国际化发展与中国企业的走出去经营以及"一带一路"建设需要相结合，不断增强国际化服务意识。

（三）校企合作不深入

职业院校的国际化必须注重发挥综合效应，兼顾产业、行业和企业在国际化过程中的作用。影响职业教育国际发展的一个更重要的问题是，职业院校的国际合作办学与行业企业发展未形成合力。从生态角度来看，在多种因素相互作用下应形成协调发展的校企合作生态系统，但现阶段在我国尚未形成。在"一带一路"建设发展过程中，越来越多的海外项目展开开发建设，参与的企业数量不断增加，使得相关领域的专业技术人才供给不足，而部分"一带一路"共建国家的技术相对落后，需要大量的专业技术培训才能满足建设发展的需要。因此，仅依靠企业自身的力量很难实现这一目标，需要职业教育提供适当的智力支持。但现实中，能够与行业企业保持密切联系的职业院校往往规模较小，服务能力不足，在人力资源的支援上无法满足企业的实际需求。此外，职业院校虽然与企业建立了合作，但其合作方式大多局限于表面的职业培训，没有开展系统的、全方位的专业培训，与企业的实际用工需求相距甚远，无法真正实施职业教育国际化产教融合的实施路径。

（四）师资队伍建设不足

建设高水平国际化师资队伍是高职院校服务"一带一路"倡议、提升国际化水平的前提。但是，目前多数高职院校的师资水平不足以支撑高职院校"走出去"发展，不能有效满足国际化人才培养的需要，无法保证高职院校国际化办学的竞争力。在"一带一路"背景下，高职院校国际化进程不断加快，为高职院校的教师提供了更多的出国学习机会，一些优秀教师可以通过出国研修、访学等，学习国外优秀的职教经验，提高自身的教学水平和综合素养。但由于高职院校教师的外语水平整体相对较弱，无法及时抓住机遇。教师对国外先进教学模式的了解仍依赖阅读国外文献、查阅资料等形式，无法真正掌握国外教学实际情况，实现转化并为我所用，对于国内高职院校服务"一带一路"倡议、培养"一带一路"所需的技能人才无法产生有益的帮助，给高职院校服务"一带一路"倡议带来了一定的阻碍。因此，高职院校当前迫切需要打造一支水平高超、能力卓越的国际化师资队伍。

（五）高职学生参与积极性不高

目前，高职院校学生国际交流积极性明显不足，高职学生参加国际活动的数量相对较少。在"一带一路"背景下，职业院校国际化发展需要的人才应具备良好的外语水平、管理能力和较强的专业技能。但职业院校的学生本身的学习基础比较薄弱，在主观意识上会排斥参加国际交流活动，没有认识到参加此类活动对于提高自身综合素质和职业能力的重要作用。一方面，学生习惯于停留在自己的"舒适区"，拒绝面对生活和学习的挑战，从一定程度上给高职院校开展国际交流合作带来了挑战。另一方面，高职院校在鼓励学生积极参与国际交流活动方面准备不充分，未能结合本校实际以及学生的情况，制定合适的"一带一路"国际化办学发展战略，导致国际交流、培训讲座流于形式。

（六）资金支持不足

资金是职业教育国际化发展的最根本因素。当前，我国职业院校招生规模已占据普通高校招生规模的半壁江山，但数据显示，2022年，高等职业教

育经费投入仅占高等教育经费投入的20.7%，见表5-2。我国职业教育的投入相比本科教育低得多，但职业教育的成本却远高于本科教育的成本。经费不足极大程度地限制了职业教育国际化的发展空间，影响了师资队伍建设、精品课程开发、国际交流合作等项目的实施。此外，地区间职业教育经费投入差异较大，东部地区的财政投入远高于中西部地区，极大影响了我国职业教育国际化发展的平衡性。职业教育国际化需要国家财政的大力支持，不仅是中央财政的支持和投入，也需要地方财政的支持。

表5-2 2022年高等教育支出分析

年度	教育经费总投入/亿元	高等教育经费投入/亿元	高等教育投入对教育投入占比/%	高职高专教育经费投入/亿元	高职高专教育投入对高等教育投入占比/%
2022	61344	16397	26.7	3392	20.7

第二节

"一带一路"职业教育合作国际机制

在推动我国与"一带一路"共建国家职业教育交流合作过程中，现有的国际合作联盟和平台的作用日益凸显，对于加强双边及多边职业教育合作、丰富职业教育对外交流合作的内涵和模式都具有十分重要的意义。在现有的众多国际合作联盟（平台）中，中国—东盟（"10+1"）领导人会议（中国—东盟教育交流周）、中非合作论坛等跨国联盟和平台在促进"一带一路"共建国家职业教育合作领域发挥着尤为突出的作用。

一、中国—东盟（"10+1"）领导人会议

在中国—东盟（"10+1"）领导人会议与中国—东盟教育交流周的推动和支持下，中国与东盟国家齐心协力探索出了丰富多样的职业教育合作模式，取得了一系列影响广泛的合作成果。

（一）中国—东盟职业教育合作模式

自1997年首次举办东盟—中国领导人非正式会议以来，中国与东盟国家

的关系日益密切。近年来，随着"一带一路"倡议的实施和推进，"10+1"合作机制以经济合作为重点，逐步拓展到政治、安全、文化等领域，构建了多层次、宽领域、全方位的良好合作局面。2008年，首届中国—东盟教育交流周举办，推动中国—东盟教育交流与合作进入新的发展阶段，尤其是中国东盟各国职业教育的交流合作呈现出蓬勃向上的发展势头，合作模式也愈加多元。

1. 政府主导型职业教育国际合作模式

政府主导型职业教育国际合作模式是指中国政府与东盟国家政府之间主导的职业教育合作与交流，包括政府主办的双边和多边职业教育国际交流合作论坛、交流周、职业教育展、部长级别圆桌会议等，如中国—东盟职业教育展览暨论坛，为职业教育交流合作凝聚共识、达成合作事项搭建了有力平台；政府制定职业教育领域国际交流与合作政策文件，签署双边、多边国际职业教育合作协议。例如，2016年，第二届中国—东盟教育部长圆桌会议通过了《关于中国—东盟教育合作行动计划支持东盟教育工作计划（2016—2020）开展的联合公报》；2017年9月，中国—东盟教育官员对话会审议通过《南宁宣言》；2019年9月，中马两国政府在职业教育圆桌峰会上达成《南宁共识》。这为中国和东盟国家间实施双边和多边职业教育国际合作提供了重要的政策保障和支持。

2. 职业教育人员跨境流动合作模式

职业教育人才跨境流动合作模式包括学生出国留学、师资出国研修、职业教育专家出国讲学培训等形式。学校是职业教育国际交流合作活动的重要主体，特别是高职院校，在学生交流、教师交流、职业技能培训、国际合作办学等方面发挥着重要作用。目前，中国与东盟国家以学校为主体的职业教育国际交流与合作的范围和规模正不断扩大，水平也显著提高。随着中国与东盟国家高校间师生互派、教科研等领域的合作持续深入推进，学分互认、职业资格认证一体化合作、国际办学合作等高水平职业教育合作项目也在不断进行探索和尝试。例如，广西壮族自治区部分高校将专业人才培养方案中的部分时间（1~2年）用于赴东盟国家高等院校开展国际学生交流项目，提高学生的跨文化交际能力，与此同时，东盟国家来华留学人数也在快速增长，

中国已成为东盟国家学生最热门的留学目的地之一。

3. 职业教育中外校合作办学模式

目前，中国—东盟职业教育办学合作尚处于探索阶段，主要形式有设立海外分校、中外合作设立办学机构（学院）、共建国际化二级分院和校际合作设立职业技能培训中心等。例如，杭州职业技术学院与柬埔寨吴哥国立理工学院共建丝路学院，苏州大学在老挝创办老挝苏州大学，云南国土资源职业学院与老挝理工学院共建联合培训中心等。我国高校在东盟国家直接设立分校，需要大量的财力、物力、师资、教学资源和政府政策的支持，这一合作模式的要求较高，因此目前比较少有，而依托境外学校已有的办学条件和设施共建合作办学机构或二级分院的形式，投入则相对较低，因此已成为合作办学的主要选择。

4. 校企合作共建境外职业技能培训中心模式

目前，我国职业院校与"走出去"企业在东盟国家投资共建海外培训中心的数量正在不断增加。例如，江苏德龙镍业有限公司和南京科技职业学院合作，在印尼苏拉威西岛投资设立分院，共同培养印尼技能型人才，满足公司的属地用工需求；无锡商业职业技术学院和红豆集团在柬埔寨西哈努克港经济特区合作共同建立了技能培训中心，培养了一大批技能型人才。

（二）中国—东盟职业教育合作成果

1. 共建中国—东盟电子商务职业教育合作与交流平台——"电商谷"

2017年9月12日，中国—东盟电子商务职业教育交流合作平台——"电商谷"服务支持中心正式上线。"电商谷"平台位于广西经贸职业技术学院，致力于培养东盟国家电子商务人才。"电商谷"秉承"开放、凝聚、发展、共享"的理念，以电子商务职业教育为核心，立足国际视角，通过积极开展电子商务职业教育与培训、电子商务企业合作、电子商务产业园建设等方式，打造中国—东盟电子商务职教合作和交流平台。广西经贸职业技术学院联合北京博导前程信息技术股份有限公司，同时携手江苏经贸职业技术学院等国内优质的高职院校合作启动"电商谷"项目，开展跨境电商人才职业教育领域的创新与国际合作实践。

2. 成立中国—东盟边境职业教育联盟

2016年9月，中国—东盟边境职业教育联盟成立大会在南宁召开，标志着中国与东盟国家间的职业教育合作迈入新的历史时期。联盟自成立以来，积极整合"跨界""跨境"两类资源，在有效促进职业教育国际交流与合作、提高人才培养质量、加强技术研发和社会服务等方面取得了显著的成果，成为中国—东盟国际职业教育合作的典型范例。

3. 共建中国—东盟职业教育校企共同体

为中国与东盟国家跨国企业培养国际化技术技能人才，是中国与东盟国家开展职业教育合作的重要基础，有利于推动学校与企业在职业教育国际化中融合发展，顺应国际职业教育创新发展趋势。在"电商谷"清迈中心的建设过程中，广西经贸职业技术学院负责教学保障，北京博导前程信息技术股份有限公司负责中心场地和设备方面的投入。清迈中心自2019年正式投入使用以来，已累计开展400余人次的培养培训活动，为推动清迈乃至泰北地区电子商务和数字经济的普及发挥了积极作用。

4. 共同制定系列合作框架与协议

云南、广西、贵州等省（自治区）凭借区位优势，积极与东盟国家建立了中国—东盟职业教育国际论坛、中国—东盟职业教育联展暨论坛等常态化的交流机制，达成了《南宁宣言》《贵阳宣言》等合作共识和框架，对中国—东盟职业教育领域的教学改革、产教融合、文化交流、促进就业与标准对接等方面起到了重大的推动作用。

随着"一带一路"倡议进入高质量共建阶段，特别是《中国—东盟战略伙伴关系2030年愿景》《中国—东盟关于"一带一路"倡议同〈东盟互联互通总体规划2025〉对接合作的联合声明》等文件的制定与实施，作为"一带一路"的重要组成部分和支撑力量，中国—东盟职业教育合作也将迈入新的历史发展阶段。

5. 开展"中国—东盟双百职校强强合作旗舰计划"

2018年，"中国—东盟双百职校强强合作旗舰计划"正式实施，该计划旨在推动中国—东盟职教共同体的构建，项目周期5年，每年将评选20个与东盟高校开展的特色职教合作项目，即"中国—东盟高职院校特色合作项目"。该项目旨在推动中国—东盟职业教育合作联盟贵阳共识，搭建职业教育领域长期稳定的合作伙伴与合作平台，发挥示范作用，引领我国与东盟国家

在高等职业教育领域的务实合作。目前，该项目已成功培育5批共计100个与东盟合作的特色项目。例如，杭州职业技术学院实施的中菲酒店服务高技能人才校企双元定制培养项目，以服务杭州"后峰会、亚运会"时期承办国际会议、国际赛事、大型会展等对高端酒店管理服务人才的需求为目标，与杭州君悦酒店等一批高端酒店建立合作关系，将高端酒店业的岗位标准转化为课程标准，面向菲律宾八打雁国立大学等高校，"校校企"联合开展中菲高端酒店高素质技术技能人才定制培养。深圳信息职业技术学校针对老挝学生的"2+1"学历教育联合项目，创新了中外合作办学的逆向培养模式，在不增加留学生的学制年限和经济成本的情况下，拓宽了学生的国际视野。学生达到毕业要求后，将同时获得双方合作院校的大专文凭，实现双重学习成果；同时，也将帮助国外合作院校在短时间内开发新专业、新技术，对合作院校教师开展知识和技能培训。

6. 成立中国—东盟轨道交通教育培训联盟

2016年，在第九届中国—东盟教育交流周开幕式上，"中国—东盟轨道交通教育培训联盟"正式成立。该联盟由中国和东盟国家的60所轨道交通类院校联合发起，例如，贵阳职业技术学院面向东盟国家招收轨道交通专业留学生，在老挝挂牌成立中老铁路轨道交通技能技术培训工作站，并开展"双学历"的人才培养模式，在老挝教育部职业教育发展研究所开设轨道交通师资培训班，以及在中老双语专业教材开发等方面开展深度合作，拓展了中国—东盟职业教育国际交流合作领域，提升了国际化技术技能人才培养水平。

二、中非合作论坛

中非合作由来已久。尤其是"一带一路"倡议提出后，中非之间的合作往来更为密切，中非之间的职业教育援助力度更大，合作范围更广。

（一）中非职业教育合作模式

1. 中非高级别首脑职业教育交流合作模式

在中国政府的大力支持和推动下，中非职业教育的合作依托中非合作论坛开启了新发展阶段。2015年，习近平总书记出席中非合作论坛，提出"十大合作计划"，其中包括设立一批区域职业教育中心和若干能力建设学院，为非洲培训20万名职业技术人才，提供4万个来华培训名额。2018年，习近平总书记在中非合作论坛开幕式上提出，在非设立10个鲁班工坊，向非洲青年提供职业技能培训；支持设立旨在推动青年创新创业合作的中非创新合作中心；实施头雁计划，为非洲培训1000名精英人才、5万个中国政府奖学金名额及5万个研修培训名额，邀请2000名非洲青年来华交流。2021年，习近平总书记在中非合作论坛第八届部长级会议开幕式上发表主旨演讲，表示中国将同非洲国家密切配合，共同实施"九项工程"，其中包括中国将为非洲援助新建或升级10所学校，邀请1万名非洲高端人才参加研修研讨活动；实施"未来非洲—中非职业教育合作计划"，开展"非洲留学生就业直通车"活动；中国将继续同非洲国家合作设立"鲁班工坊"，鼓励在非中国企业为当地提供不少于80万个就业岗位。以此增进中非之间的职业教育交流与合作，加强对非洲国家能力建设的支持。

2. "请进来"职业教育培训班模式

中国政府统筹的"请进来"职业教育培训模式主要由中华人民共和国商务部和各级政府部门牵头，在援外财政资金的支持下在国内举办，承办单位包括中华人民共和国商务部培训中心、各地区援外培训基地、地方政府培训中心、科研院所机构等。例如，我国专门设立"非洲人力资源开发基金"，并与联合国教科文组织合作设立中国援非教育信托基金项目，用以支持各类职业教育培训项目。2017—2019年，北京工业职业技术学校为赞比亚等国政府官员和中资企业海外员工举办了职业技能培训共5期，累计培训量80余人。

3. "走出去"职业教育海外办学模式

随着"一带一路"倡议的深入推进，"走出去"职业教育海外办学成为新时代中国加强对非合作的重要途径。2015年，教育部办公厅下发《关于同意在有色金属行业开展职业教育"走出去"试点的函》，依托中国有色矿业集团有限公司驻赞比亚公司实施试点，探索中国企业和产品"走出去"相配套的职业教育发展模式。北京工业职业技术学院、吉林电子信息职业技术学院等8所职业院校作为首批试点项目学校，与中国有色矿业集团有限公司联合开展试点工作。2019年，中国—赞比亚职业技术学院正式成立，招收首批专科生。广东建设职业技术学院秉持"建海外分校、办特色专业"的办学理念，成立了中赞职业技术学院广建分院（鲁班学院），开设建筑技术等专业，建设海外建筑工程技术生产性实训基地，充分发挥建筑专业特色和"现代鲁班摇篮"优势，积极探索和服务"走出去"企业需求，助力本土企业发展，推动中非文化交流，落实中非合作论坛任务。

（二）中非职业教育合作成果

在中非合作论坛的支持下，中国与非洲国家在职业教育发展方面建立了密切的交流和合作关系，打造了一批具有影响力的合作成果，在促进中非职业教育发展、增进中非人文交流方面发挥着重要作用。

1. 共建合作交流常态机制

为加强中非职业教育交流合作，我国职业院校不断推进国际化探索，主要以代表团互访、项目考察、学术交流、文艺演出等形式进行。例如，埃塞俄比亚农业职业教育校长考察团一行到访江西生物科技职业学院，洽谈科研项目、师资培训等内容，并达成师资培训交流合作意向。此外，各方举办的一些国际研讨会和学术论坛，如"一带一路"国际合作高峰论坛、国际职业教育开放论坛、第十五届中国国际消费电子博览会等，也对促进中非职业教育援助与合作起到了积极的推动作用。

2. 建立中非（南）职业教育合作联盟

"中非（南）职业教育合作联盟"由"中南职业教育合作联盟"更名而来。联盟旨在促进中国与非洲国家间的职业教育合作与交流，助力"一带一路"建设，构建中非命运共同体。2017年4月，中南建立高级别人文交流机制。2018年1月，为进一步丰富机制内涵，推动南非职业教育务实发展，加强产教融合校企合作，推动中国职业院校与企业携手"走出去"，中华人民共和国教育部中外人文交流中心与南非高等教育和培训部工业和制造业培训署以及中南两国相关政府部门、院校、企业等58家单位，在中国常州共同发起并成立了"中国—南非职业教育合作联盟"。联盟旨在搭建交流合作平台，坚持"共商、共建、共享"理念，推动中南职业教育合作走实走深，改革人才培养模式，深化产教融合，对促进中非人文交流、经济发展和产业升级发挥着重要的教育培训作用。

3. 建设鲁班工坊

作为中非"九项工程"中"能力建设工程"合作的一部分，鲁班工坊的建设起着填补中非职业教育合作空白的作用。2019年，非洲首家鲁班工坊于吉布提正式挂牌成立，截至2021年7月，中国已在非洲设立11个鲁班工坊。这是中国政府与非洲政府职业教育合作的有力证明，也是中国职业教育品牌影响力和传播力提升的重要证明。

第三节
"一带一路"共建国家职业教育援助

自"一带一路"倡议提出以来，我国积极开展对外职业教育援助并取得了丰硕的成果，主要体现在职业教育援助的理念不断成熟、职业教育援助的范围不断扩大、职业教育援助的方式更加丰富、职业教育援助资金来源更加多元等方面。

一、中国的对外援助政策

中国的对外援助政策具有时代特色，符合中国国情和受援国发展需要。1964年2月18日，周恩来总理出访亚非，提出了对外援助八项原则，这八项原则的关键词即"平等互利、不附带条件、优惠贷款、帮助自力更生、注重效率和受援国发展、提供优质物资、使技术援助得到当地应用、派出专家不享受特权"。这些原则自提出起就成为中国对外援助的指导方针，并在实践中不断丰富、完善和发展。

1982年，改革开放中的中国明确了"平等互利、讲求实效、形式多样、共同发展"的援助原则。发展仍然是中国将长期面临的首要任务，这决定了中国对外援助是发展中国家之间的互惠互助，属于南南合作的范畴。

2019年10月21日，第74届联合国大会第三委员会召开了与外债问题独立专家互动对话，中华人民共和国外交部人权事务特别代表刘华在对话中表示，中国将始终坚持对外援助四项基本原则：一是充分尊重各国政府和人民的意愿，从不干涉别国内政，从不附加任何政治条件；二是互利，始终坚持互利共赢，所有援建项目都经过认真的可行性研究和科学论证，并且充分考

虑各国财政的可持续性；三是开放，从不针对任何第三方，致力于把合作的蛋糕做大；四是可持续，坚持"授人以渔"，帮助受援国克服发展瓶颈，推动实现自主和可持续发展。

2021年1月，国务院新闻办公室发布《新时代的中国国际发展合作》白皮书，白皮书再次就对外援助政策进行了阐述：相互尊重，平等相待，不干涉其他国家内政，不附加任何政治条件，不谋取政治私利；量力而行，尽力而为，统筹国内国际两个大局，注重发挥比较优势，履行与国力相匹配的国际义务，不做超越合作伙伴发展阶段、不符合合作伙伴实际需要的事；聚焦发展，改善民生，重视对接各国发展战略规划，加大对减贫、减灾、教育、卫生、农业、就业、环保和应对气候变化等领域的投入，积极参与紧急人道主义救援行动；授人以渔，自主发展；形式多样，讲求实效，注重提高资金使用效率；善始善终，注重持续，维护中国援助的品牌和信誉，放大综合效益，推进职业培训教育和技术合作；开放包容，交流互鉴；深化沟通和交流，增信释疑、互学互鉴，遵循"受援国提出、受援国同意、受援国主导"的原则；与时俱进，创新发展，汲取其他国家和国际组织开展国际发展合作的有益经验，根据发展中国家的发展目标和合作需求，改革体制机制健全规章制度。

二、职业教育援助的内涵

中国自"一带一路"倡议提出以来，秉持和平合作、开放包容、互学互鉴、互利共赢的理念，以"一带一路"共建国家为立足点，以文化教育为抓手，以教育援助为手段，走向全方位、多层次、宽领域的国际化教育。"丝绸之路"教育援助计划是落实《推进共建"一带一路"教育行动》的一项重要举措。国内学者陈瑛认为，国际教育援助应包括以下特征要素：一是援助主体和对象多为主权国家、国际组织或非政府组织；二是有偿或无偿的援助方式，如捐赠和低息贷款、技术支持等；三是援助内容主要集中在教育或与教育相关的资源领域，包括人力资源开发、教育设施援助和捐赠、教育贷款和奖学金等；四是援助的目的是帮助受援国改善教育等社会福利，最终促进受援国经济社会发展，解决全球性问题。其中，职业教育援助是国际教育援助的重要领域，是中国国际社会责任的重要体现。这不仅表明了中国不断拓展与"一带一路"共建国家文化教育交流广度和深度的决心，也体现了共建互联互通的"一带一路"，具有构建人类命运共同体的应有之义。中国的海外职业教育援助对于"一带一路"共建国家以及中国自身都是实现双赢、共赢的合作战略。

（一）从教育援助的角度来看

职业教育援助的门槛低、实用性强、范围广等优势特点，有助于推动"一带一路"共建国家社会发展和教育事业的进步，提升其自主可持续发展能力，减少外部依赖。"一带一路"共建国家大多受限于地理环境、历史和现实考验等因素，社会经济文化发展有限，人口普遍受教育水平低，通常存在教育普及与提质的矛盾之争，且因经济发展的迫切性以及教育自身具有的投入高、见效慢等特点，政府当局往往局限于先经济后教育的传统发展观念，对教育的投入资金少，缺乏统筹规划与顶层设计，导致教育资源分布不均、教育公平问题突出、教育发展滞后等问题。职业教育援助能够充分利用职业教育与培训的重技能、周期短、见效快、针对性强等特征，根据"一带一路"共建国家的具体产业布局、产业规模、产业需求及当地人力资源状况等开展有针对性的教育与培训服务，有利于促进当地人力资源开发和人口技能提升，推动当地经济发展和社会稳定。

（二）从职业教育的角度来看

职业教育援助不仅有助于促进"一带一路"共建国家职业教育发展，也有助于提升我国职业教育的国际影响力。我国现已建立了全球规模最大的职业教育培训体系，为国家和地方产业发展提供了强有力的人力资源支撑，特别是在轨道交通、电子商务等快速发展的行业，新增技术技能人才毕业于职业院校的比例已达70%以上。相较于"一带一路"合作伙伴，我国在职业教育方面存在显著的发展优势，可通过向其传输大量的优秀职业技术人才、知识与设备，以"先进生"带动"后进生"的方式，推动当地的职业教育发展，将人口压力转换为人口红利，从而促进当地的社会经济发展。

（三）从市场发展的角度来看

职业教育援助既提升了发展中国家或欠发达国家青年的职业胜任力和就

业竞争力，使其获得生存技能和就业机会，从而使其摆脱贫困，并促进社会经济发展，也有助于满足我国"走出去"企业对当地优秀人才的需求。根据各个时期不同的援助理念，教育援助可分为四个阶段，即功利主义阶段、反思调整阶段、"援助有效性"阶段和"发展有效性"阶段，我国对外援助理念当前已进入"发展有效性"阶段，且更多地聚焦于"一带一路"共建国家的可持续性发展。大多数"一带一路"共建国家，如非洲的一些国家和地区，在今后很长一段时间内面临的巨大难题依旧是如何解决温饱和生计。授人以鱼，不如授人以渔。我国对"一带一路"共建国家实行职业教育援助，将谋生的"技艺"教授给当地青年，使其能更好地对接市场需求，不仅缓和了当地的供需矛盾，也能让更多当地优秀人才加入"走出去"中资企业。

三、职业教育援助的特点

职业教育援助是我国在"一带一路"倡议背景下承担国际社会责任的重要表现。职业教育援助门槛低、实用性强、范围广等特点，使"丝绸之路"教育援助计划指导下的教育援助成为中国对外援助的有效手段之一，对于帮助共建"一带一路"国家摆脱贫穷、发展繁荣具有重要的作用，对于中国提升国际影响力也有积极意义。其特点主要表现在以下几方面。

（一）职业教育援助的范围不断扩大

职业教育援助的范围不断扩大主要表现在以下三个方面：一是援助主体多元化，由政府主导走向多元联动；二是援助对象广泛化，由特殊群体转向人人参与；三是援助内容多样化，由单一硬件走向软硬结合。

1. 援助主体日益多元，由政府主导走向多元联动

目前，中国的对外职业教育援助正逐步从自上而下走向多元合作，主体是中国政府、院校、企业和行业组织等。

在政府层面，教育部在天津职业技术师范大学、浙江师范大学、南京农业大学等10所高校中建立了教育援外基地。这些基地的主要功能是组织各类对外援助培训项目、选派援外师资、提供政策咨询等，同时也负责组织实施其他部委委托的教育援外项目。近年来，中华人民共和国商务部积极推动培训项目的实施，到非洲本土开展技术培训，成效显著。

在院校层面，宁波职业技术学院从2007年开始承办援外项目，截至2019年12月，共承办141期援外培训项目，共计培训来自122个国家的3326人。2019年6月，上海城建职业学院与泰国曼谷职教中心和当地职业院校合作成立上海城建职业学院曼谷分校，抓住"一带一路"历史机遇，积极对接教育人文领域，招收和培养泰国留学生，国家发展改革委将其列为中泰"民心相通"项目，并成为国家推进"一带一路"领导小组高度关注项目。

在多元化合作层面，出现了中国政府与国际组织、中国企业与职业学院等多种形式的境外职业教育援助主体组合。除了基于工作场所的学徒制培训项目之外，"请进来"职业教育培训项目以及开展境外办学受到社会各界的广泛关注，特别是携手企业"走出去"的模式被寄予厚望。

此外，我国政府还积极与世界银行、联合国教科文组织等国际组织合作，实施面向非洲地区的职业教育培训项目，我国各民间组织也参与了这方面的务实活动。可见，我国对外职业教育援助已从政府援助转向多元联动，能够有效助力"一带一路"共建国家的发展。

2. 援助对象日益广泛，由特殊群体转向人人参与

职业教育援助的对象逐渐从特殊群体转向人人参与。从国家层面来看，援助对象是"一带一路"合作伙伴。以往基于交通、地理、人口等因素考虑，中国更多地把目光投射于经济较落后的国家或地区，但随着合作的深入与发展理念的盛行，中国秉持着平等的态度，致力于构建一个共商、共建、共享的人类命运共同体，以形成一个团结合作、包容互助的交流机制，谋求各国的共同发展。

从个体层面看，弱势群体已从最初的妇女、儿童、文盲青年以及学生，转变为各行各业的管理人员、技术人员。针对弱势群体，习近平总书记在2015年的联合国系列峰会上提出，中国将为发展中国家培训50万名职业技术人才；在全球妇女峰会上，他表示邀请3万名发展中国家妇女来华接受培训，并在当地为发展中国家培训10万名女性职业技术人员。对东南亚地区的教育援助还包括各种人力资源培训项目，培训范围涵盖语言、健康、电商、金融、环境、农业、旅游、通信、卫生、医疗等领域，培训对象包括东南亚各国政府官员和管理人员、各行业的专业技术人员、中小学校长等。可见，我国对

外教育援助对象范围不再局限于特殊目标群体，而是逐步拓宽，让受援国所有人都参与合作发展，这对提升援助对象的技能和个体可持续发展能力意义重大，对受援国的经济社会发展有着重要的支撑作用。

3. 援助内容日益多样，由单一硬件走向软硬结合

自20世纪50年代以来，中国开始资助其他发展中国家学生来华留学，帮助亚洲、非洲的发展中国家建设普通高等院校和职业技术类院校，提供教学仪器和实验设备；20世纪60年代起，中国开始派遣师资到受援国承担教学任务；20世纪70—80年代，应受援国政府要求，中国通过接收留学生的方式，开展中高级技术技能人才和管理人才的专门化培养，为坦赞铁路、圭亚那纺织厂、毛里塔尼亚友谊港、坦桑尼亚煤矿等一系列援助项目提供了人力支撑。近年来，中国进一步加大对发展中国家的教育援助，援建了近百所农村小学，大幅提升来华留学生政府奖学金和来华培训人员的数量，派遣师资帮助受援国开展薄弱学科建设和技术研发支持，增进与其他发展中国家在职业技术教育、远程教育等领域的交流和合作。中国在教育领域的援助，促进了受援国教育事业的发展，助力其培养了大批教育、管理、科研、技术领域人才，为受援国经济社会发展提供了智力支持。自"一带一路"倡议提出以来，我国对合作伙伴的教育援助迈入了新的历史阶段。以柬埔寨为例，主要体现在教育基础设施、来华留学奖学金、人力资源培训三个方面。其中，人力资源培训包括本土化趋势下的教师和志愿者培训，以及全方位、多层次的技术工人培训。可见，援助内容逐渐多元化，受援方也可以根据自身社会经济发展条件，选择和接受更适合自身发展的援助方式。

(二) 职业教育援助的方式更加丰富

经过不断探索，我国的职业教育援助理念更加成熟，职业教育援助的方式也更加丰富。目前，我国面向"一带一路"共建国家开展的职业教育援助，主要通过援建职业培训机构、推动师资交流、开发职业培训项目、提供教育物资与多领域的技术援助等方式共享优质教育资源，进而逐渐构建完善的中国职业教育援助体系。

1. 援建职业培训机构，促进院校合作与人才流动

2016年，由教育部牵头制定的《推进共建"一带一路"教育行动》正式

发布，文件提出要实施"丝绸之路"教育援助计划，强调加强援外基地建设。就职业教育领域来看，中国对外援建职业培训机构主要有两种方式：一是建设"一带一路"共建国家援建职业教育机构，二是加强国内援外基地的建设。

在"一带一路"共建国家援建职业教育机构，不仅有助于两国职业院校以及两国校企的友好合作，促进优秀人才的双向流动，也是我国职业教育"走出去"战略的重要内容。在"一带一路"倡议背景下，许多共建国家向中国政府提出了希望由中国帮助建设学校的请求，尤其是建设工程技术型大学和职业技术学院。例如，坦桑尼亚总统表示希望帮助建设农业类大学，埃塞俄比亚表示希望帮助建设铁路工程类学院。2016年4月22日，中国有色金属行业职业教育"走出去"试点工作启动会在中国有色金属集团总部召开，来自湖南、吉林、黑龙江、江苏、陕西、广东、甘肃的7所院校被确定为首批"走出去"试点院校，并签订《职业教育"走出去"试点合作框架协议》。为给当地学生提供更好的实训场所，中方企业积极参与肯尼亚职业教育培训项目，协助肯尼亚在当地建设职业教育培训基地。例如，中航国际与肯尼亚高等教育部下属的10所院校合作建立了技能培训基地。

此外，加强国内援外基地的建设，有助于形成"点对点"帮扶援助的新格局，更全面地帮助沿线国家大力发展职业教育。例如，针对埃塞俄比亚职业教育的薄弱领域，教育部选择天津职业技术师范大学作为主要援外基地，学校派出师资力量帮助埃塞俄比亚开展职业教育改革发展。学校自2001年底实施中埃职业教育合作项目以来，根据埃塞职业教育的实际需要选派教师提供援助，20年来共派出数百名教师，累计培训学生数万人次，培训职业技术领域专家和教师上百人，有效实现了人才的双向流动。

2. 积极推动师资交流，突破职教师资薄弱瓶颈

专业教师的缺乏是影响大多数国家职业教育发展的瓶颈之一，因此专业教师队伍的建设是提高职业教育质量的重要环节。中国政府在职业教师的对外援助方面主要采取两种方式：一是选派本国优秀的援外教师与志愿者赴援建国执教，二是在"一带一路"共建国家开展师资培训。为提高"一带一路"共建国家职业教育师资队伍整体素质，中国政府每年选派优秀援外教师和志愿者到当地职业学校任教，积极参与当地职业学校建设和专业人才培养。

例如，中国政府每年派出多名教师赴埃塞俄比亚提供职业教育援助，自2001年以来，已有数百名中国教师参与埃塞俄比亚职业教育援助。与此同时，为了提高教育援助效率，最大限度发挥援助作用，中华人民共和国教育部也开始重点培养各国本土职业教师。例如，中德栋梁教育科技集团为肯尼亚教育部实施了大中专升级改造项目和机电一体化专业师资培训项目。由中德栋梁教育科技集团为项目机电一体化专业教师和学院提供"一揽子整体解决方案"，包括课程建设、教材编写、实训基地规划建设、学术交流、师资培训、考核评价、校企合作等，有效提高了肯尼亚职教教师的专业素养，为受援国家培养了优质的专业教师，突破了职教师资缺乏的瓶颈。

3. 着力开发职业培训项目，共享优质教育资源

自2001年我国商务部启动实施援外人力资源培训计划以来，面向"一带一路"共建国家的职业教育培训项目类型越来越丰富，培训对象群体的覆盖面也逐渐多元化。教育部、商务部积极推动培训项目"走出去"，赴"一带一路"共建国家开展技术培训，成效显著。此外，许多中国企业携手相关职业院校在境外实施培训项目，如中航国际与肯尼亚教育部合作为肯尼亚的134所大中专院校提供院校建设、教学规划、专业设置等整体方案，培训内容包括机电一体化、电工电子、机械加工、焊接、制冷、汽车维修、酒店管理、农机维修、农产品加工、酒店管理以及土木工程等。

商务部组织的援外培训项目可分为短期、中期、长期三种类型。其中，短期培训班的数量最多，培训涵盖内容也最为广泛，具有目标明确、针对性强的特征，如面向发展中国家的职业教育研修班、面向莫桑比克、埃塞俄比亚两国开设的产能培训班、开发区培训班和高铁培训班等。短期培训课程不仅向政府官员、智库人员开放，也向新闻媒体、非政府组织、民间机构成员开放。通过"请进来"和"走出去"并行，中国政府以及国内社会组织积极开发职业培训项目，既有助于优质教育资源的共享，也有助于人力资源的双向促进。

4. 提供教育物资与技术援助，形成中国职业教育援助体系

近年来，中国政府和社会各界向"一带一路"共建国家提供了大量教育物资援助，大致可分为四类：第一类是教育学习用品，包括教材、书包、笔

记本、书写笔、桌椅等。第二类是专业教学设备，比如埃塞—中国职业技术学校建成后，中国商务部提供了一些教学设备，覆盖机械、汽修、电力、电子、计算机等各个领域。第三类是基础设施，继"一带一路"倡议提出后，中国强调国家间基础设施应互联互通，基础设施领域的援助也逐渐增多。例如，中国为柬埔寨援建了职业学院，包括主校区的教室、实验室、报告厅、图书馆、体育馆、厨房、食堂等基础设施，极大地推动了柬埔寨职业教育的发展。第四类是技术合作，选派专家、教师和志愿者前往"一带一路"共建国家开展技术指导和技术培训。此类援助集中在农业及医疗卫生两大领域。在农业方面，中国政府帮助非洲国家成立农业技术示范中心，建设农业试验站和推广站，派出农业专家开展技术指导和培训。在医疗卫生方面，派出卫生医疗专家开展疾病防控和专业技术人员培训，协助建设医院、捐赠药品、医疗设备等。

（三）职业教育援助资金来源更加多元化

1. 政府机构对职业教育援助项目的专项拨款

中国政府机构以教育部和商务部为主导，实施各种财政资金援助项目，主要形式是提供奖学金和学习资助。自 2013 年"一带一路"倡议提出以来，中国设立了"一带一路"文化发展基金，用于资助东盟国家学生来华学习。2017 年，教育部设立"丝绸之路"中国政府奖学金项目，面向"一带一路"共建国家开放，项目旨在鼓励共建国家优秀青年来华留学，培养技术技能人才。这些奖学金的设置主要为共建国家在本国学习或来华参加培训和留学的学员提供奖学金或其他学习资助。此外，商务部还主要负责专项资助职业培训项目的"请进来"和"走出去"。

除了中央政府的财政支持外，地方政府也结合区域特色，设立了职业教育援助资金。例如，天津市政府安排专项资金建设鲁班工坊的研究推广中心，支持对鲁班工坊的需求与流程、规范与标准、模式与机制、质量与评价、宣传与推广等进行系统研究。仅 2017 年、2018 年两年时间，天津市财政部门共计拨付鲁班工坊建设相关经费支持超过 3800 万元。2019 年，天津市财政局安排鲁班工坊建设预算 2950 万元。同时，为支持鲁班工坊建设，推动天津职业教育"走出去"战略，天津市财政将给予每所参建院校 3 年 600 万元的经费

补助。

2. 非政府组织、企业及研究机构提供的核心资助

在"一带一路"倡议背景下，我国对外职业教育援助资金来源不再局限于政府财政拨款。社会组织（如企业、研究机构）的参与已成为深化中国同"一带一路"共建国家合作的重要因素。职业教育是与经济发展关系最为密切的教育类型，也是培养技术技能人才的重要渠道，还是推动国家发展和经济增长的重要力量。因此，一个国家要发展经济，首先要积极发展实体经济，重视职业教育的改革发展。中国不少企业和研究机构已经意识到职业教育的重要性，开始积极加大对"一带一路"共建国家各类职业教育的援助和投资，通过与共建国家签署协议，营造良好的投资环境。例如，中国对埃塞俄比亚的援助和投资主要集中在制造业、建筑业和农业领域。在制造领域，中国企业汇聚当地丰富的皮革资源，帮助其建立了皮革制造工厂，资助并培训当地员工学习制革技术，然后将这些产品出口到其他国家。中国鞋业制造企业华坚集团是目前中国在埃塞俄比亚最大的皮革制造加工企业，该公司投资的华坚埃塞俄比亚轻工业城项目计划总投资约20亿美元，占地面积130多公顷。华坚集团将国内长期形成的成熟企业管理制度复制到埃塞俄比亚工厂，为埃塞俄比亚培养了一大批熟练技术的技能型人才，在解决当地就业和推进劳动力培养等方面意义重大。中国的社会组织也开始关注援助国家的职业培训，并给予资金支持，这扩大了中国对外援助职业教育的资金渠道，为职业教育对外援助的多样化发展提供了经济基础。

3. 国际组织（多边组织）项目和基金提供的资助

以教科文组织为代表的国际组织一直是国际教育援助领域的主要捐助者，在国际教育援助事务中发挥着重要作用，并积累了丰富的实践经验。例如，由联合国教科文组织—中国信托基金资助的"加强教师培训，缩小非洲教育质量差距"项目，中国通过与国际组织开展教育援助领域的合作，设立相关教育基金项目，对共建国家的职业教育发展提供资金支持，促进职业培训项目的建设，通过远程教育提高教师的教育教学能力。

第六章

杭州职业技术学院国际化办学的探索与实践

杭州职业技术学院是杭州市人民政府主办的全日制普通高职院校。学校地处杭州钱塘区高教园区，下设特种设备学院、达利女装学院等9个二级学院，设电梯、服装等13大类42个专业。学校被教育部、财政部列为中国特色高水平高职学校建设单位（B档），是国家骨干高职院校、国家优质高职院校。近年来，学校坚持开放办学理念，勇担职业教育时代使命，探索出具有高等职业教育类型特征的国际化办学新路径。

第一节
杭州职业技术学院国际化办学概况

一、总体情况

近年来，杭州职业技术学院着力构建"政行企校"四方协同机制，通过"引进来""走出去"双轮驱动、协同发展，创新实践了具有鲜明高等职业教育类型特征的办学国际化发展路径。一是聚焦优质资源，精准"引进来"。紧扣区域主导产业升级需求，引进职业教育发达国家课程体系、管理模式等优质教育资源，打造创新性、示范性、引领性的中外合作办学品牌。二是着力引领共享，精准"走出去"，紧扣中资企业"走出去"和国际产能合作发展需求，助力解决"走出去"中资企业和"一带一路"共建国家企业可持续发展面临的高素质技术技能人才紧缺问题。

二、建设成效

（一）接轨国际标准，中外合作办学全面深化

1. 开展中外合作办学项目

学校实施"外方创意+中方技能"的设计类国际化人才培养模式，与新西兰维特利亚国立理工学院合作举办动漫设计高等专科教育项目，与意大利佛罗伦萨自由美术学院合作举办服装设计与工艺专业高等专科教育项目。通过积极引入意大利、新西兰等国外优质资源，加强借鉴、吸收和再创新，实现

资源共享、优势互动，搭建高效的跨境师生互动交流平台，打造一流的国际化高素质技术技能人才培养高地，助力杭州打造成为"动漫之都""时尚之都"。

2. 实施省部共建中德"双元制"试点项目

学校服务"浙江制造"强省发展战略，与博世汽车服务技术（苏州）有限公司合作举办汽车检测与维修专业"双元制"人才培养项目获教育部国际合作与交流司批准立项，纳入浙江省德国企业和院校在华举办职业教育首批试点项目；开发了汽车类专业"双元制"人才培养工学交替模式，成立双元制行政班级，项目学生获博世企业技能认证证书，人才培养质量得到企业高度认可。

3. 建设中外合作办学机构

学校积极探索产教深度融合的中德合作办学模式，引入德国技术监督协会莱茵学院先进优质教育资源，以及其在教育、培训、行业认证等方面丰富的实践经验，建成非独立法人的中外合作办学机构莱茵国际学院。中德双方围绕新能源汽车技术、电气自动化技术等制造类专业领域的开展合作，提高制造类人才培养水平，紧密契合杭州乃至浙江省制造类产业升级发展和"走出去"企业发展需求，服务浙江省成为"制造强省"的发展战略。

（二）建设"丝路工匠学院"，助力优质产能输出

1. 建设中非（尼日利亚）丝路工匠学院

学校入选"未来非洲—中非职业教育合作计划"首批试点院校，积极整合政府、行业、企业、学校等多方资源，聚焦倬亿国际集团等"走出去"优质中资企业和当地企业可持续发展对高素质技术技能人才的需求问题，与尼日利亚 YABA 职业技术学院合作共建杭州职业技术学院中非（尼日利亚）丝路工匠学院，探索校企双元协同培养和提升所在国劳动力素质的新路径，获批浙江省首批"'一带一路'丝路学院"。

2. 实施中非应用型人才联合培养

学校以就业为导向对接尼日利亚"走出去"中资企业，与尼日利亚 YABA 职业技术学院联合实施"1+1.5+1"中非应用型人才联合培养，帮助学生掌握以中国产业标准为基础的职业技能，培养非洲经济社会发展需要的知华、友华的青年劳动力和领军技术人才；承办非洲职业院校管理人员和骨干教师

培训，围绕产教融合、非遗传承、场景教学等主题，设计专题讲座、交流研讨和云端体验等课程。

3. 开发中非职业技能等级证书

学校以中国汽车维修职业标准和职业院校教学标准为基础，结合尼日利亚等非洲国家实际情况，开发适合非洲青年的中非职业技能等级证书。牵头组建由高职、中职校、本科、大型汽车集团、汽车检测公司等相关单位人员组成的高水平研发团队，完成"汽车机械维修工职业技能等级标准""汽车电器维修工职业技能等级标准"等 5 项汽车维修类相关工种的等级证书开发。

（三）发挥专业优势，打造"技能留学"育人品牌

1. 校企联合开展留学生培养

学校依托电梯工程技术、数控技术等专业优势，校企联合开展南非电梯工程技术专业留学生培养。学生完成为期 1 年的"技能+文化"研修后顺利毕业，回国后直接实现就业，此项目入选"十三五"浙非合作经典案例；瞄准杭州高端酒店业高素质技术技能型服务人才需求，与杭州君悦酒店等一批高端酒店以及菲律宾八打雁国立大学等院校合作，依岗设课，将高端酒店业的岗位标准转化为课程标准，"校校企"联合开展中菲高端酒店高素质技术技能人才定制培养，为杭州打造国际"会展之都""赛事之城"提供人才支持，入选"中国—东盟双百职校强强合作旗舰计划"。

2. 做精做强援外培训

学校承接中华人民共和国商务部、国家国际发展合作署、浙江省商务厅等政府人力资源培训项目，健全管理运行机制，构建援外培训课程体系，逐步将援外培训打造成对外服务品牌项目。开发"汽车维修"等援外技能培训标准和职业教育研修标准，面向肯尼亚、赞比亚等非洲"一带一路"共建国家产业界、教育界官员和院校教师开展技能培训，截至 2023 年 12 月，累计承办培训人数 1.6 万人。

（四）推进"中文+职业技能"建设，搭建语言服务新平台

1. "中文+职业技能"云端课堂形成品牌

"踏上'汉语桥'开启中国旅游文化开发与管理之旅"与"踏上'汉语桥'开启中国传统面点制作和文化之旅"等项目获教育部语合中心"汉语

桥"线上团组交流项目立项，立项数量位居全国高职院校前列；此外，面向柬埔寨合作院校，持续开展丝路学院汉语云端课堂。通过汉语教学、技能培训、云端参访等形式，为"一带一路"共建国家的青年搭建汉语学习、文化体验及技能提升的平台。

2. "中文+职业技能"教学资源建设成效显著

学校推进具有国际影响力的教学资源建设：聚焦中国电梯制造企业"走出去"需求，开发以"中文+电梯安装与维修保养"为主要特色的学习教材和相关配套资源，打造电梯安装及维保领域技术技能教育和服务的重要，入选教育部中外语言交流合作中心首批"中文+职业技能"教学资源建设项目。依托杭州职业技术学院国家级非遗专业教学资源库平台，开发"剪纸"（Paper-cutting Art）、"金石篆刻"（Seal-cutting）、"雕版印刷"（Block Printing）等双语课程，传播中国非遗工匠技艺，传承和弘扬非物质文化遗产技术工艺；开发情景汉语类教学资源，完成包括问候、自我介绍、节气、邀约、假期计划等教学单元设计。

（五）拓宽师生国际视野，促进中外人文交流

1. 提升教师国际化能力

学校实施国际化人才工程，组织瑞士考察交流团、新西兰教师研修团。2019年至今，累计派出师生团组14个，共计50余人次出访德国、新西兰、美国、瑞士等多个国家和地区；建设对外汉语教师教学团队，组织教师参加国际中文汉语教师能力培训；引进外籍专业教师，通过课程、沙龙、社团等形式提高师生专业发展能力和业务能力，建立中外教师沟通交流机制，组织教学观摩、交流研讨等活动，加强中方教师与外籍教师在课程建设、人才培养、教学方式方法等方面的教育教学资源共享，共同促进国际化人才培养水平的提升。

2. 组织中外师生人文交流

学校持续开展"GO GLOBAL"系列沙龙活动，通过开设专题讲座、学术沙龙等形式，提高参与师生的语言和交际能力，拓宽知识视野，锻炼国际化思维。发挥学生社团组织的作用，为中外学生搭建互动交友的平台，开展"花好月圆"中秋交流会、小年夜包饺子、传统文化"云端"交流等活动；

开展"艺境·衍生"中新合作课程成果展、设计云交流等大型学术交流活动；承办2019乐高青少年科学创新交流大会（华东区），共建"一带一路"丝路学院校企对话会、"中文+职业技能"教材编写交流研讨会等大型国际化会议。

（六）建设国别研究中心，国际化研究成果丰硕

学校聚焦非洲的经济与产业、历史文化与教育、政治与国际关系等热点领域，整合校内校外、国内国外资源，成立杭职院非洲职业教育研究中心，研究成效显著。自2019年以来，先后立项浙江省哲社规划课题等省部级课题6项、撰写专著2部、公开发表论文10余篇，其中《服务"一带一路"：高职院校国际化产教协同育人创新实践》获浙江省教学成果二等奖，研究报告《高等职业学校赴境外办学》被教育部国际合作与交流司采纳。

第二节

杭州职业技术学院国际化办学之"引进来"实践

近年来，杭州职业技术学院立足于区域产业转型升级对国际化技术技能人才的需求，搭建国际化人才培养平台，依据"政府有要求、行业提需求、企业提标准、学校精准实施"的原则，引入高水平的中外合作办学项目，有效提升高职办学国际化"引进来"的资源与产业发展的匹配性。

一、与新西兰维特利亚国立理工学院合作项目

为进一步推进高等职业教育国际交流与合作，提升学校国际化办学水平，加快动漫设计专业建设，提升专业的办学实力和国际化水平，建设国际化动漫人才培养基地，培养适应浙江省动漫产业升级发展需要的具有国际化视野的高技术技能人才，杭州职业技术学院与新西兰维特利亚国立理工学院合作举办动漫设计专业高等专科教育项目。该项目于2017年7月获浙江省教育厅批准通过并报教育部备案。

（一）项目合作背景

动漫产业作为21世纪最具发展活力的产业之一，近年来发展迅速并开启

了"动漫+互联网+相关产业"融合发展的新阶段。中国和新西兰虽然处在动漫产业链的不同位置，但都有转型升级的压力和动力，也都在尝试利用新媒体、新技术驱动产业升级发展。中新双方类似的产业发展趋势是本项目合作的共同基础。

作为动漫大省，浙江动漫产业已进入深度调整和转型期，急需多层次的人才支撑和引领。尽管动漫教育开始朝着多元化、应用型方向发展，但高等职业教育输出与产业人才需求之间的供需矛盾依然十分突出，加快培养具有国际化视野的动漫专业人才已是当务之急。新西兰动漫产业发展迅速，《指环王》《阿凡达》等一系列动漫影视作品闻名于世，在动漫设计人才培养方面具有先进性和科学性，并在全球享有盛誉。杭州职业技术学院动漫设计专业被列为浙江省"十三五"优势专业建设项目，是杭州市产学对接特需专业，与维特利亚国立理工学院数字媒体专业同属动漫领域，两者存在交叉的专业知识和职业技能，且在人才培养目标、规格以及课程设置等方面有着优势互补之处，这是双方合作办学的必要条件。

（二）两校合作专业基本情况

杭州职业技术学院动漫设计专业设于杭州职业技术学院动漫游戏学院，该学院是杭州市动漫游戏协会理事单位，2014年被评为杭州市产学对接重点建设学院。学院建有杭州市重点实训基地、杭州市文化创意示范性职工培训中心，由著名动画片导演、编剧戴铁郎担任名誉院长。动漫设计专业是杭州市属高校产学对接特需专业，2016年被评为浙江省"十三五"优势建设专业，获得浙江省高等教育教学成果奖二等奖，学生初次就业率达98.7%以上，双证率达100%。学院建有名师工作室2个，专业工作室4个，技师工作室6个，现代学徒制试点班1个，校企合作定制班9个。

维特利亚国立理工学院是新西兰政府所属的全国第三大国立高等学院，建于1986年，名列新西兰24所理工学院第2位，数字媒体（动漫设计）专业在新西兰所有高校同类专业中首屈一指。在校生16000多名（含留学生），在校教职工514名，其中高级职称116名，兼职教师145名，教职工整体实力雄厚，学术水平国内领先。近年来，学校积极实施国际化的教育策略，不断开放办学，广泛吸纳海外优秀留学生，目前有1500多名在读留学生。学院与多个国家和地区开展国际合作与交流，并已先后与日本东京外国语大学、韩国西京大学等学校开展了合作交流，国际交流合作经验丰富，模式成熟，办学实力和水平在国际社会享有良好声誉。数字媒体专业拥有一支123人的教师队伍，其中教授13人，副教授23人，部分专业人士在新西兰国内外享有盛誉，2名教授被任命为新西兰先进学者，1名已获国家学位委员会成员身份，4名进入国家级人才培养工程项目，10多人获得国家或市级著名教师奖。毕业生专业素养高，实践能力强，主要从事视觉艺术设计、表演和出版等工作，该专业的就业率在新西兰名列前茅，在新西兰以及海外享有极高的声誉。

（三）项目实施情况

1. 合作目标

引进、借鉴新方先进的教育资源和办学经验，发挥杭州职业技术学院动漫专业的办学优势，促进两校在动漫设计专业建设、人才培养等方面的合作，持续提高动漫人才培养水平，紧密契合杭州乃至浙江省动漫产业快速"走出去"发展需求，助力杭州打造中国"动漫之都"，服务浙江"文化强省"发展战略。

2. 教育教学

（1）培养目标。

双方共同培养具有良好的思想品质和职业道德，能运用数字动画设计与制作等方面的相关知识和技能，会动画前期美术设计、中期动画以及后期剪辑特效，具备团队协作能力和创新意识，具有较好的外语能力和国际化视野的高素质技术技能人才。

（2）培养要求。

知识结构要求：

①具有较扎实的与专业相关的自然科学、社会科学基础知识；②掌握计算机的基本知识与应用方法；③掌握英语的基本知识与表达方法；④理解动画设计流程与制作规范；⑤掌握数字动画剧本的创作方法；⑥理解视听语言的思维方式及原理；⑦掌握动画角色的设计及绘制方法；⑧理解场景透视原理，并掌握动画场景的设计与绘制方法；⑨掌握分镜头剧本的设计方法；⑩理解原动画原理并掌握动作设计的运动规律。

技能结构要求：

①能运用英语与国外导师进行专业方面的沟通交流；②能借助词典查阅和翻译本专业的外文书刊、资料；③能使用动画绘制的各种工具和材料；④能将文字剧本按照视听思维转化为分镜头剧本；⑤能根据剧本设定完成数字动画角色设计；⑥能根据剧本设定完成数字动画场景设计；⑦能根据分镜头剧本进行角色的动作设计；⑧能按照动画制作流程和规范完成动画片的制作；⑨能对动画镜头添加后期特效；⑩能运用动画制作相关软件完成镜头的配音、字幕与合成。

素质态度要求：

①具有良好的职业道德与敬业精神；②具有良好的心理素质，积极乐观，自信坚强；③具备严谨、务实的工作作风；④具备较强的时间观念；⑤具有创新意识及开拓精神；⑥具备较强的语言表达及沟通能力；⑦具有团队协作意识。

3. 教学计划

项目课程体系融合双方教学理念，具有国际化特色，为培养具有国际视野、实践能力强的技能型人才提供了根本保证。中新双方共同制订中新合作办学动漫设计专业的人才培养方案，优化课程体系，共同编制专业课程教学大纲，并共同承担授课任务，确保课程体系有机融合。中方引进新方先进的教学理念、教学资源、课程标准和管理模式，双方共享优势教育教学资源。项目共计引进新西兰课程11门，占总课程的37.9%；同时引进新方专职教师8名，总授课时数为1160，其中专业核心课程授课时数为356，占专业核心课程总课时数的56.3%，见表6-1。核心课程由中外双方教师联合备课，实行双语教学，确保"四个三分之一"的落实和人才培养质量的提升。

表6-1 中新动漫设计专业合作办学项目引入课程列表

引入课程	课程简介	课时数	授课方
应用英语	掌握英语交流与沟通技巧，能模拟真实会话情景，具备听、说、读、写等英语实践应用能力	306	新方
视觉艺术概论	了解新方的历史、文化及社会背景；掌握专业性写作技巧	55	新方
插画与绘画创作	掌握黑白、色彩插画的绘制技巧与流程，能使用传统、数字化软件进行插画主题创作	55	新方

续表

引入课程	课程简介	课时数	授课方
数字艺术实践	了解职业素养、知识产权在设计创作中的重要性；能对艺术品、设计作品提出问题与自己的观点；能运用符号学、解构主义来设计制作动画作品；能确定设计作品中的语境因素和影响，并能联系实验短片的上下文语境，解决遇到的问题	102	新方
数字技术原理	掌握平面视觉作品的设计原则与方法，能给指定的设计任务提出解决问题的方法；能客观评价、反思创作作品	72	新方
数字作品管理	培养数字动画作品的管理能力，能运用数字技术开发演讲文稿及自我宣传材料	70	新方
摄影摄像技术	掌握相机镜头的应用技巧，能使用相机进行拍摄创作和图像处理	96	新方
排版设计	理解视觉设计中的构成美学原理，能运用排版技巧进行平面、图像的版式设计	102	新方
创作思维训练	培养对视觉艺术的分类感知与理解能力，能选择适当的视觉艺术形式进行技能训练与实践创作	88	新方
网页设计	掌握网页界面设计的方法与制作流程，能设计、制作网页界面	70	新方
图形动画创作	掌握图形图像等素材的整合、设计技巧，能控制时间与节奏，结合音频输出，创作符合运动美学规律的图形动画作品	144	新方
合　计		1160	

4. 教学方式

双方教师沟通紧密，教学方式多样：一是增进中新双方了解，明晰新媒体动漫设计人才培养目标。通过多层次的互访交流，有效地促进中新双方相互了解，包括中新文化、专业定位、培养模式、教学方式与方法、评价体系、师资培养等各个方面。二是引进优质资源，优化本土育人机制，形成跨界融合的协同育人模式。充分发挥本专业与维特利亚国立理工学院数字媒体设计两个专业的优势与资源，引入新方先进的教育理念、课程体系、师资力量、管理模式和评价机制等，打通专业壁垒，推进跨专业、跨工作室的合作，明晰具有国际化视野的复合型新媒体动漫设计的培养目标，通过消化、吸收、融合和创新，逐步优化中方"基于企业典型产品开发的工作室制人才培养模式"，并共建"基于工作本位学习的项目化课程体系"，形成兼顾本土化和国际化的先进育人模式。三是建立双方师资互访、学生交流和科研合作机制，指导和规范"学校自评、学生满意度测评、专家和社会综合评价"的质量评估体系。

在教学组织方面，根据当前产业转型升级及"走出去"的强烈需求，依据国际化、复合型动漫设计人才的培养定位，探索并实施"两条腿走路"办学战略——一是修满本项目人才培养方案中规定课程的学分，可获得符合中国动漫设计专业专科（高职）毕业证书及新西兰合作院校相应文凭，可直接从事动漫设计、影视制作、平面视觉设计等相关工作；二是对接新西兰本科学位项目，打通学生继续出国深造的路径。

双方共同以"就业与升学并重"为导向，以提升学生多元化、复合型职业能力为核心，创新实践"创新与技能并重"的教学方式与方法，加速推动动漫专业内涵建设，强化专业发展优势，打造专业品牌，并形成本土化与国际化为一体的中外合作办学育人模式，提升在同类院校中的专业竞争力。

（四）学生培养

本项目培养具备良好的道德品质，能运用数字动画设计与制作等方面的相关知识和技能，会动画前期美术设计、中期动画以及后期剪辑特效，具备团队协作能力和创新意识，具有较好的外语能力和国际化视野的高素质技术技能人才。截至2022年12月底，项目累计毕业生234人，其中2022年毕业生77人。

近三年，该项目毕业生去向以在国内求学和在国内工作为主，毕业去向见表6-2；2022年，毕业生就业行业领域，见表6-3。

表6-2　2022年毕业生去向统计表

毕业去向	人数/人	占比/%
出国	3	1.3
国内深造	20	8.5
签订三方协议	207	88.5
待就业	4	1.7
合计	234	100

表 6-3 2022 年毕业生就业行业领域统计表

就业行业	人数/人
文化、体育和娱乐业	17
租赁和商务服务业	8
制造业	8
批发和零售业	7
信息传输、软件和信息技术服务业	5
教育	5
建筑业	3
科学研究和技术服务业	3
居民服务、修理和其他服务业	3
住宿和餐饮业	2
房地产业	1
公共管理、社会保障和社会组织	1
卫生和社会工作	1
军队	1
其他	3
升学	9
合计	77

（五）师资建设

项目根据双方合作协议及中新合作办学动漫设计专业的人才培养方案，核心专业课程由新方选派优秀青年教师、教授授课，中方课程师资由学校国际交流处、教务处和杭州动漫游戏学院联合成立专门的教学管理机构选调优秀教师授课，受学校教学质量监控与评估办公室监督。

在师资队伍方面，中方专业组团队共有 20 人，其中专业教师 17 人，英语教师 3 人；学院研究生以上学历背景教师 18 人，高级职称 5 人，博士 2 人，双师型教师 16 人，80%以上专任教师具有海外留学和企业实践经历，兼职企业导师 32 人，均为知名企业一线动画师、漫画家和插画师，多门专业核心课程采用校企双师授课模式项目新方教学团队 8 人，均具有研究生以上学历，其中高级职称 5 人。根据项目工作进程安排，新西兰维特利亚国立理工学院专业教师完成"数字技术原理""数字作品管理""排版设计""图形动画创作"等 11 门专业课程教学。

（六）办学特色

1. 精准对接，合作办学，协同共育国际化动漫设计人才

聚焦优质资源，精准"引进来"，紧扣区域主导产业升级需求，引进职教发达国家课程体系、管理模式，打造示范性的中外合作办学品牌。随着新技术、新产品的迭代升级和新型文化业态的持续涌现，对创意设计人才培养提出了前所未有的挑战。学校通过精准分析区域内主导产业的转型升级需求，以动漫设计专业与新西兰维特利亚国立理工学院合作办学项目为抓手，引进外方先进的教育资源和职业教育办学经验，重构"创意+设计"国际化课程体系，形成兼顾本土化和国际化的先进教学方法，打造国际化人才培养高地。2021 年，《服务"一带一路"：高职院校国际化产教融合协同育人创新实践》获浙江省教学成果二等奖。

2. 政行企校，四方联动，共推国际化三教改革

依托动漫设计中外合作办学项目和中国国际动漫节的节展资源，探索"政府推动、行业引领、企业主体、学校主导"四方协同育人机制，通过"引进来""走出去"双轮驱动、协同发展，创新了高职国际化办学，以国际化的视野、开放的办学理念，为杭州动漫游戏产业培养了一大批高素质技术技能人才，以高质量的人才输出服务杭州"动漫之都"建设。

依托动漫设计中外合作办学项目，派 11 名中方教师赴新培训获得课程认证；与 8 名新方教师组建国际化教学团队，形成集体备课、线上与线下结合授课、作业批改和个性化指导等课堂教学模式创新，三年期间编写新形态教材 4 本，专著 1 本，举办中新课程成果展 4 场。

依托政府、行业和企业资源，聘请《黑猫警长》导演戴铁郎、《铁臂阿童木》主创之一月冈贞夫教授先后担任学院名誉院长；定期为师生开设专业论坛和学术讲座，指导国际化专业建设工作；聘请合作企业 50 余位一线插画师、动画师、漫画家、平面设计师作为专业群的兼职导师团队，深入推进产

教融合。

3. 以赛促学，以展促教，培育崇尚创新的国际化专业文化品牌

以中国国际动漫节、米兰设计周—中国高校设计学科师生优秀作品展、中国新星杯故事型原创漫画大赛等国际性节展和赛事活动为载体，拓宽国际交流合作领域，以赛促学，以展促教，培育崇尚创新的国际化专业文化品牌。师生团队2019年参加南非旅游产品设计比赛获银奖1组，铜奖2组；2020—2021年参加米兰设计周—中国高校设计学科师生优秀作品展获全国二等奖1项，三等奖4项。

4. 项目驱动，产教融合，推进校企合作的国际化进程

着力引领共享，精准"走出去"，紧扣中资企业"走出去"和国际产能合作发展需求，以翻翻动漫集团（FANFAN INC）等企业国际化项目合作为契机，引进国际标准与规范，让师生的作品"走出去"；通过国际化动漫人才培养、国际合作项目输出、海外专家访问交流、节展服务等助力杭州"动漫之都"建设。

二、与意大利佛罗伦萨自由美术学院合作项目

加快推进高等职业教育对外交流合作，提升学校办学国际化水平，培养适应浙江省服装产业升级发展需要的国际化技术技能人才，服务区域经济社会发展，杭州职业技术学院与意大利佛罗伦萨自由美术学院合作举办服装设计与工艺专业高等专科教育项目。该项目于2021年获得浙江省教育厅批准通过并报教育部备案。

（一）项目合作背景

意大利是世界上知名的纺织服装设计、生产、出口大国和强国，其奢侈品牌全球闻名。我国是纺织服装生产、消费和出口大国，虽然当前我国服装产业已形成比较完整的产业链，但在附加值更高的研发、设计等方面与意大利等其他发达国家相比仍存在较大差距，正面临以产量取胜向以产品质量、品牌美誉度取胜的重要转变。对于处在不同产业链位置的中国和意大利的服装产业而言，都面临升级发展的压力和动力，都需要通过加大国际化人才培养力度来支撑服装产业升级发展。中意双方类似的产业发展形势是本项目合

作的共同基础。

时尚产业是浙江省重点发展的八大万亿产业之一，纺织服装业是浙江省的支柱产业，占全省出口总量的三成，占全国纺织品出口的五分之一。浙江省服装产业快速发展亟需创意设计、品牌营销等多层次的人才支撑，但高职教育输出与产业人才需求之间的供需矛盾依然十分突出，加快培养具有国际化视野的服装设计专业人才已是当务之急。意大利在服装人才培养方面在世界范围内具有领先水平，培养了马里奥·贝利尼（Mario Bellini）、伊塔洛·罗塔（Italo Rota）等许多世界顶级设计师。服装设计专业是佛罗伦萨自由美术学院的权威专业，专业汇聚服装界众多名师和 Armani、Gucci、Versace 等知名品牌公司设计总监、制板主管参与。我校服装设计与工艺专业是国家"双高计划"高水平专业群建设项目、国家骨干院校重点建设项目、浙江省"十三五"优势专业，与佛罗伦萨自由美院服装设计专业同属时尚领域，双方专业匹配度高，存在交叉的专业知识和职业技能；在人才培养、课程体系等方面可以优势互补，这是双方合作办学的必要条件。

（二）两校合作专业基本情况

杭州职业技术学院服装设计与工艺专业开设于 2000 年，现为中国特色高水平专业群建设单位，全国骨干院校重点建设专业，省级示范重点建设项目、浙江省特色专业。校企合作成果获 2014 教育部教学成果一等奖，连续四年获中国纺织工业联合会教学成果一等奖，建有服装设计专业国家教学资源库。专业拥有一支专家引领、骨干教师和技术能手为中坚力量的高水平双师型专业教师队伍，其中全国思政名师 2 名、全国技术能手 1 名。学校联手达利国际集团在全国首创"校企共同体"，已建成在国内具有较大影响力的服装人才培养高地。

佛罗伦萨自由美术学院是意大利顶尖的设计学院，是意大利教育部注册认证、中国教育部涉外监管信息网认证的艺术院校。在教学上培养学生的艺术创造能力以及表达展现技术能力，学院每年都会进行国内或欧洲范围的艺术交流的活动，并与意大利知名的品牌公司进行设计交流，让学生能够深入地对艺术设计思考，扩展学生的眼界。学院的师资力量以及学术水平均处于世界顶尖的水平。注重培养学生的实践能力，教学方面把欧洲先进的设计理

念和实践操作完美结合，采用学院内部教材，使课程与企业需求直接接轨，力求在整个欧洲打造一个最为专业的服装设计专业，让更多服装兴趣爱好者接触最先进的、最科学的、最实用的教学理念。

（三）教育教学实施情况

在中外合作办学过程中，注重实效，聚焦需求，精准引进，充分引进海外优质教育资源，特别是引进创新应用技术技能，提高外方引进资源与本土资源融合、共生、发展的效能，并进行本土优化，以"2+4"（即"两个引进""四个构建"）工作实践方式作为蓝本，从方向指引、策略路径、方式方法上形成立体化、系统化的建设性方案。

1. "两个引进"

（1）引进外方优质资源，改革教育教学模式，首先引进外方优质课程，在满足教育部对引进优质教育资源四个三分之一要求的基础上，开展教学方法和实验方法改革。理论课教学方面采用学术报告（Seminar Presentation）、翻转课堂（FlippedClass）、案例教学（Case Teaching）等方式，实验实训课程在验证性实训基础上，尝试进行设计性实验，充分激发学生的自主意识和探索精神。其次，借鉴国外大学教学模式，开展辅导课（Tutorial）制度。将校内老师的辅导答疑课排进课表，推进辅导答疑（Lecture+Tutorial）的授课模式，由校内教师对学生进行解答，分组设定讨论。

（2）搭建师资流入平台，发挥推动引领作用

通过"高端引领、引培并重、双轨互动、融合发展"的建设思路，引进意方具有国际学术视野和学术发展潜力的优秀青年教师，并借助杭州丝绸协会和达利公司"丝绸学堂"的海外影响力和学术关系网络，为学校和行业进一步大批量引进海外优秀人才创设平台。

2. "四个构建"

（1）构建协同高效的组织架构：项目启动之初已经精心构建了一个多元融合的组织架构，该架构核心涵盖学院党总支、国际合作与交流处、教学质量监控部门及专业带头人，旨在全方位覆盖学院管理、学术导向、教学监督、课堂互动及师生沟通等关键领域，确保项目高效运行与持续发展。

（2）构建先进的教学体系框架：充分整合国内外优质课程资源，设计了

一套对标国际前沿的教学质量标准，特别强调"三性一高"原则，即知识的深度与高阶性、教学方法的创新性、学习挑战度的提升，以及整体教学的高标准。同时，推动教学模式革新，采用以学生为中心的启发式、协作式及探究式教学法，增加互动讨论与案例分析比重，激发学生的自主学习与探索。此外，通过多样化考试评价方式，如实践考核、团队协作评估及非标准答案测试，提供及时且富有成效的学习反馈，助力学生深度学习。并强化实践教学环节，鼓励学生从被动接受转向主动探索，培养其实践创新能力与自主学习能力。

（3）构建教师能力发展机制：聚焦于国际合作与交流，旨在提升学校国际竞争力与影响力，同时，致力于构建一支结构合理、业务精湛且具备国际视野与创新精神的教师队伍。利用中外合作办学平台的独特优势，每年选派优秀教师赴意方合作院校进行学术交流与研修，同时邀请国际知名学者来校互动与讲座，定期举办学术论坛，为师生搭建国际交流的桥梁，促进教学能力与国际视野的同步提升。

（4）构建全面的教学质量保障体系：在吸收借鉴国外先进管理经验与教育理念的基础上，结合学校实际，构建了全方位的教学质量保障体系。该体系涵盖教学质量管理体系、目标标准设定、监控反馈机制、评估诊断流程以及教学条件支持等多个维度，确保教学质量的持续监控与稳步提升，为教学质量的全面优化提供坚实保障。

（四）学生培养

本项目着力培养德、智、体、美、劳全面发展，适应服装产业向"时尚+科技"转型发展需要的国际化技术技能人才。基于服装工程技术系统的知识与技术，项目学生将掌握服装设计理论知识和实操技能，同时融合高度的时尚敏锐度及卓越的创意转化能力。毕业后，项目学生能够在服装产业领域内的各类企业及跨国组织中，胜任包括服装设计、制版技术、生产管理、市场营销策略规划以及品牌塑造与推广在内的多样化岗位。通过理论与实践相结合的教学模式，他们不仅能在设计前沿引领潮流，而且能在商业运营中展现卓越的管理与市场洞察能力。

（五）师资建设

项目根据双方合作协议及中意合作办学服装设计与工艺专业的人才培养方案，核心专业课程由意方选派优秀青年教师、博导、教授授课，中方课程师资由国际交流处、教务处和达利女装学院联合成立专门的教学管理机构选调优秀教师授课，受学校教学质量监控与评估办公室监控。

中方专业组团队共有20人，其中服装设计与工艺专业教师16人，具有研究生以上学历的教师7人，高级职称5人，博士2人，双师型教师16人，60%以上专任教师都拥有海外留学背景和企业经历，兼职企业导师26人，均为全国服装十佳设计师、全国技术能手和省教坛新秀，多门专业核心课程采用校企双师授课模式。教学团队获省教学能力大赛二等奖2项；全国技术能手1人，省级优秀教师2人，市级3人；职业教育部委级规划教材28本、省高校重点建设教材5本；基于校企共同体的服装专业人才培养模式创新与实践获国家级教学成果奖一等奖，连续六届获全国纺织工业联合会教学成果一等奖；指导学生获得全国职业院校技能大赛一等奖12项。2022年和2023年，通过"工作室制"完成技术服务到款额2000余万元，科技成果拍卖215万元。为企业开发面料纹样设计、服装新产品设计共1500余款，联合中国针织工业协会开展针织组织纹样数据库研发1400余种。项目意方教学团队8人，均具有研究生以上学历，其中高级职称5人。根据项目工作进程安排，承担了《服装设计款式图》《服装款式图表现》《符号学艺术》《纺织品设计基础》《意大利语基础》《服装效果图绘制与设计》《色彩理论艺术》《设计基础》《时尚设计》等专业课程教学。

（六）办学特色

基于服务产业发展新业态、新技术、新标准，以个性化培养为逻辑起点，构建"六裁贯通"双线双融教学路线，创设"工坊+秀场"个性化双语课堂，激发中外双方国际化教师团队与整合数字化资源互融，突破中外跨时空限制，形成具有鲜明国际化特色和专业特质的"小工坊大秀场"个性化人才培养模式。

1. 立足人才培养"国际化"视野，制定"四维度"能力素养教学目标

按照中意合作项目对学生国际竞争力的培养要求，遵循设计师、工艺师、

制版师岗位能力培养规律，接轨世界技能大赛、全国职业院校技能大赛、意大利 LABA Fashion Award 等国内外赛项技术标准，对标服装制版师、3D 数字服装建模师、1+X 证书等考证要求，结合人才培养方案、课程标准，制定"懂设计、精工艺、能创新、通国际"四维度教学目标，明确礼服的数字化设计、精细化裁剪、国际化表达为教学重点，结合学情分析，预判创意转化和细节工艺等学习难点。

2. 基于职业发展"个性化"视域，创设"工坊+秀场"个性化双语课堂

围绕学生职业发展方向，遵循学生能力成长路径，创设"工坊（Studio）+秀场（Show）"的个性化双语课堂。中意双师带领学生进入数字创新工坊、面料研发工坊、打板制板工坊、服装立裁工坊等工坊，开展理实一体化学习，学生掌握从设计到成衣制作的完整流程，"项目线"和"教学线"双线推进。同时，在双语环境中提升英语交际能力。学生在中意两校共同搭建的 3D 虚拟秀场展示创意和文化，在校企双方共同搭建的成果转化秀场展示设计和作品，完成从"工坊练兵"到"秀场亮相"的蝶变转型。

3. 聚焦服装行业"定制化"趋势，实施"六裁贯通"教学过程

结合服装行业"定制化"发展趋势、企业"立地式"研发需求，任务实施遵循学生认知提升规律，以创意捕捉能力、创意实现能力、创意展示能力为脉络，以"六裁"为步骤实施教学。按照初级产品、创意产品、企业定制产品的"难度系数"设置递进式教学项目，按照真实工作流程重构"六裁贯通"（取裁分析—心裁绘制—剪裁实践—优裁调整—立裁成衣—鉴裁评价）的教学路线。课前推送资源，激发学生学习兴趣；课中六裁推进，引导学生创意立裁；课后巩固拓展，增强学生文化积累。

4. 围绕学习需求"差异化"视角，构建"四主体五段位"进阶评价体系

依据专业人才培养定位和岗位能力要求，构建关注增值、强调过程的进阶式全过程评价体系，自主开发智能评价系统，动态生成学生成长画像。评价主体由"中方教师、意方教师、企业导师、学生"四方构成；评价内容对接世界技能大赛、全国职业院校技能大赛赛项；评价指标依据意大利 LABA Fashion Award 评分标准和评价理念，量化设计能力、工艺水平、创新能力、职业素养；评价结果借鉴设计师"段位"制度，学生依据能力分布，选定设

计师、工艺师、制版师个性化发展方向，以增值情况支撑入门、实习、助理、预备、正式五段位进阶。

三、与博世汽车服务技术（苏州）有限公司合作项目

为进一步深化校企合作办学体制机制和人才培养模式改革，学习借鉴德国"双元制"职业教育的先进办学模式和人才培养经验，探索本土化"双元制"育人模式，杭州职业技术学院与博世汽车服务技术（苏州）有限公司（以下简称"博世公司"）合作举办汽车检测与维修技术专业"双元制"人才培养项目，打造中国特色的校企双元协同育人的"浙江样板"，服务区域经济社会发展，服务国家"一带一路"建设，该项目获批浙江省首批省部共建"德国企业和院校在华举办职业教育试点项目"。

（一）合作背景

2018年7月，李克强总理与德国总理默克尔在柏林共同主持了第五轮中德政府磋商，会上签署了《关于深化两国高校和职业教育领域合作的联合意向性声明》，鼓励双方职业院校及企业开展联合培养，共同制定教学及实训大纲，培养行业企业急需的应用型人才。李克强总理在磋商会上表示，支持两国加强职业教育合作的倡议，中方愿更大范围地引进和推广"双元制"职业教育，允许在华德企开办更多职业教育基地，中方还可以考虑提供财政支持。2019年6月，副总理孙春兰率中国职业教育代表团考察德国职业教育，对德国职业教育进行了深入调研，出席了中德职教创新对话论坛并发表重要讲话，提出要深度消化吸收德国经验（"双元制"），积极开展本土化改造，打造具有中国特色的校企双元育人模式，探索高质量职业教育发展新路径。2019年，教育部国际合作与交流司拟同浙江省、安徽省、重庆市、青岛市、济南市开展试点，试点主要内容为"与德国院校和企业合作，开展双元制合作办学，学习德国双元制职业教育经验，通过制度创新和财政支持，引入德国企业、院校等优质职业教育资源参与在华举办职业教育"。浙江省重点支持浙江科技大学、浙江万里学院、温州大学、金华职业技术大学、宁波职业技术学院、浙江机电职业技术大学与杭职学院7所院校申报试点项目。

（二）合作方基本情况

博世公司于 1886 年在德国斯图加特创建，是全球领先的技术及服务供应商，在汽车与智能交通、工业技术、能源与建筑技术、消费品领域占据全球领先地位。目前在全球拥有 40 多万名员工，1909 年，博世集团进入中国，现在中国经营着 59 家公司，38 家生产基地，27 家技术研发中心，中国员工达 6 万名，连续八年获"中国杰出雇主"荣誉称号。博世汽车服务技术（苏州）有限公司是博世集团的全资子公司，全面负责博世集团在中国的汽车检测设备及教育培训业务，旗下拥有博世、百斯巴特、罗宾耐尔、OTC 等世界知名品牌，全系列检测设备包括发动机分析仪、汽车诊断仪、四轮定位仪、线下检测设备、联网教学设备、仪表工具等。

（三）项目实施情况

全面引入德国"双元制"人才培养模式，结合博世集团汽车培训体系，根据宝爱捷（中国）汽车投资有限公司等博世公司"汽车企业联盟"企业的特点以及 4S 店标准、规范的管理流程进行本土化"双元制"人才培养模式的构建。课程体系设置以培养能力为主导，以课堂实践为核心，以双元交替为特征，以学生为主体，以制度为规范。此外，以分阶段、分层次、分领域的培养方式，加强理论与实践相结合，突出实践能力的培养。

1. 学生选拔

学生学制为两年，生源类型是职业高中毕业生（汽检专业实施中高职一体化培养）。学生入校后，由博世公司、宝爱捷（中国）汽车投资有限公司等博世公司"汽车企业联盟"企业根据用人标准对学生进行选拔，签订校企生三方培养协议。为适合项目集中教学和分组培训，试点期间每年项目学生人数为 20 人。

2. 课程开发

按照职业能力与职业素养并重的人才培养原则来开发教学内容。由博世公司及其企业联盟、杭州职业技术学院共同开发适合企业岗位需要的专业课程及素质培养课程。

3. 学习模式

教学形式按"双元制"人才培养要求执行。学生在校学习时间共为四个

学期，第一学期以基础教育为主，第二、三、四学期以专业能力教育为核心。由校企共同制订符合专业对应的企业需要的人才培养方案，共同制订周、月、季、年度的教学和培训计划，交替实施模块化专业化课程，使理论知识和操作技能的教学与培训相辅相成、融会贯通，见表6-4。

表6-4　工学交替安排表

学　期	交替形式	工学内容	备　注
第一学期	以天计，每周一天（或集中在一周内），进入企业	以参观体验学习形式完成企业及岗位认知（可以在不同品牌接续完成）	每学期学习时间约20周（5个月）
第二学期	以周计，每月一周，进入企业（三周校内、一周企业）	完成主要岗位基础能力培训与实践，以岗位观摩、师傅指导在企业完成	
第三学期	半学期交替，后半学期进入企业实习，与第四学期连接	上岗操作实习，由企业师傅指导完成	
第四学期	全部在企业顶岗实习	顶岗实习，由企业师傅指导完成	

4. 实习工资

学生实习阶段享有实习工资，实习工资由基本津贴和岗位绩效构成，不低于当地最低工资标准。同时，还享受节假日、生日等企业福利，享受企业规定的公休日，如有加班情况，企业应支付加班费。

5. 证书颁发

学生通过本土化的校企"双元制"育人模式培养，按要求完成规定课程学习和企业实践，考核合格者，颁发杭州职业技术学院普通高等学校毕业证书（高职）毕业证书。学生通过博世公司组织的职业技能考核，成绩合格者，颁发博世认证证书。项目优秀毕业生在博世公司及其联盟企业享有免试用期的就业优先权。

（四）特色和效益

杭州职业技术学院与博世公司合作举办汽车检测与维修技术专业"双元制"人才培养项目，符合新时代职业教育发展的新形势、新要求，可实现多重效益。一是有利于接轨国际先进高等职业教育。根据合作协议，合作办学项目将引进博世公司先进的"双元制"教育理念、育人模式、师资力量、课程体系、管理模式和评价机制等,并通过消化吸收、融合创新,形成本土化的"双元制"育人模式,加快接轨国际先进高等职业教育水平。二是有利于培养高素质的技术技能人才。通过引入德国"双元制"育人模式等先进职业教育资源,弥补学校教育教学、人才培养等方面的不足,加快培养适应浙江"制造强省"急需的汽车类高素质技术技能人才,更好地适应区域产业升级发展乃至"走出去"的发展需求。三是有利于提高学校综合竞争力。德国"双元制"职业教育资源的引入将推动学校管理体制和人才培养模式的改革创新,为学校改革发展注入新的活力,加速推动专业现代化、管理信息化和办学国际化发展,持续提升办学发展内涵,不断擦亮职业教育品牌,进一步提升在同类院校中的综合竞争力。四是有利于提升浙江职业教育影响力。本项目将丰富浙江省对外合作与交流的形式和内容,对于促进浙江高等职业教育改革与发展,打造示范性、引领性的高等职业教育国际化办学品牌,提升浙江高等职业教育影响力等具有现实意义。

第三节

杭州职业技术学院国际化办学之"走出去"实践

近年来,杭州职业技术学院立足于助推区域优质产能输出、"产业+职业教育"走出去,以及"中文+职业技能"培养,构建校企双元协同提升所在国劳动力素质的"走出去"属地化技能人才培养路径,解决优质产能国际输出对技术技能人才的需求问题。

一、"技能+文化"走出去,助力浙企深耕非洲

为推进职业教育服务国际产能合作,加快培养国际产能合作急需的跨境技术技能人才,杭州职业技术学院着眼于服务"一带一路"建设和中资企业"走出去"发展,依托校企合作的体制机制创新,构建"技能+文化"的校企双元协同育人培养模式,服务"走出去"企业海外经营,同国际职教界分享

"杭职"办学理念，展示"杭职"风采。

（一）实施背景

随着我国与"一带一路"共建国家的合作提质扩面，国际产能合作面临着严峻的跨境技术技能人才短缺的问题，作为与产业、行业和企业联系最为密切的教育类型，高等职业教育"走出去"不仅是解决企业"走出去"过程中跨境技术技能人才严重短缺等问题的重要抓手，也是推进中国优质职业教育资源对外输出共享、提升中国特色职业教育国际影响力、促进中外文化交流的重要载体。

中国和非洲国家在重大国际事务和热点问题上有着广泛共识，在经贸合作和文化交流上有着深度合作。通过中非合作论坛和"一带一路"等合作平台，中国和非洲国家有着特殊情谊和共同的发展目标，双方职业教育合作大有可为。作为以技术技能培养为特色的公办高职院校，杭州职业技术学院主动融入国家战略，积极服务国际产能合作和国家"一带一路"建设。

（二）主要目标

整合政府、行业、企业、学校多方资源，搭建"一学院一工坊一学堂"（丝路学院、鲁班工坊、西泠学堂）平台，推动杭州职业技术学院优质职业教育资源面向南非等"一带一路"共建国家输出，探索"技能+文化"校企双元联合培养提升所在国劳动力素质的新路径，解决"走出去"中资企业、当地企业可持续发展对高素质技术技能人才的需求问题，向国际职业教育界发出"中国声音"，展示"中国形象"，输出"中国模式"。

（三）实施过程

1. 开展留学生教育，打造就业"直通车"平台

杭州职业技术学院实施南非留学生项目，招收19名电梯工程技术专业南非留学生，创新实施"技能+文化"的校企双元联合培养模式，学生一半时间在学校学习专业和文化知识，另一半时间在合作企业实习实践。留学生毕业后直接签约杭州海兴电力科技股份有限公司南非分公司，既有效解决了留学生的就业问题，也解决了南非中资企业属地用工难、文化融合难等问题。项目获南非工业和制造培训署署长亚当斯的高度评价。

2. 建设海外"丝路学院",助力优质产能输出

2019 年 9 月,杭州职业技术学院作为浙江省唯一一所高职院校赴南非参加"一带一路"浙商行(非洲站)系列活动之中国(浙江)—南非(东开普)商务论坛。杭州职业技术学院分别同南非东开普中心技术职业教育培训学院和南非沃特苏鲁大学签订合作备忘录,启动"丝路学院"建设。双方围绕汽车检测与维修、机械制造、电气自动化、市场营销、旅游管理等专业开展合作。

2021 年,杭州职业技术学院入选"未来非洲—中非职业教育合作计划"首批试点院校,与尼日利亚 YABA 职业技术学院合作成立"杭州职业技术学院中非(尼日利亚)丝路工匠学院"。丝路工匠学院采用"校校合作"模式,由杭州职业技术学院、YABA 职业技术学院合作共建,同时根据倬亿国际集团、中地海外集团公司等尼日利亚中资企业海外用工需求,实施"校校企"联合定向培养,为尼日利亚"走出去"企业和当地企业培养和输送高素质技术技能人才。现已开展电气自动化应用型人才联合培养、非洲职业院校管理人员与骨干教师培训等项目建设。

3. 承接援外培训项目,提升国际服务水平

积极承接商务部、国家国际发展合作署、省商务厅等援外培训项目,制定相关管理制度,完善援外培训运行机制,逐步将援外培训打造成对外服务品牌项目。面向肯尼亚、赞比亚等非洲"一带一路"国家产业界、教育界官员和院校教师开展技能培训,累计承办培训人数达 1.6 万人次,广受好评。通过实施援外培训项目,为共建"一带一路"国家经济社会发展和"走出去"中资企业培养了一批本土化人才。

(四)项目成效

积极服务"一带一路"建设,依托校企合作的体制机制创新、资源聚合优势,积极推进对非合作,加快属地人才培养,服务中国企业海外经营。杭州职业技术学院培养的留学生中 3 人获浙江省来华留学生政府奖学金,6 人获杭州市政府来华留学生奖学金,80% 毕业生被海兴电力科技股份有限公司南非分公司成功录用,真正实现了"留学+就业"的项目目标,有效解决了南非中资企业的招工难问题;开发电梯工程技术、汽车维修等专业英语/双语课程

51 门，制定高等职业教育课程国际标准 2 项，双语课程和教材面向"一带一路"国家输出；积极向海外推荐学校办学优秀成果，分享和推广实践案例，南非电梯工程技术专业留学生培养案例入选"十三五"浙非合作经典案例。2020 年，杭职院荣获世界职业院校与技术大学联盟（WFCP）卓越奖"促进学习与就业"项目铜奖，是唯一入围该奖项类别的中国院校。

（五）条件保障

1. 组织保障

杭州职业技术学院高度重视对外开放办学，始终坚持"引进来"和"走出去"双向提升协同发展的国际化办学思路，并成立以校党委书记、校长任双组长，分管领导任副组长，各相关职能部门、二级分院负责人为成员的教育对外开放工作领导小组，整合全校资源，以职业教育"走出去"为抓手，推动优质资源面向南非等国家输出，推动职业教育服务"一带一路"建设。

2. 制度保障

杭州职业技术学院学习借鉴一流高校国际化工作管理机制和管理模式，先后修订、出台《杭州职业技术学院南非留学生项目管理办法》《杭州职业技术学院留学生奖学金评定办法》《杭州职业技术学院学生出国（境）交流学习（实习）管理办法（试行）》等文件，不断完善职业教育"走出去"的相关规章制度，不断提高国际化工作的治理水平，以适应国际化建设需要。

3. 队伍保障

杭州职业技术学院重视国际化师资团队和管理团队的建设，以各项国际化项目为载体，经过几年的积累，培养了一支具备国际视野、全英文授课能力的师资团队和政治素质高、业务能力强的国际化管理队伍，为深化"走出去"工作奠定坚实的基础。

（六）总结与启发

在"一带一路"背景下，职业教育是可以率先回应国际产能合作保障需求的教育类型，在服务经贸合作和企业人才需求等方面承担着特殊的使命。杭州职业技术学院通过探索"技能+文化"的校企双元协同育人提升跨境技术技能人才培养新路径，搭建"走出去"办学新平台，既做到了"授人以渔"，也有效地解决了"走出去"中资企业对高素质跨境技术技能人才的需求问题，可复制并推广至更多"一带一路"共建国家。

当前,众多"走出去"企业仍面临着一个发展难题——缺乏高素质的、了解中外文化的技术技能人才,尤其是缺乏本土化人才。高等职业教育"走出去"战略是解决企业"走出去"过程中跨境技术技能人才严重短缺问题的重要途径。虽然我国职业院校在实践中取得了一些成果,但总体而言仍处于探索阶段。受政策、制度、院校自身能力等多种因素影响,政府、行业企业、学校和民众之间的交流与合作有待进一步加强,寻求更广泛支持,推动职业教育"走出去"。

一是紧密结合属地国产业发展需求。职业院校"走出去",首先要了解属地国的经济发展趋势、产业结构、人才需求、区域支柱产业和新技术发展需求等情况。只有知己知彼,才能减少阻力,实现共赢,让我国职业院校成为他国的合作伙伴。职业学校应与"走出去"企业密切合作,设立针对性专业、设计培养项目,充分发挥专业群建设优势,探索符合各方利益的跨境技术技能人才培养合作模式,系统输出服务国际产能合作的中国职业教育理念,打造具有国际影响力的中国职业教育国际品牌。

二是着力建设具有中国特色的国际专业和课程标准。深入研究相关国家的特点,与当地的学校和企业开展合作,促进国家资格标准的互认和建设中国特色的国际化专业和课程标准对接。中外共同开展专业建设、学分互认、师生海外交流培训、举办国际职业教育会议、国际专业竞赛、国际实训基地建设等,开发双语课程,形成一系列具有中国特色的本土化课程、教材、人才培养计划和标准,为跨国技术技能人才的流动和培养提供支持,为实现"中国方案""中国智慧"的传播提供有效途径。

二、"校校企"联动,中菲合作培养高端酒店服务人才

菲律宾作为东盟主要成员国,其第三产业在国民经济中占据突出地位,旅游产业对酒店管理等专业的应用型人才需求较大。对于正处在"后峰会、亚运会"发展期的杭州来说,高端酒店业高素质技术技能人才流失严重,人才培养与旅游业、酒店业发展需求之间存在突出矛盾。鉴于此,杭州职业技术学院与杭州君悦酒店等一批高端酒店建立合作关系,紧扣杭州高端酒店业

高素质技术技能型服务人才需求，与菲律宾八打雁国立大学等院校合作，实施酒店管理专业留学生项目，"校校企"联合开展中菲高端酒店高素质技术技能人才定制培养。

（一）培养目标

项目瞄准杭州城市国际化发展对高端酒店管理服务人才的需求，招收菲律宾酒店管理专业学生，采用先进的教学理念、管理模式、课程标准、教学方法，整合学校和高端酒店业顶级师资力量，依岗设课，将高端酒店业的岗位标准转化为课程标准，创新实施"文化+技能"校企联合双元定制培养模式，通过校企联合定制的"小班化"培养，实现从来华留学到就业的"直通"，为杭州打造"国际会展之都""赛事之城"提供人才支持。

（二）执行情况

1. 签订合作备忘录

2019年10月16日，菲律宾高等教育代表团到访杭州职业技术学院，并实地参观了杭州君悦酒店，就中菲酒店服务高技能人才校企双元定制培养项目达成共识。10月18日，在浙江省教育厅副厅长于永明的见证下，杭州职业技术学院分别与菲律宾八打雁国立大学、唐·博斯科学院签订了《共建丝路学院合作备忘录》。

2. 组织招生面试

2019年11—12月，杭州职业技术学院联合杭州君悦酒店，面向菲律宾八打雁国立大学、唐·博斯科学院学生进行了三轮招生面试（简历面试、视频面试、直播面试），共计录取25名菲律宾酒店管理专业留学生。2020年1月，发放录取通知书。

3. 启动线上课程建设

2020年3—10月，探索启动在线教学工作，以当代中国社会生活、酒店行业管理服务为背景，联合杭州君悦酒店共同制定标准、设计教案，形成整套对外汉语（初级、中级、高级）教学资料，拍摄并制作酒店管理专业对外汉语微课系列视频，所得学分计入菲律宾合作院校学生成绩系统。

4. 实施云端课堂教学

2020年11月24日，菲律宾留学生酒店管理汉语云端课堂开课仪式隆重举行，菲律宾留学生通过网络同步云参加。2021年3月，第一期线上课程圆满结束，并启动二期招生工作。

5. 开展中菲文化交流

2021年3月10日，举行首次中菲传统文化云端交流活动——"花好月圆，元宵甜"，让中国传统文化走进菲律宾。

(三) 主要成果

1. 以汉语教学为载体，建设云端教学资源

探索启动线上对外汉语教学工作，制作酒店管理专业对外汉语微课系列视频，面向31名菲律宾八打雁国立大学、唐·博斯科学院等丝路学院等学生开展对外汉语教学和培训。2020年11月24日，菲律宾留学生酒店管理汉语云端课堂开课仪式隆重举行，菲律宾唯一覆盖全国、用三种语言制作的电视节目《菲中新闻台》播出了杭州职业技术学院云端课堂开课仪式的报道。

2. 以促进就业为导向，创新人才培养模式

项目整合政府、行业、企业、学校多方资源，实施"技能+文化"的校企联合双元培养教育模式，根据企业岗位标准定制教学内容，企业参与学生培养的全过程，实现真正的毕业即就业。

3. 以文化交流为纽带，弘扬中国传统文化

搭建中菲两国青年交流学习平台，以中菲传统文化为主题设计开展丰富多彩的文化活动，2021年3月10日，中菲文化交流活动——"花好月圆，元宵甜"活动成功举办，以小带大，以点带面，让中国传统文化走进菲律宾，加深两国青年间的相互理解与友谊。

(四) 特色和创新经验

1. 强强合作

菲律宾八打雁国立大学始建于1903年，是八打雁省最古老的公立高等学府，学校建有10个校区，目前拥有12个学院、45000余名学生，在教育教学、推广、服务、人才培养等各方面受到政府、行业和社区的广泛认可。菲律宾唐·博斯科学院成立于1953年，学校现有24个分中心，在校生规模超6000人。学校专业涵盖面广，计算机工程课程获得了菲律宾高等教育认证协会（PAASCU）一级认证，学院曾获得了菲律宾高等教育质量奖（PQA）。

杭州职业技术学院与菲律宾八打雁国立大学均为特色鲜明的优质院校，并在相应的教育领域具有重要地位。同时，两校均有明确响应"一带一路"倡议的积极态度，为项目的可持续发展奠定基础。

2. 定位精准

项目以服务高质量发展为目标，围绕国家"一带一路"建设，紧扣杭州城市国际化发展战略定位，聚焦菲律宾优质劳动力资源，对接杭州"后峰会、亚运会"时期承办国际会议、国际赛事、大型会展等对高端酒店管理服务人才需求，以"学校主导、企业主体"的方式与杭州君悦酒店等国际高端酒店开展深度合作，面向"一带一路"共建国家搭建留学生培养教育平台。

3. 模式创新

本项目依托杭州职业技术学院"校企共同体"办学体制机制的优势，有效整合政府、行业、企业、学校多方资源，采用"文化+技能"的校企联合双元培养教育模式。在教学内容上，项目理论和实践课程均按照杭州君悦酒店的岗位标准进行高端定制，同时融入中国传统文化、合作酒店企业文化的相关内容，实施精准培养。在教学实施上，项目引入杭州君悦酒店行业标准和管理流程，由杭州职业技术学院旅游酒店管理专业优质师资和杭州君悦酒店的高级培训师共同为留学生授课。学生一半时间在学校接受文化、理论和技能学习，另一半时间在君悦酒店接受顶岗实习。毕业后，学生可直接进入杭州君悦酒店工作，实现从来华留学到就业的"直通"。

4. 政策支持

2019年8月，杭州市政府出台"人才生态37条"，实施全球大学生招聘计划，对来杭实习的海内外大学生和在校高技能人才，每月给予2000元的实习补贴。本项目依托杭州"人才生态37条"新政，面向共建"一带一路"国家，创新实施"文化+技能"校企双元培养模式，能缓解杭州高端酒店行业高素质技术技能人才的流失压力，为杭州打造国际会展之都、赛事之城增添管理服务人才助力，服务杭州城市国际化的高质量发展。

（五）相关方及受益群体反馈

1. 菲律宾学生

项目启动酒店管理对外汉语在线教学，共计招收31名留学生。参加项目的菲律宾学生纷纷表示，通过三个月的汉语云端课程，不仅掌握了日常生活所需的中文，还了解了更多关于中国的故事和文化，很有收获。

2. 君悦酒店

项目采用"技能+文化"的校企联合双元培养教育模式，杭州君悦酒店全程参与人才培养，教学内容按照酒店岗位量身定制，项目学生将作为酒店服务人才的储备力量，既能缓解人才流失严重的现状，也为"后峰会、亚运会"时期的酒店培养了高素质技术技能人才。

3. 杭州职业技术学院师生

通过项目的实施，学校锻炼了一支业务能力强、教学能力精的教学管理团队，同时项目充分发挥了学生社团的作用，杭州职业技术学院学生在教师的指导下，全程参与在线交流活动的策划组织、微课视频录制等工作，既锻炼了学生的能力，也扩大了交流面。

（六）发展思路

1. 开展高质量的来华留学生项目

坚持以就业为导向，充分发挥专业优势，整合资源，不断探索区域特色留学生培养模式，逐步将学校打造成为国际学生来华留学目的地。同时，为来华学生寻找相关岗位实习，争取就业机会，该项工作也需要政府出台更细化的人才落地政策和服务配套政策制度，为行业企业留下优质人才、提供支持和便利。

2. 共建高标准的"丝路学院"

携手"走出去"企业，建设海外分校（丝路学院），服务企业用工的属地化需求，打造高水平的海外人才培养基地。"校校企"三方共同制定人才培养方案，定期选派教师赴菲开展职业技能类课程及文化类课程的授课，并提供授课计划、教学大纲、教材样本等优质的教学资源，以促进中菲之间的职业教育交流。

3. 输出高水平的中国职教标准

依托中菲联合培养项目，进一步编写专业教学教材，开发专业教学、优质课程、职业技能评价等标准，加快优质职业教育资源向"一带一路"共建国家输出，争做中国标准输出的制定者和先行者，提供职业教育的"中国方案"。

三、汉语为桥，打造"中文+职业技能"融合新模式

（一）实施背景

随着我国"一带一路"的实施和对外开放的不断深入，中国企业加快"走出去"，广泛参与国际经贸合作，虽然已取得了丰硕成果，但由于世界各国特别是"一带一路"共建国家职业教育发展不平衡，难以满足对高素质、高技能人才的需求。此外，当地员工汉语水平有限、难以融入中国企业文化等问题也成为限制中国企业"走出去"、融入当地发展的主要因素。在此形势下，职业教育作为与经济社会和生产实践联系最为密切、直接的教育类型，贯彻落实"对接经济社会发展重大需求，主动服务经济社会发展"的基本方略，探索"中文+职业技能"融合的国际化人才培养模式，构建高质量的国际化人才培养体系，培养留学生参与共建"一带一路"国家基础设施建设，服务中资企业海外发展经营已成为"十四五"期间我国职业教育领域改革创新发展的首要任务。

（二）具体措施

1. 开展"中文+职业技能"教学资源建设

依托学校双高专业电梯工程技术优势，开展"中文+电梯安装维保"教学资源建设项目。项目围绕服务国家"一带一路"倡议，开发以"中文+职业技能"为主要特色的学习教材和相关配套资源，以技能强化、语言提升、文化融通为着力点，从专业教学、语言教学、文化教学等方面，系统设计国际化技术技能人才培养课程体系。教学资源建设重点体现以下特色：一是教学内容与国际标准、企业标准、当地标准衔接更紧密；二是直接定位于电梯安装及维保技术岗位，针对性更强；三是以实景场景化教学为主，融合线上线下教学结合新模式，实现"中文+职业技能"教学一体化。

（1）使用对象。面向"一带一路"共建国家电梯行业一线从业人员，为当地的中资企业、电梯行业输送既精通专业又懂汉语的高技能人才和管理人才；面向学校在柬埔寨、菲律宾、南非、尼日利亚等设立的丝路工匠学院的电梯工程技术专业学生、技能培训学习者；用于电梯工程技术专业来华留学生培养；用于电梯专业来华（在线）长短期人员培训。

（2）教学目标。开发以"中文+电梯安装与维修保养"为主要特色、具有中国特色和国际竞争优势的教学资源，打造电梯安装及维保的技术技能教育和服务的重要载体。对内助力浙江电梯制造企业海外产品和服务齐头并进、拓宽市场，对外服务国家"一带一路"倡议，助力中资企业技能人才培训。

具体目标包括：

①知识目标。培养学习者掌握基本的汉语语音、词汇、语法等理论知识，以及掌握电梯部件的功能、作用和原理，熟知常见电梯部件的保养要求和保养方法。

②能力目标。提升学习者在电梯安全规范、部件日常保养、部件维修更换、保养计划编制、工具材料选用、缺陷识别、风险预判、应急救援等方面的专业技术能力，以及电梯安装与维修保养相关的管理能力。

③素养目标。培养学习者"安全责任内化于心、规范操作外化于行"的职业素养，树立电梯工匠的职业情怀，创造厉行法规标准、坚守安全底线、保障公共安全、创造美好生活的社会价值。

（3）主要内容。突出学习者电梯维修和保养技术技能的训练和培养；汉语语言知识的选取围绕电梯维修保养的需要，充分考虑学习者所在国家电梯专业发展对汉语、电梯专业知识学习及学习者综合素质提升、创新创业能力培养的要求。学习者作为电梯从业者的角色设置项目功能及内容设计，每一节课都包含词汇、对话、阅读、练习/讨论四个部分内容，以及课后设计文化、行业和生活小故事的拓展阅读。

2. 承担"中文+职业技能"培训

实施教育部中外语言交流合作中心"汉语桥"线上团组项目。2022年，杭州职业技术学院"汉语桥"线上团组交流项目——"踏上'汉语桥'开启中国旅游文化开发与管理之旅""踏上'汉语桥'开启中国传统面点制作与文化之旅"成功举办。项目以"中文+职业技能"为特色，围绕汉语教学、技能提升和文化体验，通过线上、线下相结合的云端数智教学模式，多角度、全方位、立体化地呈现了中国旅游文化开发和管理、中国传统面点制作的做法和经验。项目共吸引了来自柬埔寨、菲律宾、越南、缅甸、希腊、日本等

国家的 380 多位海外学员参加，为"中文+职业技能"融合发展、传播中华文化和讲好中国故事提供示范。

（1）打造"三位一体"云端教学模式。学校结合"汉语桥"线上团组生源特征及学习需求，立足"中文+职业技能"理念，设计包含汉语教学模块、职业技能模块、中国传统文化模块的"三位一体"云端教学资源，促进海外学员语言、技能和文化三者的融合提升。"中文+旅游开发与管理"项目以杭州著名景点白堤、苏堤、大运河等为例，采用生动活泼的形式讲述杭州乃至浙江省的旅游发展现状和管理水平。帮助学员结合自身地区的独特资源和风貌发掘旅游优势产业，提高其汉语水平和旅游管理相关业务技能。"中文+中国传统面点制作"项目以中国二十四节气为顺序，结合传统节日，聚焦卷、团、条、糕、饺、粥、粽等传统食品的制作方法和饮食文化，带领学员一起领略中国面点的博大精深，体验中国饮食的独特魅力。

（2）组建"五元育人"的特色国际化师资团队。"汉语桥"线上团组秉持"中文+职业技能"理念，按照项目学科、专业特点，组建了产教融合协同的特色云端教学团队，包括国际汉语教师、行业企业专家和技术能手、专业技能教师、英语（双师资质）教师、非遗大师等。汉语教师从汉语听、说、读、写的语言技能和交际技能出发，围绕问路、购物、点餐、美食等日常生活事件引出话题，通过创设情景，展开任务对话，使学员在轻松愉快的氛围中逐步学会运用汉语进行交流；专业技能教师围绕培训主题，讲授专业技能原理和相关知识；行业企业专家和技术能手将行业和企业一线最新的知识带给学员，使课堂与行业和企业的实际环境紧密结合；英语教师结合课程难易程度，针对汉语水平较低的学员，对汉语语言讲授加以一定的英文注释和阐述；非遗大师开设"中国剪纸""金石篆刻"等课程，让学员学习和体验中国传统文化和特色民间艺术，进一步领略中国文化的博大精深。

（3）建设"双向联动"的数智云端教学基地。打造线上、线下"双向联动"的数智化教学环境，依托校内的浙乡非遗馆、杭州市公共实训基地、酒店管理实训室、茶艺实训室等优质教学资源，搭建线下培训基地平台，同时充分利用新媒体技术，实地走访杭州著名景点白堤、苏堤、大运河等，邀请杭州及浙江省传统面点和特色餐饮文化产业名家名厨拍摄中国面点制作过程，使学员足不出户即可真实感受东方风光和餐饮文化神韵之美。让学员在掌握专业知识之余，对课程内容有更真实的体验感，大大提高学员对课程的参与度以及获得感。

（三）成果成效

近年来，学校依托专业优势，积极开展"中文+职业技能"教育探索与实践。先后获批教育部中外语言交流合作中心"汉语桥"线上团组交流项目3项，"中文+电梯安装与维修保养（初级）（英语版）"项目获教育部中外语言交流合作中心"中文+职业技能"教学资源建设项目立项。开发"中国旅游文化开发与管理""中国传统面点制作""金石篆刻""中国剪纸"等系列双语视频微课33期，累计时长达560分钟。面向柬埔寨、菲律宾、尼日利亚等"一带一路"共建国家官员和院校师生开展"中文+职业技能"培训，累计培训量达1.6万人次。"中文+职业技能"培训项目在课程参与度和教学效果方面都获得了好评，项目学员们纷纷表示通过培训认识了中国、爱上了中国，在学习过程中，不仅提升了职业技能、领略了中国文化魅力、拓宽了国际视野，也增进了对中国日新月异发展的了解。

（四）总结与反思

在"一带一路"背景下，职业教育肩负着服务经贸合作和属地化人才培养的特殊使命。作为职业教育的崭新尝试，"中文+职业技能"教育还有一些问题亟待解决。例如，区域适应性较弱、人才培养目标不明确、课程体系建设不健全、教材体系建设不完善、国际化师资储备不足等。虽然我国高职院校在"走出去"取得了一定的成绩，但仍处于起步阶段，总体上还存在诸多不足。随着我国进入新的历史发展阶段，我国中文教育与职业教育融合发展迎来了新的历史发展机遇。推动高质量"中文+职业技能"教育体系建设，是中文国际教育和职业教育接轨国际的积极探索和实践，不仅有利于进一步提高我国教育对外开放水平，也对推动实施"一带一路"建设、加快构建人类命运共同体具有重要现实意义。

四、教随产出，建设中非（尼日利亚）丝路工匠学院

为贯彻落实《国家职业教育改革实施方案》，推动优质职业教育资源面向

"一带一路"共建国家输出，高质量服务中资企业"走出去"和国际产能合作，杭州职业技术学院与尼日利亚YABA职业技术学院合作举办成立杭州职业技术学院中非（尼日利亚）丝路工匠学院，打造中国高职院校海外办学的特色品牌，输出职业教育"中国经验"。

（一）项目背景

随着中国与世界共建"一带一路"的不断深入，"走出去"办学逐渐成为我国教育对外开放的重要组成部分。职业教育是"一带一路"倡议经济发展的重要支撑，参与"一带一路"建设、服务中资企业"走出去"和国际产能合作，是职业院校的时代使命，也是职业教育走向世界的重要路径。受教育部国际合作与交流司委托，中国教育国际交流协会于2021年组织实施中非职教合作项目，杭州职业技术学院被列为首批十四所试点院校之一，项目旨在推进中非合作论坛框架下职业教育领域的交流与合作，合作对象为尼日利亚YABA职业技术学院，两校自2021年1月建立联系以来，经多次视频会议和邮件联络，就共建杭州职业技术学院中非（尼日利亚）丝路工匠学院达成共识。

尼日利亚位于非洲几内亚湾西岸的顶点，人口约为2.27亿（截至2024年），是非洲第一人口大国，同时也是非洲最大的经济体，增长潜力巨大，是当今世界主要的新兴市场之一。浙江省作为中国的外贸大省，2019年对非贸易额已突破330亿美元，尼日利亚为浙江省对非投资的主战场，是浙江省对非贸易的最大出口国。然而，尼日利亚作为"走出去"企业优质产能输出的重要目的地，其劳动力素质和受教育程度普遍偏低，无法满足我国现有"走出去"企业的属地人才需求，面临着严峻的技术技能人才短缺问题，职业院校尤其是中国特色高水平高职学校和专业建设计划建设单位（"双高院校"）应发挥其类型特征，不断强化责任意识，通过"走出去"建设"丝路学院"形式，引领"一带一路"共建国家开展教育互助合作，这是时代赋予高等职业教育的新使命，本项目聚焦尼日利亚电梯、汽车、空调等产业发展面临的技术技能型人才需求缺口扩大、劳动者素质与产业发展不匹配等问题，采用校企联合定向培养的模式，为尼日利亚培养和输送高素质技术技能人才。

（二）尼日利亚 YABA 职业技术学院介绍

YABA 职业技术学院是尼日利亚高等教育的摇篮。1969 年，尼日利亚颁布第 23 号法令，YABA 职业技术学院正式成立，并授权 YABA 职业技术学院可招收职业技术培训类全日制、兼职学生，所设专业涵盖科学、商业管理，以及其他各项技术领域，以适应尼日利亚工业发展的需求，是尼日利亚职业教育与现代学徒制发展领域中排名第一的综合性高职院校。YABA 职业技术学院现由 8 个二级学院，包括艺术（设计与绘画）学院、工业与制造工程学院、环境研究学院、人文社科学院、工商管理学院、自然科学学院、技术教育学院、技术培训学院，以及 46 个行政部门组成。学校可为学生颁发国家专科文凭、高等国家专科文凭，以及科学、工程、技术、视觉艺术和管理科学等专业技能等级证书。YABA 职业技术学院现有在校生 20000 余名，教职工 1900 余名，并为一批技术和职业教育项目提供理学学士学位教育项目，涵盖商科、工业技术、数学、美术、综合理科、计算机等专业。

（三）合作模式

杭州职业技术学院尼日利亚丝路学院采用"校校合作"模式，由杭州职业技术学院、YABA 职业技术学院合作共建杭州职业技术学院中非（尼日利亚）丝路工匠学院。同时，丝路工匠学院将根据倬亿国际集团、中地海外集团公司等尼日利亚合作企业海外用工需求，实施"校校企"联合定向培养，为尼日利亚"走出去"企业和当地企业培养和输送高素质技术技能人才。

（四）办学内容

1. 应用型人才联合培养（学历教育）

由杭州职业技术学院和 YABA 职业技术学院联合招生，按照"1+1.5+1"的联合培养模式，即项目同期内学生第 1 年在 YABA 职业技术学院学习通识课程和基础课程；中间 1.5 年赴杭职院学习专业课程和中文基础课程；最后 1 年回到 YABA 职业技术学院完成毕业设计等。毕业后，项目学生同时获得杭州职业技术学院和 YABA 职业技术学院的文凭，在尼日利亚的中资企业为项目学生提供就业机会。

2. 校企联合定向培养（技能进修培训）

根据合作企业在尼日利亚的用工需求，聚焦电梯、汽车、空调等尼日利亚产业发展急需人才岗位，开展校企联合定向培养，学员毕业后可直接就业。

3. 汉语云端课堂、传统文化云端体验（文化类课程）

依托杭州职业技术学院国家级非遗专业教学资源库平台，面向尼日利亚学生开设文化类选修课程，如对外汉语、金石篆刻、乒乓球、武术、中国书法、剪纸、茶艺等，旨在通过介绍中国传统文化、文化特色、民间文化艺术等增强学员对中国文化的了解。

4. 管理人员和专业教师交流培训

面向YABA职业技术学院管理人员、教学负责人和相关专业带头人等开展培训，提升参与教师的理论基础、技术能力和教学质量，定期组织两校教师开展专业教学研讨、举办学术交流论坛，从而全面提高教育教学水平。

5. 尼日利亚国别研究

聚焦尼日利亚的经济与产业、历史与文化、政治与国际关系等热点领域开展研究，发挥丝路学院传播窗口作用，讲好中非友好合作故事。

（五）发展思路

1. 实施"丝路学院"建设计划

学校携手深度合作企业——中地海外集团公司、倬亿国际集团等知名企业，推进与尼日利亚职业教育领域的合作，与YABA职业技术学院合作建立杭州职业技术学院中非（尼日利亚）丝路工匠学院，建成世界水平的海外人才培养基地。依托电梯工程技术、电气自动化等专业优势，实施"1+1.5+1"的中非应用型人才联合培养，通过优化来华学生教育环境、完善来华学生培养机制、校企联合开展全日制学历教育留学生培养，为"一带一路"共建国家培养经济社会发展急需的技术技能人才，每年招生30人。通过加快区域优质职业教育资源和办学成果跨境输出，将"丝路学院"打造成具有中国特色的、世界一流的高等职业教育"走出去"办学的国际品牌和示范中心。

2. 实施"鲁班工坊"计划

依托中地海外集团公司、倬亿国际集团在尼日利亚的生产基地，聚焦电梯、汽车、空调等尼日利亚产业发展急需人才岗位，与合作企业共同制订人才培养计划，计划年均各类技术技能培训和各类交流1000人次以上，输出职业社会服务，为当地企业开展员工培训。同时，依托中非民间商会尼日利亚代表处等平台，整合各方优势资源，开展合作办学项目，培养当地紧缺的技术技能人才，更好地服务中国企业海外经营与国际产能合作对跨国家、跨行业、跨专业的国际化技术技能人才需求。

3. 实施文化交流共享计划

依托杭州打造国际"赛事之城""会展之都"大平台，携手战略合作单位西泠印社，建立海外中国文化研学基地——西泠学堂，逐步拓展与尼日利亚的合作领域，以文化交流、教育联盟、合作论坛等多种形式，联合在尼日利亚举办教育展、印学、书画文化展等活动，讲好杭州职业技术学院高等职业教育成功经验故事，传播校企合作办学的先进文化，加快学校办学先进理念和办学经验的输出共享，加强双方的联系与协调，促进中非之间的文化交流。

第七章

高职院校国际化办学的反思与展望

高职院校国际化办学近年来取得了显著进展，但也面临着"为国际化而国际化""盲目借鉴的国际化"和"盲目输出的国际化"等误区。展望未来，高职院校应继续深化国际化办学，致力于构建更加开放、包容的国际化办学环境，推动教育资源的全球共享，通过健全机制、平台建设、强化保障等多方面的努力，培养更多具有国际视野和竞争力的高素质技术技能人才，为国家经济社会的繁荣和发展作出更大贡献。

第一节

高职院校国际化办学的反思

一、高职院校国际化办学的误区

高职院校国际化办学步伐日益加快，既取得了一定的成果，也暴露出一些值得警惕和防范的误区，主要体现在"为国际化而国际化""盲目借鉴的国际化"和"盲目输出的国际化"三个方面。

（一）为国际化而国际化

基于超前的科学规划和国际化视野，部分办学能力较强的职业院校提前布局、先试先行，通过与国外高校深度合作、选派师生赴国外交流学习、聘请发达国家的专家学者讲座指导等方式，拓展了办学思路，国际化进程突飞猛进，取得了非凡成就。

然而，部分高校错误地将国际化视为一种经营手段，为了满足本就脱离实际而制定的指标以及追求国际化带来的名利，背离了办学国际化的初衷。只要某一项指标被强调，职业院校无论是否具备学校本身发展的条件和需要，都会竭尽全力去争取。这些院校大多缺乏自主、特色、差异化发展意识，不习惯在没有明确的办学目标指引下办学，存在严重的同质化倾向。一些自身发展水平较低的高职院校对内涵式发展不够重视，将有限的人力、财力、物力等资源都用于国际化办学。表面上看，学校的国际交流发展迅速，与国外多所应用科技大学签订了合作协议，外籍师生数量逐年增加，出国访问的专家数量不断增加。但实际上，由于其基础薄弱，尚无法与国外大学竞争，更无法与海外的应用型大学进行有效对接，师生赴国外学习和培训的效果较差；邀请海外专家来校交流讲学，大多停留时间较短，培训形式大于内容，达不到预期效果；一些职业院校无法与国外知名学校开展合作，只能通过各种渠道接触办学水平较低的职业院校，还为此付出了很大的成本，最终却只能取得低水平的合作协议，这对学校的国际化办学并没有实质帮助。《2017中国高等职业教育质量年度报告》首次向社会公布了"国际影响力50强"名单，这一趋势日益明显，大量的职业院校开始招收国际学生。《学校招收和培养国际学生管理办法》明确指出，高等学校须在具备相应的教学条件和培养能力的情况下，可自主招收来华留学生并自主确定招生专业。一些学校片面认为招收留学生是学校办学自主权的一部分，却忽视了学校是否具备招收留学生的教学条件和培养能力。如果这个前提没有得到相应的把关审核，一些没有达到要求的学校就会在没有充分准备的情况下贸然招生，降低录取标准，甚至为了扩大招生规模而盲目竞争。

（二）盲目借鉴的国际化

职业教育先进国家和地区经过长期实践，已形成了各国、各地区、各学校的办学理念和特色。中国作为现代职业教育的后起国家，需要不断学习、借鉴和吸收，最终形成具有中国特色的职业教育模式。当前，一些高校试图走"捷径"，直接"移植"国外的先进理念和模式。有的第一年借鉴德国的"双元制"模式，第二年又参考澳大利亚的TAFE模式；有的第一年采用了英国的学徒制教育理念，第二年又转为荷兰的能力本位模式……短短十年间，一些高校经历多次转换，几乎尝试了所有国际上比较有影响力的职业教育模式，到最后连"我是谁"都不知道了。部分职业院校同时引进国外多种职业教育模式，试图通过混合创新模式，却忽视了起根本性作用的基本国情、区域条件和办学条件。脱离现实的简单化，充其量只是字面上和形式上的革新，而不是真正的创新。

（三）盲目输出的国际化

随着"一带一路"倡议深入人心，一大批中国企业已经或正在"一带一路"共建国家大展身手。从沿海到内地，不少职业院校也都跃跃欲试，

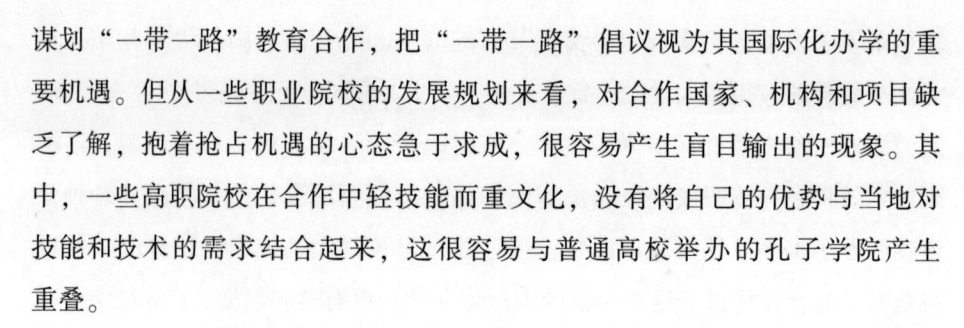

谋划"一带一路"教育合作，把"一带一路"倡议视为其国际化办学的重要机遇。但从一些职业院校的发展规划来看，对合作国家、机构和项目缺乏了解，抱着抢占机遇的心态急于求成，很容易产生盲目输出的现象。其中，一些高职院校在合作中轻技能而重文化，没有将自己的优势与当地对技能和技术的需求结合起来，这很容易与普通高校举办的孔子学院产生重叠。

此外，一些职业院校之所以盲目"走出去"，是因为高估了自己的办学水平。事实上，我国的职业教育近年来虽然取得了长足进步，但整体实力依然薄弱，其中最大的短缺资源就是师资。尽管近年来大多数高职院校不断加大引进留学归国硕士、博士高层次人才的力度，但总体上高职院校教师用英语作为授课语言的能力还比较弱，极大地限制了专业资源，如专业标准、专业课程的对外输出。调研显示，高职院校教师在给留学生开设全英文课程时，对自己的英文表达能力缺乏自信，在面对母语是英语的留学生时更是如此。因此，伴随着"一带一路"倡议走向国际，高职院校需要放下包袱、取长补短，在输出技能资源的同时，虚心接受并吸收"一带一路"共建国家高等职业教育的成功经验和技能技术，鼓励教师夯实外语基础，从而不断提高高职院校的国际化办学水平。

高等职业教育作为高等教育的重要组成部分，其办学国际化是必然趋势。加强职业院校内涵式发展，努力通过国际化提升学校办学和管理能力，需要周密谋划、奋勇前行。高职院校不能脱离实际，更不能陷入形式主义。

二、高职院校国际化办学的困境

审视当前我国高职院校国际化进程中存在的问题，是提升高职院校国际化办学水平的前提和基础。具体来说，当前我国高职院校国际化办学处于以下困境。

（一）国际化办学机制不健全

办学国际化是一项综合性的系统工程，需要从基础设施、教学资源、师资团队、专业课程等多方面内外统筹，实现国内外协调发展，这对高职院校的治理能力和治理水平提出了更高的要求。从目前我国高职院校国际化教育实践来看，国际化办学机制不完善、治理水平不健全是限制职业院校国际化发展的两大主要难题。原因主要有两点：一是高职院校尚未建立适应国际化发展的办学和管理机制。现阶段，很多高职院校的国际化办学思想观念尚未确立，在教育改革发展过程中没有将国际化作为一项战略任务，缺乏明确的国际化发展理念和计划；学校治理体系发展、教育教学改革没有与国际化发展接轨，导致国际化办学机制与学校治理体系脱节，国际教育合作与专业建设、课程建设、师资队伍建设无法有效协同。二是高职院校运行机制和教学管理难以适应办学国际化的要求。目前不少高职院校对国际化教育的认识还停留在师资交流培训、国际学生交流、引进一些优质教学资源等表面上，未能从学校办学和管理的层面开展国际化规划和建设。与国外相关教育机构合作时，对课程、教学、科研、师资等要素缺乏协调，导致合作办学专业性不强，难以保证教育质量。

(二) 国际化教育资源不充分

高职院校国际化建设要以"做优""做强"为目标，以高质量发展为引领。实现高质量发展的基础是建设优质的教育资源，建设优质教育资源也是高职院校培养高素质技术技能人才的根本支撑。当前，我国高职院校教育资源国际化建设的探索虽然十分活跃，但尚未形成气候。首先，在专业建设方面，不少高职院校在专业教育领域开展了国际合作，但大多集中在对办学条件和实训环境要求较低的人文社会科学类专业。而与产业发展相契合的专业领域，由于实训培养条件要求高、教育资源建设投入成本高，开展国际合作则相对较少。其次，在课程建设方面，高职院校课程建设的国际化程度有待提高。当前，我国高职院校课程建设普遍面临国际视野缺乏、双语课程数量不足的问题。除少数与外贸相关的专业外，大部分课程是根据地区经济社会发展的需要而设置的，没有按照国际通行的职业资格证书来开展课程设计、开发、建设、实施和管理。

(三) 国际化教育平台建设滞后

平台建设是现代高等职业教育高质量发展的重要途径，高职院校国际化发展需要聚集国内外产业力量和教育资源，建立多功能、综合性的人才培养平台。当前我国高职院校的国际化教育平台建设明显滞后于现实需要，

严重阻碍了高职院校办学国际化进程。具体表现在两个方面：一是缺乏平台发展思维。集群化是现代社会的一个重要特征，当代技术创新和工业生产都呈现出集群化特征。跨界融合、集团化发展已成为现代社会组织凸显优势、扩大规模的重要手段。推动国际化教育发展，高职院校需要充分运用平台思维，整合各方优势，弥补自身资源不足的短板。但目前仍有不少职业院校没有认识到平台建设对国际高校发展的推动作用，仍然坚持传统的发展战略，依靠自身的力量来达成国际化发展目标，缺乏对外部资源平台的利用和整合。二是平台建设水平有待提高。平台建设包括教学平台建设、产教融合平台建设、技术创新平台建设等多个方面，各平台既要相互独立，体现专业性和自主性，又要紧密衔接，发挥协同作用。但在实践中，我国高职院校国际教育平台建设水平普遍较低，常常只注重一类平台的建设而忽视其他相关平台的建设，并且各平台间缺乏有效统筹，导致沟通不畅、建设效率低。

（四）国际化师资力量不足

教师作为最重要的教育资源，是决定人才培养质量的关键性因素。高职院校的发展需要一支数量充足、水平高超的国际化师资队伍，但目前多数高职院校处于国际化师资力量不足的困境。首先，外籍教师数量仍然较少。近年来，为提高国际化教育水平，不少职业院校纷纷推出颇具吸引力的薪资待遇，广纳一流国际化人才，但碍于受教育程度、软硬件条件等因素，对外籍教师的吸引力仍然不够，导致外籍教师数量较少。其次，教师缺乏国际素养。长期以来，我国高等职业教育发展注重服务地方经济社会发展，大部分职业院校立足地方开展办学。出国进修访学的机会不足导致大部分教师不具备国际视野，外语交流能力较弱，因此加强高职教师国际素养培养刻不容缓。再者，兼职外教资源仍有待开发。随着我国高等职业教育国际化的不断深入，不少职业院校开展了中外合作办学项目，邀请了一些优秀外籍教师来华讲学、指导教学等。但从总体来看，绝大多数来华短期授课或网络平台授课的外教数量还远未形成规模，兼职外教资源仍须进一步开发。

第二节

高职院校国际化办学的展望

一、坚定方向是前提

引领职业教育服务国家战略，是我国社会主义职业教育改革发展的重要方向。高职院校国际化发展要以习近平新时代中国特色社会主义思想为指导，立足于国家战略，遵循社会主义办学路线，推动我国迈向教育强国、人才强国的目标。

首先，高职院校国际化应服务国家对外开放战略。2019年6月，习近平总书记在二十国集团领导人第十四次峰会上发表重要讲话，宣布中国将进一步开放市场，努力实现高质量发展。进一步对外开放，不仅是我国经济发展全面融入世界经济体系的客观要求，也是我国经济转型升级的内在需要。通过国际化发展服务我国对外开放，助力我国优质产业和企业"走出去"，是高等职业教育作为类型教育的必然选择。高职院校通过国际化办学，积极参与国际竞争，引进和借鉴国外优质职教资源，输出和传播我国高等职业教育经验，加强我国高等职业教育的国际话语权与影响力，推动我国高等职业教育走向世界舞台。

其次，高职院校国际化应服务"一带一路"倡议。"一带一路"倡议是构建人类命运共同体的宏伟实践，是我国对外开放基本国策的战略举措。近年来，我国高职院校国际化发展步伐加大，很大程度上得益于"一带一路"倡议带来的历史性机遇和良好形势。当前，"一带一路"倡议正处于全面推进的关键时期，高职院校一方面要适应时代潮流，立足于服务国家战略，科学规划发展策略、勇担历史责任，助推国家对外经济发展；另一方面，要把学校国际化建设与国家"一带一路"倡议结合起来，提高国际化思维和能力，拓宽视野，在国际化进程中切实拓展对外开放的广度和深度，努力实现高等职业教育与国家建设的协同发展。

二、机制健全是基础

高职院校国际化不仅受到外部环境的影响,更受到学校决策者对学校发展阶段、区域发展环境与国际化关系认识的驱动影响。当前,高职院校决策者必须充分理解和认识国际化是高职院校发展的必然选择,建立健全国际化管理体制机制是高职院校国际化教育有序发展的必要环节。

(一)完善国际化发展组织架构

设立国际合作部门,安排熟悉国际交流、国际教育或国际标准等事项的人员负责对外交流工作,在学校党委的统一领导下,根据国家职业教育政策和文件,研究制定学校中长期国际合作规划,并将其纳入学校的核心工作。围绕既定目标和主要任务,全面统筹国际化建设发展所涉及的资源。各相关部门、二级学院确立国际化联络员,与国际合作与交流部门协同落实学校国际化发展战略。开展来华留学生培养工作的高职院校,要设立国际教育学院等来华留学生归口管理部门,制定完善的来华留学生管理制度,扎实做好招生推广、学生管理、教学管理、技能培养、汉语教学、文化交流、考核评估等工作。

(二)建立国际化协调运行机制

就政府层面而言,必须建立支持高等职业教育"走出去"的综合协调机制。加强高等职业教育"走出去"顶层设计,研究高等职业教育"走出去"涉及的业务范围,梳理相关负面清单,为政府制定扶持政策提供依据和指导;设立专门负责协调支持高等职业教育"走出去"和职业教育服务"一带一路"的协调部门,要加强外事、商务、教育、人社、财政等部门与涉外和援外机构之间的沟通协调,统筹政策的研制和出台,避免"政出多门"的现象;加强与"一带一路"共建国家的协调,整合对职业教育相关人才的需求和资源需求信息,将相关信息、资源和服务与有基础和条件的职业院校相对接,提升职业教育向"一带一路"共建国家输出的精准度和实效性。

就学校层面而言,需要明确国际化并不仅是国际交流合作部门的任务,还是一项全校性的综合工作,涉及学校的各个领域、各个部门,应建立由国际交流合作部门牵头、相关职能部门和教学单位密切配合的国际化办学协调运行机制。加强宣传教育,让师生充分认识国际化对学校发展的重要性,充分调动他们参与学校国际化工作的积极性,积极谋划国际化发展新思路。落实信息交流机制,定期召开办学国际化工作会议,有序推动国际化发展进程,避免因信息沟通不畅而延误发展机遇、相互推诿。通过建立合作办学机制、资源共享机制、利益分配机制等制度,对外规范各类教育机构的行为,激发各方实施国际化办学的积极性,保障各方的利益和成果。此外,加强思想引导和宣传教育,使广大师生员工深刻认识推进教育国际化的紧迫性和必要性,了解推进国际化对学校未来发展的深刻影响,积极认识和参与发展教育国际化,主动谋划国际化实施路径,开拓国际化发展思路,创新国际化改革发展新模式。

(三) 建立国际化办学考评机制

高职院校应采取灵活多样的考核方式,对参与学校国际化事务的行政职能部门和教学单位进行考核,以激发其参与国际化建设的主动性和积极性。首先,将服务保障国际化工作列为教务、人事、科研、学工、后勤等职能部门的考核内容,鼓励职能部门积极参与学校国际化建设。其次,二级学院作为国际化办学的重要实施主体,应将国际资源引进、国际人才培养、国际合作与服务纳入二级学院考核的核心指标,推动其积极开展国际交流与合作工作,在内部形成压力和动力的有效传导。最后,教师是高职院校国际化办学的实施者,提升国际化教学能力应成为教师专业发展的重要内容。例如,将参与国际化办学项目、出国访学和工作经历等作为专业教师职称评审的参考依据。同时,出台相应的制度文件,加强对教师"双语"能力的培养,鼓励教师出国(境)学习和工作,有效提高教师的国际化教学和管理水平。

(四) 建立国际化经费保障机制

政府应设立高等职业教育国际化建设专项资金,充分调动高职院校开展国际化办学的积极性。实现公办与民办职业院校之间、地区院校之间的资金合理配置,充分发挥民办院校在管理体制和人才培养等方面的灵活性优势。引导边远地区高校充分利用区位优势,积极对接国家"一带一路"倡议,推进国际化建设。例如,广西壮族自治区充分利用区位优势,与东盟国家开展卓有成效的合作,建立了中国—东盟大学智库联盟、中国—东盟边境职业教

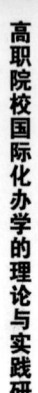

育联盟、东盟语种人才培训基地等合作平台，政府为教育联盟平台的建设发展提供专项资金。同时，广西壮族自治区政府逐步加大面向东盟国家留学生的奖学金支持力度，将广西打造成东盟学生留学首选目的地，打造"留学广西"国际化品牌。

此外，高职院校应在充分开展项目可行性论证、绩效分析等研究的基础上，编制国际化建设的预算，制定资金管理办法，做到钱与事、任务与考核相结合，提高资金使用效率。逐步建立健全多元化资金投入机制，多渠道融资，吸引社会各类资本参与高职国际化项目的建设，特别是要加强与"走出去"企业的合作，建立多渠道的资金保障机制。

三、平台搭建是重点

平台搭建是实现高等职业教育高质量发展的重要路径。优质高效的平台是高等职业教育国际化的"立交桥"，对于促进高等职业教育国际合作与交流、提升国际影响力有着重要作用。高职院校要建立起平台发展思维，积极构建多方参与的职业教育联盟，与"走出去"企业开展合作，参与政府或行业协会搭建的各类国际合作交流平台，不断提升教育国际化的水平和能力。

（一）高职院校国际化办学平台搭建的基本原则

一是体现育人原则。作为我国高等职业教育迈向国际教育领域的"桥梁工程"，搭建国际化平台是提高我国职业教育国际化发展水平、推动国际化高质量发展的重要举措，是跨境输出中国特色职教经验和模式的有效路径。因此，在打造国际职业教育平台时，必须以职业教育的内涵和使命为基础，突出育人原则。也就是说，国际化平台的建设必须充分对接职业教育的基本要素，体现职业教育本质规律，融入职业教育的基本功能，达到国际化平台建设与职业教育国际化改革发展的相辅相成，这不但是国际化平台育人属性的重要表现，更是衡量我国职业教育国际化发展水平的重要指标。

二是强化合作原则。在"一带一路"背景下，开放、合作、互动、交流已成为当代发展的主旋律。因此，加强合作是打造职业教育国际化平台的重要原则之一。建设国际化平台的主要目标是促进开放合作，实现利益相关者优势资源共享和互动。充分利用国际化平台的功能，统筹优化各方资源配置，组织丰富多彩的交流活动，收集教育发展、行业需求或地方政策等各领域的有关信息，建设国际化技能人才培养基地、提供职业教育国际化技术服务等，从而加强职业教育国际化各利益相关方的交流与合作，实现优势资源的共享和互通。

三是落实服务原则。服务区域经济转型升级是职业教育社会价值的重要体现。当前，一大批中资企业跨出国门开拓国际市场，但部分"一带一路"共建国家的人力资源开发水平较低，职业教育发展滞后于市场对技术技能人才的需求。这不仅影响了"一带一路"共建国家的可持续发展，也严重制约了中资企业的海外经营。因此，高职院校应秉持教随产出，携手"走出去"企业搭建国际化平台，汇集学校和企业双方的资源优势，开展技术技能培训、技术服务等，培养"走出去"企业发展所需的本土人才，为中国企业海外发展提供支持。同时，高职院校也要积极利用中资企业在政策、环境、市场等海外发展方面的经验，拓展运营渠道和功能，实现国际化平台的可持续发展。

(二) 高职院校国际化办学平台搭建的路径

1. 积极参与政府或行业协会搭建的国际合作交流平台

高职院校可以参与的项目有天津"鲁班工坊"、浙江"丝路学院"、江苏"郑和计划"、中国教育国际交流协会组织的"中国—东盟教育交流"等交流项目。高职院校还可充分利用中国教育国际交流协会丰富的国际资源，如"百千万交流计划"，齐心协力，共同推动中国职业教育迈向世界舞台。由教育部、外交部、贵州省人民政府联合举办的"中国—东盟教育交流周"致力于打造中国与东盟国家合作的教育品牌，该活动已纳入《中国—东盟战略伙伴关系2030年愿景》《澜沧江—湄公河合作五年行动计划（2018—2022）》，成为中国和东盟各国在教育领域最重要的制度性交流合作平台。目前，参与学校和教育机构已有1000余所，签署国际化合作协议或合作备忘录近800份，对于深化中国与东盟国家友谊、加强教育合作和人文交流发挥了积极的作用。另外，可以积极申报教育部中外语言交流合作中心的"汉语桥"交流团组和"中文工坊"项目，为"一带一路"共建国家开展中文教学和职业技能提升培训。

2. **建设国内外有关院校、行业、企业、政府机构等共同参与的职业教育联盟**

充分利用联盟成员的信息和资源优势，为学校国际化工作提供决策依据，降低合作风险，实现精准高效的国际化发展。例如，湖南外贸职业学院在中华人民共和国商务部、教育部、国家国际发展合作署的支持下发起了中非经贸合作职业教育联盟，成员单位包括49所国内优质职业院校、49家对非合作龙头企业、3家三级医院和4个湖南非洲商协会，专业覆盖农业、交通、能源、矿业、医药健康、影视传播等多个领域。联盟将整合政府、学校、企业、协会多方资源，依托各类开放平台，达成国内与国际、学校与企业、行业与行业的产教深度融合，促进中非经贸合作。

3. 携手"走出去"企业开展海外办学，共同打造援外教育平台

高等职业教育海外办学是在构建"人类命运共同体"的倡议下产生的，与国家层面对外援助战略息息相关。

教育主管部门须统筹境外办学，协调外交、贸易、教育、文化等部门资源形成合力。同时，引导高职院校前往中资企业海外业务量大或企业急需拓展业务、市场潜力巨大的国家和地区开展境外办学，发挥示范引领作用，带动其他院校共同"走出去"。鼓励高职院校构建"走出去"的协作交流平台，支持"走出去"企业与职业院校共同组建职业教育集团，开展跨境产学合作项目，鼓励相关职业院校参与"走出去"企业的海外拓展项目；设立高职院校参与"一带一路"建设的协作组织，设计并发布职业教育领域中外合作与交流项目，促进高职院校间相互协作、抱团发展；鼓励办学能力强、有一定"走出去"办学基础和经验的高职院校，参照国家汉办孔子学院的做法，在海外设立一批"丝路学院"，促进"一带一路"共建国家技术技能人才的培养；指导高水平高职院校逐步将国际交流合作的重点从德国等职业教育发达国家转移到"一带一路"共建国家，引导职业院校结合自身办学优势和专业特点，聚焦相对固定的领域开展合作，形成可复制、可推广的经验做法服务"一带一路"发展。

高职院校作为境外办学的主体，需将"走出去"的发展需要与职业教育境外援助相结合，服务国家整体对外开放大局。教育国际交流与合作容易受到政治、经济、文化和双边关系的影响，具有不确定的特点。"走出去"企业在目的国耕耘多年，对目的国的整体社会状况有了一定的了解。高职院校与其合作，可以有效规避跨国教育流动阻碍，降低合作潜在风险。对于处于海

外业务拓展起步阶段的企业，高职院校应发挥其在技术、语言、管理等方面的优势弥补企业的短板，与企业合作共同拓展海外市场。"走出去"企业为高等职业教育提供国际化平台支持，为学生提供实习、实训的机会，让学生更好地了解中国企业的技术水平、生产管理和企业文化，为学生未来实现高质量就业打下坚实的基础。同时，高等职业教育为产业发展提供智力支持，高职院校根据当地产业发展情况，结合企业实际需求，合理制订培养方案，满足企业境外生产经营的人才需求。职业院校要按照《高等学校境外办学指南（试行）（2019年版）》，从招生规模和生源、教学质量评估、风险防范、跨文化交流等方面规范境外办学的流程。

4. 搭建国际科研合作平台

开展职业教育领域研究是深化职业院校国际化内涵、实现高等职业教育国际化高质量发展的重要手段，有利于提升办学国际化决策的可行性和科学性。第一，应建立专门的研究机构。过去职业教育的研究领域主要集中在发达国家，针对发展中国家的研究相对较少，对其职业教育发展需求的调查研究相对不足。因此，迫切需要对"一带一路"共建国家职业教育发展和需求进行调查研究，为开展国际合作奠定理论基础。第二，应建立国际合作机构，推动跨国职业教育研究。跨国职业教育研究合作是深入了解相关国家职业教育的有效途径。通过引入目标国家的研究优势和资源，可以有效弥补传统研究仅通过文献或调查的方式的缺陷。第三，举办国际学术研讨会，促进发展中国家职业教育交流与合作。举办国际学术研讨会是推广我国职业教育发展理念和经验、增进合作与交流的重要平台，不但可以为"一带一路"共建国家的国际合作与交流提供中国智慧和中国方案，也可以为高水平高职院校建设纵深发展提供支撑和保障。

四、专业建设是核心

高职院校能否实现人才培养目标，关键在于其专业能否适应国际市场人才培养的需求、能否具有国际竞争能力。

（一）重视专业特色和品牌建设

专业是高等职业教育人才培养的有效载体。高职院校应结合本校办学实

际和劳动力市场需求，统筹学校优势专业资源，组建国际化人才培养的专业集群。积极引入国外成熟的标准体系，如欧盟的欧洲资格框架、德国的培训资格条例、英国的通用评估框架等，结合我国现有实际情况进行分析、比较和研发。参与职业教育发达国家的国际专业认证，如《悉尼协议》《华盛顿协议》《都柏林协议》等，确保学校的人才培养体系和质量接轨国际标准。探索专业标准、职业资格标准对接"一带一路"共建国家企业技术标准体系，打造中国职业教育品牌，提高专业的国际影响力。同时，在专业教学中融入"工匠精神""知行合一""终身学习"等具有中国特色的职业教育理念和精神。

（二）重视课程内容和质量建设

课程是专业建设的基础。首先，高职院校必须更新课程建设理念，深刻理解课程国际化是高等职业教育国际化的必然结果，应根据最新职业技术国际化人才培养规格和专业建设方向，确定课程建设的目标、内容、组织形式和评价方式，打造开放的国际化课程体系。例如，德国通过建设"双元制"职业教育和职业培训课程，以应对"工业4.0"。通过界定"工业4.0"的总体行动领域，确定并分析典型工作任务，探索相应的能力要求，构建合适的学习模块。

其次，高职院校必须依托基础好、实力强的专业进行课程国际化建设，这些专业有能力对各种国际化因素做出快速反应，可以实时关注相关行业和企业的信息和资源，第一时间传递到课程教学中。而且，优势专业课程国际化建设将发挥辐射带动效应，可以有效促进相关专业课程建设的共同发展。

再次，高职院校要努力与国外高水平大学、跨国公司、"走出去"中资企业开展密切合作，根据国内外劳动力市场以及就业的需求，优势互补、能力导向、协同发展，共同开发职业资格标准、实习培训标准等国际标准。

最后，课程国际化要与国际通用职业资格标准接轨，让培养的技术技能人才服务国际经济发展，同时让劳动力融入国际职业教育体系，有助于将来的学习提升。国际标准的制定必须关注"谁来制定、如何制定、如何实施"等问题，重点关注制定主体、制定过程和实施管理三个维度。

(三) 重视输出以专业建设为核心的高等职业教育理念、模式和标准

参与国际职业教育标准制定并实现推广和应用，是我国高等职业教育提升国际影响力的必然选择。以课程标准为例，首先，课程标准输出可以促进目的国家职业教育的发展，教育教学标准是确保人才培养质量和教学水平的基础性文件，向"一带一路"共建国家输出教育教学标准，可以传播我国先进的高等职业教育理念、人才培养模式、教育教学内容和方法，提升办学水平和人才培养质量。其次，推动我国高等职业教育标准建设和内涵发展。高职院校在教育教学标准"走出去"过程中，将更加注重专业标准、课程标准等制定，提升标准的科学性、规范性和国际化水平。因此，课程标准的输出将有助于进一步提高我国教育教学水平，推动高等职业教育内涵式发展。最后，增强职业教育的话语权，提升国际影响力。教学标准包括技术标准、职业标准、文化和价值观。教学标准向"一带一路"共建国家推广，有利于企业文化和中国技术的传播，它不仅会影响一所或几所高校，还可能影响乃至整个产业或行业，有利于不同教育体系之间的沟通和认可，增强我国标准、文化和价值观的国际认可和影响力，展现文化和理论自信。

五、师资建设是关键

育人是教育的根本任务。高职院校培养具有国际意识和国际竞争力的一线技术技能人才，应打造一支具有国际视野、国际化教育理念和技能的教师队伍。师资队伍建设不仅包括专业教师和科研人员，还包括管理队伍和教辅队伍，如留学生的班主任和辅导员。政府必须认识到，教师国际化发展是当今世界高等教育发展的必然趋势，要分析当前高职院校教师国际化发展现状，制定落实相关教师国际化发展支持政策，将更多教育资源投入高职院校，如为国际化师资队伍建设提供专项资金支持。高职院校要把国际化师资队伍建设纳入学校整体工作规划，制定国际化师资队伍建设指导文件和实施细则，成立专门负责国际化师资队伍建设的领导小组和管理办公室，负责制定教师队伍国际化建设的培训计划、考核制度和激励机制。学校各二级学院要组建国际教师发展小组，有组织、有计划地推进国际教师发展。

师资队伍建设可采用"外引"和"内培"相结合的方式。

（一）"外引"

高水平国际化师资是提升师资队伍整体国际化水平的重要保障。在"外引"方面，高职院校应注意以下两点。

一是高职院校要围绕学校发展建设整体和学科专业建设实际需要，积极出台海外高端人才引进和管理政策，完善海外高端人才引培机制，优化引进模式、招聘形式和激励机制。加大引进学术水平高、行业和企业工作背景丰富的海外高端人才的力度，吸引海外高端人才来校参与学科建设、专业建设及管理服务，有效发挥海外高端人才的聚合效应和团队效应，不断促进本土优秀人才与海外高端人才的融合发展，通过引入国外先进的办学理念、教学方法和科研方法等，拓宽教师的国际化视野，提高教学科研水平，提升教学和管理团队的国际化能力。

二是高职院校应摒弃一味注重显性指标的弊端，认识到盲目注重指标、扩大外籍教师数量未必符合当前学校或地区高等职业教育发展的实际情况，否则不仅不能保证教育教学质量，还有可能产生其他社会问题。因此，外籍教师的引进必须结合实际，确保实效。在外籍教师的聘用和管理上，应以加强师资队伍建设，提高教师教学科研水平，提升学生外语应用能力，拓宽师生国际视野，营造良好的国际化学校氛围为目的。

（二）"内培"

与加大投入、"引进"世界知名技术专家和外事教师充实师资队伍的做法相比，"内培"是大多数高职院校更优的选择。高职院校应该认识到，高职教师国际化发展是当前高职院校应对经济全球化必须具备的教育理念。

1. 高职院校应完善国际化师资培养体系

高职院校应从政策、制度、环境等多个方面制定与学校国际化师资队伍建设相适应的配套政策措施。

一是要建立联动人事管理部门和国际合作部门的教师国际化运行机制，将国际化能力作为重要模块纳入现有教师培养体系。例如，引入或建立在线国际培训资源库，鼓励教师根据培训目标和指标选择相应课程进行学习，弥补教学和管理能力的差距；定期与具有丰富国际化教学和管理经验的教师举办研讨会讲座，加深教师对办学国际化内涵的理解，并将其转化为实际行动。

二是在高职院校教师国际化进程中创新语言培训方式，突破外语交流瓶颈。针对高职院校教师外语交流存在的难题和教学任务重的实际问题，高职院校应创新语言培训方式。例如，可与国内知名语言院校签订国际教师联合培养协议，采取"集中培养+分散教学"的灵活方式，帮助教师突破外语交流障碍，提升教师参与国际交流的语言沟通能力。

三是加大教师出国进修培训力度。高职院校要积极与国外机构开展教学、科研合作，采取互派师资的方式，积极选派教师到国外大学进修，拓宽国际化教学视野，提升教师国际化教育教学技能；定期邀请国内外著名专家学者来校就办学国际化进行专题讲座，举办多种形式的中外教师教学科研座谈会；完成出国（境）进修任务的教师要提交高质量的学习心得体会，分享自己的学习经验和成果，努力将学习成果应用于教育教学改革和技术创新，提高教师国际化教学和社会服务水平。

四是要深化产教融合、校企合作。当前高职院校的社会服务领域面临科研技术开发能力薄弱的问题，专业教师应深入跨国企业实践，例如，组织专业负责人和青年博士到企业挂职锻炼或参加实践活动，与技术人员共同开展科研开发和服务，从而提高职业院校国际化人才的培养质量。

2. 高职院校要改革教师的激励和评价机制

一是要进一步加大国际化师资队伍建设的投入。除争取国家留学基金委项目外，应积极建立多元化的教师国际化发展教育基金，充分利用好上级财政资金，积极争取企业赞助或设立教师国际化发展基金等，确保资金充足。二是要保证承担出国（境）培训访问、交流的教师仍享有合理的工资和福利待遇，以弥补教师因参加培训而导致的教学工作量的损失，此外，对于自费公派出国（境）学习的教师应给予适当的补助或奖励。三是制定详细的教师出国（境）进修评价制度，有关部门可利用互联网或其他通信方式追踪出国（境）教师的工作和学习状况，了解教师遇到的问题和困难，及时采取各种措施和方法，确保出国（境）培训的有效性。四是将国际化的教学科研成果纳入教师评价体系，对参与办学国际化一线的教师和管理人员在职称评聘等方面给予适当的优惠政策，鼓励教师积极开展区域国别研究，参与留学生培养、援外培训等国际化工作。

3. 高职院校要营造良好的国际化办学氛围

积极组织多种形式的中外人文交流活动，一是举办各类国际文化节、外语角、国际学术会议和研讨会等活动，提高学校的国际影响力。二是鼓励教师指导学生积极参与各类国际技能竞赛、实践活动、国际志愿者服务和实习项目等，增强学生的国际意识，培养跨文化交流能力。通过以上各类人文交流活动，一方面可以拉近与外国友人的距离，近距离了解中国文化，另一方面可以提升教师对自己教学能力和自身文化的自信。

六、质量评价是保障

办学质量是教育的命脉所在。构建多维度协同的国际化质量保障体系，是提高职业院校国际化人才培养能力和水平的必然选择，对于加快建设高等职业教育治理体系和治理能力、提升高等职业教育的国际竞争力和影响力起到了关键作用。高等职业教育办学国际化是多方参与、多方受益的过程。随着高职院校国际化办学规模和水平的提升，开展国际化教育质量评价是高职国际化教育实现高质量发展的重要保障。

首先，要认真学习上级部门制定的政策制度和文件，积极开展自查、自纠行动，依法依规办事。例如，举办中外合作办学的高校可以依据教育部《中外合作办学评估方案（试行）》的评估指标，结合本校实际制定相应的规章制度，规范合作办学的引进和管理，提高合作办学的质量和效果。开展来华留学生培养的高校要对照《来华留学生高等教育质量规范（试行）》的要求，定期自查，查漏补缺，提高来华留学生的培养和管理水平。

其次，要积极响应上级部门对国际化办学的检查监督工作，严格落实监督意见，及时整改提升。积极参与中外合作办学机构或项目评估工作，该工作由教育部国际合作与交流司牵头组织，由中国教育国际交流协会具体实施。工作内容包括：一是开展中外合作办学年度报告质量诊断。诊断工作以高职院校中外合作办学机构或项目提交的年度办学报告等材料为依据，对照中外合作办学相关法律、政策，结合相关评价指标，邀请外部同行专家对机构或项目在一个完整培养周期内的办学质量开展诊断评估，有针对性地组织机构或项目管理团队和教学团队开展政策解读及同行办学成果经验交流互鉴。二是实施高职院校中外合作办学质量认证。诊断和认证由高校自愿申请，服务高校合作办学机构和项目高质量发展需求。认证结果将被教育主管部门采纳接受。需要说明的是，开展评估的初衷并非分出"三六九等"，而是通过评估发现不足，对症下药，并提供改进建议。

再次，建设具有国际化特色的第三方专业评估机构。第三方专业评估机构的建立是评估国际化的基础。发达国家成熟的第三方教育质量评估活动大多由具有评估资质、能够进行独立评估的第三方机构开展，这在很大程度上确保了评估的公平合理。同时，这些评估机构制定了比较科学的、满足评估需要的标准体系，建立了规范的评估流程，人员专业水平较高，能够有效开展评估工作，评估结果获得政府、企业等相关部门或部门的广泛认可，不仅为学校寻求政府财政资助提供了依据，也为企业和其他用人单位引进人才提供了参考，在社会层面确立了评价权威，使评价机构获得公信力。但目前发达国家第三方评估机构的国际化水平不高，只有少数企业属性的第三方评估机构开展了跨国评估活动。审核团队对境外合作学校的招生政策、办学流程、教学质量等方面进行评估，确保境外教育培训质量。因此，高职院校可以探索建立国际第三方职业教育评估联盟，并在各国设立分支机构，招收各国相关专业人士组建跨国专业评估团队，根据各国高等职业教育发展实际制定质量评估标准，按照一体化的标准流程开展评价工作，实行严格的内部管理制度，建立健全组织运行机制，为国际社会提供优质的职业教育服务，促进职业教育的高质量可持续发展。

最后，开展高等职业教育国际化绩效控制。绩效控制可以全面展示教育国际化的实际发展状况，可以为政府部门和学校发展提供决策依据。高职院校要科学评估和实施每一项国际化任务，不断优化评估和监测流程，建立一套完整的监测和反馈体系。应逐步将高等教育国际化战略绩效的控制纳入政府和学校工作评价，同时将高等教育国际化的发展规划、实施情况以及政府部门之间的协调也纳入其中。绩效控制是发现问题并及时反馈，以便及时修正的过程。

七、人文交流是纽带

改革开放以来，我国的综合国力持续提升，国际社会渴望重新认识中国，

了解中国快速发展的经验，关注中国的未来发展规划。

2013年9月，习近平总书记对土库曼斯坦、哈萨克斯坦等国进行国事访问，在出席上海合作组织比什凯克峰会时提出，"一带一路"建设要加强"五通"，即政策沟通、设施联通、贸易畅通、资金融通和民心相通。2017年5月，习近平总书记出席"一带一路"国际合作高峰论坛开幕式并发表主旨演讲，提出"国之交在于民相亲，民相亲在于心相通"。中外文化交流作为促进各国民心相通的重要途径，发挥着夯实中外关系、增进了解信任、实现和平发展的作用。

新发展形势下，高职院校要积极落实《关于加强和改进中外人文交流工作的若干意见》要求，服务国家改革发展和对外开放整体战略，聚焦民心相通、文明互鉴、互利共赢，充分发挥职业教育在促进中外人文交流方面的重要作用。

一是正确把握新时期中外人文交流的定位、目标和原则。坚定"四个自信"，突出"以我为主、兼收并蓄"的原则，在中外人文交流的过程中努力诠释中国坚持和平发展、合作共赢的理念，展现出一个真实、立体、包容的中国。

二是构建中外人文交流机制。将人文交流理念与学校国际化办学的实施过程相结合，着力丰富和拓展中外人文交流的内涵和领域，积极参与上级部门组织的中外人文交流项目、各省市友城项目，以及学校自发设计开展特色交流项目等，积极打造具有国际影响力的中外人文交流品牌项目。

三是稳步推进来华留学工作。完善语言互通工作机制，促进我国与世界各国语言互通，拓展多层次语言文化交流渠道。高职作为来华留学生培养的重要实施主体，应在留学生培养过程中开设汉语及中国文化、中国道路等国情类课程，鼓励来华留学生学好中文，提升对中国文化的认同，培养知华、友华、爱华的国际青年。留学生们回到本国后将以亲历者的视角讲述"中国故事"，推动世界公平、公正、客观地认识中国。

参考文献

[1] 教育部. 关于印发《推进共建"一带一路"教育行动》的通知（教外〔2016〕46号）[Z], 2016.

[2] 教育部等九部门. 关于印发《职业教育提质培优行动计划（2020—2023年）》的通知（教职成〔2020〕7号）[Z], 2020.

[3] 国务院. 关于印发国家职业教育改革实施方案的通知（国发〔2019〕4号）[Z], 2019.

[4] 教育部, 财政部. 关于实施中国特色高水平高职学校和专业建设计划的意见（教职成〔2019〕5号）[Z], 2019.

[5] 任君庆, 等. 宁波高等职业教育国际化研究[M]. 杭州：浙江大学出版社, 2018.

[6] 赵长兴. 国际教育援助理论和中国对外职业教育援助策略研究[M]. 北京：北京理工大学出版社, 2022.

[7] 杜方敏, 陈慧. 中国高等职业教育"走出去"的探索与实践[M]. 北京：经济日报出版社, 2022.

[8] 简·奈特. 激流中的高等教育：国际化变革与发展[M]. 刘东风, 陈巧云, 译. 北京：北京大学出版社, 2011.

[9] 林金辉, 刘志平. 高等教育中外合作办学研究[M]. 广州：广东高等教育出版社, 2010.

[10] 彭薇. 区域高等职业教育国际化理论与实践研究[M]. 长春：吉林大学出版社, 2020.

[11] 姬玉明. 关于我国高职教育国际化现状的思考[J]. 教育与职业, 2015(10)：107-109.

[12] 汤晓军. 中国高等职业教育国际化研究[M]. 苏州：苏州大学出版社, 2021.

[13] 钱文君，辛艳凌．"一带一路"背景下区域职业教育国际化发展的实践研究［J］．中国职业技术教育，2022（24）：86-90．

[14] 张慧波．"双高"建设背景下高职学校国际化发展策略［J］．教育与职业，2019（21）：47-51．

[15] 葛道凯．职业教育在服务经济社会发展中提质增效［J］．中国职业技术教育，2021（12）：21-26．

[16] 熊建辉，高瑜，王振，等．新时代职业教育国际化发展战略与创新路径思考（下）［J］．中国职业技术教育，2019（36）：5-16．

[17] 任君庆，刘亚西．职业教育国际化平台的构建与功能发挥［J］．中国职业技术教育，2019（12）：20-23．

[18] 李盛兵．大学国际化评价指标体系初探［J］．华南师范大学学报（社会科学版），2005（6）：113-116．

[19] 张海宁．基于八维结构的高职教育国际化发展现状及对策研究——以江苏省为例［J］．中国职业技术教育，2019（13）：74-79．

[20] 王琪．高职院校服务企业"走出去"的现状、问题与优化策略［J］．职业教育（下旬），2020，19（9）：29-34．

[21] 汤晓军，陈洁，陆春元．新时期高职院校国际化发展的形势、问题与对策［J］．教育与职业，2021（10）：43-48．

[22] 莫玉婉．"走出去"办学：高职院校国际化发展路径简论［J］．职业技术教育，2016，37（1）：13-17．

[23] 莫玉婉．高职教育国际化：内涵、实践及改革趋势——基于国家百所高职示范校的调查分析［J］．职业技术教育，2017，38（16）：24-28．

[24] 康卉，党杰，黄晓洲．高职院校中外合作办学的现状、问题与对策［J］．教育与职业，2020（15）：35-39．

[25] 庞世俊，柳靖．职业教育国际化的内涵与模式［J］．职教论坛，2016（25）：11-16．

[26] 张健，陈洁，陆春元，等．"一带一路"背景下对外合作交流与国际人才培养的实践——以苏州市职业大学为例［J］．科技与创新，2020（5）：142-144．

［27］郭广军，金建雄．高职教育质量保障多元协同治理模式研究［J］．高等职业教育探索，2019，18（4）：13-18．

［28］王保华，申金霞，刘海燕，等．全球公共危机时代的来华留学舆情：现实图景与应对之策［J］．对外传播，2020（11）：39-41．

［29］陈超群，胡伏湘．"双高计划"下高职院校国际化师资建设的现实审视与发展路径——基于湖南省70所高职院校的数据分析［J］．职业教育研究，2020（3）：80-84．

［30］李健．基于"双高计划"的我国高职院校教育国际化问题与对策［J］．天津中德应用技术大学学报，2020（4）：26-36．

［31］赵南森，何磊磊，李家辉．新形势下外籍留学生安全管理的挑战与对策［J］．吉林广播电视大学学报，2019（6）：158-160．

［32］袁媛，袁张帆．中华文化认同目标下的来华留学生思想教育工作探析——以福建5所高校在华留学生调查为例［J］．高校辅导员学刊，2019，11（6）：11-15．

［33］王建滨，张艳波，赵庆松．重构与机遇：高职教育国际化的制度逻辑和要素探究［J］．天津中德应用技术大学学报，2021（1）：11-16．

［34］黄华．高职院校开展国际交流与合作的战略分析［J］．职业技术教育，2011，32（22）：45-48．

［35］黄华，陈黔宁．江苏高职院校来华留学生教育现状与展望［J］．江苏高教，2020（2）：120-124．